中國學術思想 研究輯刊

二十編

林慶彰 主編

第 11 冊

朱子《詩》《書》學義理思想研究（上）

姜龍翔 著

花木蘭文化出版社

國家圖書館出版品預行編目資料

朱子《詩》《書》學義理思想研究（上）／姜龍翔 著 -- 初版 --
新北市：花木蘭文化出版社，2015〔民 104〕
目 4+186 面；19×26 公分
（中國學術思想研究輯刊 二十編；第 11 冊）
ISBN 978-986-404-000-1（精裝）
1. 詩經 2. 書經 3. 研究考訂
030.8   103026838

ISBN-978-986-404-000-1

9 789864 040001

中國學術思想研究輯刊
二十編　第十一冊　　　　　　　ISBN：978-986-404-000-1

朱子《詩》《書》學義理思想研究（上）

作　　者　姜龍翔
主　　編　林慶彰
總 編 輯　杜潔祥
副總編輯　楊嘉樂
編　　輯　許郁翎
出　　版　花木蘭文化出版社
社　　長　高小娟
聯絡地址　235 新北市中和區中安街七二號十三樓
　　　　　電話：02-2923-1455／傳真：02-2923-1452
網　　址　http://www.huamulan.tw 信箱 hml 810518@gmail.com
印　　刷　普羅文化出版廣告事業
封面設計　劉開工作室
初　　版　2015 年 3 月
定　　價　二十編 21 冊（精裝）台幣 38,000 元　　　版權所有·請勿翻印

朱子《詩》《書》學義理思想研究(上)

姜龍翔　著

作者簡介

姜龍翔

現職：國立高雄師範大學國文學系助理教授

學歷：國立高雄師範大學國文學系文學博士

　　　國立高雄師範大學經學研究所文學碩士

　　　國立臺南師範學院語文教育系教育學學士

經歷：小學教師

　　　國立高雄餐旅學院通識教育中心兼任講師

　　　私立正修科技大學通識教育中心兼任助理教授

　　　國立高雄師範大學經學研究所兼任助理教授

專長：詩經、尚書、朱子學

著作：朱子《詩》《書》學義理思想研究

　　　莊述祖《詩經》學之研究

　　　其他期刊論文計四十餘篇

提　要

　　本論文以《朱子《詩》《書》學義理思想研究》為題，主要以朱子《詩經》學及《尚書》學為研究範圍，分析其義理思想。全文字數約計六十五萬餘字，相關章節安排如下：

　　第一章〈緒論〉主要分析論文研究動機與目的，以及目前學術界對朱子《詩》、《書》學研究概況，並探討朱子《詩》、《書》研究範圍及應注意的問題，最後歸納本論文的研究方法。

　　第二章〈朱子《詩》《書》學於其經學體系中之義理定位〉則從朱子對經學的關懷著手，分析朱子讀經次序及其義理內涵，從而歸納《詩》、《書》在朱子讀書窮理體系中的地位及價值。

　　第三章〈朱子《四書》學中的《詩》、《書》義理思想〉則由朱子《四書》學出發，分析朱子《四書》學所關注的義理思想，並闡述朱子由《四書》所延申而出的《詩》、《書》基本觀點以及對於《四書》引用《詩》、《書》的詮釋方法。

　　第四章〈朱子《詩經》學義理思想探微〉共分四節探討，第一節分析朱子受到前賢《詩經學》在義理闡述方面的影響；第二節則論述朱子重新界定六義的思維，並分析朱子對賦比興的定義主要是依據意義顯示位置而作出不同的判別。第三節則就朱子對正《詩》部分的開展，指出朱子主要依「修齊治平」的進程解釋二〈南〉，並將正〈雅〉解釋為周初王道政治實施的記錄，〈周頌〉則為王道大成的告成功之樂。第四節則分析朱子對變《詩》的詮釋 指出朱子強調變《詩》懲治人心的功能，並且必須建立在《四書》的基礎上始可閱讀變《詩》中的淫邪之作。

　　第五章〈朱子《尚書》學義理思想探微〉共分四節探討，第一節分析朱子受前賢《尚書》學在義理闡述方面的影響。第二節則分析朱子從事《尚書》集注的學術相關活動，分析朱子遲未注《書》的原因，並考察朱子與蔡沈的相關交往，從而提出朱子生前本無確定計畫要將《書集傳》工作完全移交予蔡沈一人完成。第三節則探討朱子對《尚書》之疑，包括《書序》、孔《傳》及經文部分，並對今人以為朱子未曾疑古文《尚書》提出商榷之論。第四節則就朱子詮釋《尚書》所開展之義理分析，分別就人心道心問題、皇極之辨、持敬功夫、《大學》開展義理、教化刑法思想及朱子對聖人疑義作為的維護等層面討論。

第六章〈朱子《詩》、《書》義理思想對後世之影響〉共分兩節。第一節分析朱子透過詮釋《詩》、《書》而應用於學術思想中的概念，指出朱子利用《詩》、《書》義理發展理學思想、人倫關係、禮學思想，並於進諫君王時利用相關概念以開展朱子對《詩》、《書》的應用。第二節則討論朱子《詩》、《書》義理概念對後世學術思想，並旁及日韓兩國的影響。

　　第七章〈結論〉分析本論文研究之結論，歸納朱子於《詩》、《書》學義理之表現計有五項特點。

目次

第一章　緒　論

第一節　研究之緣起

　　宋代學術特徵，向以義理著稱，而宋代義理思潮興起之因，學者所論，多與古文運動及回應釋老挑戰有關。錢穆（1895～1990）《宋明理學概述》劃分北宋儒學爲兩個時期，〔註1〕一是初期宋學，乃復興儒學階段，代表人物爲胡瑗（993～1059）、孫復（992～1057）、范仲淹（989～1052）、歐陽修（1007～1072）、王安石（1021～1086），身分包括教育家、政治家、文學家等，並多爲古文運動中堅成員，故可歸爲古文運動時期。另一期則是中期宋學，代表人物分別是周敦頤（1017～1073）、邵雍（1012～1077）、張載（1020～1077）、程顥（1032～1085）、程頤（1033～1107）等北宋五子，此期學者主要致力於完備儒學體系，使其成爲足以抗衡佛老的思想利器。在第一期古文運動的發展中，除古文家大力提倡先秦文體，進而造成對先秦散文再度重視的熱潮外，科舉制度也是古文運動者所致力的重要改革。唐代行詩賦取士，駢文盛行，雖使有唐一朝成爲匯萃文學之淵藪，然詩賦創作才能未必能相應於從政能力及態度，故詩賦取士制度一直飽受批評。爰自趙宋，有識之士著力科舉改革，范仲淹、王安石均有意以學校取士取代科舉，王安石則以經義代替詩賦策論，也對宋代學術產生深遠影響，余英時即認爲王安石的改革爲推動宋代義理之學發展的重要因素，其言云：「《三經新義》與《易義》在有宋一代儒者口中始終是譽多於毀，雖政敵也不例外。他把經學推上了一個『義

〔註 1〕錢穆：《宋明理學概述》（臺北：臺灣學生書局，1992 年 1 月）頁 30～32。

理』階段，這是無可否認的事實。」〔註2〕余英時建立宋代義理之學的發展脈絡爲「古文運動」──「新學」──「道學」，並以王安石爲關鍵轉圜人物。然而除檯面上的政治、科舉制度之改革外，檯面下所進行的卻是兩大思想的相互激盪。佛老之學經六朝及李唐的發展之後，其形上理論更趨嚴密精深，吸引學者出入其中。宋代諸儒早年即多曾研討過佛理。面對佛老的挑戰，暴露出傳統儒學於此方面理論不足的困境，因此義理思潮的重新建立成爲對抗釋老的重要關鍵。然而面對釋老強大的理論優勢，學者很難超出其思維範圍，往往局限其下，故儒者對於傳統儒學的改造主要建立在心性論及本體論層面，不過這也是所謂入其室，操其戈，並由此建立起傳承先秦原始儒學並有所區別的新儒學思潮，開展出宋代義理之學的高峰。

　　雖然余英時強調王安石的重要性，但就宋儒本身的立場來看，王安石由於變法失敗，引發政治嚴重後果，故理學家多不願正視其成果，亟欲重新尋找能接續先秦道統，並足以代表有宋一代道學思想發展脈絡者，程頤即以程顥直承孔孟，認爲聖人之道因程顥而後明，足爲宋代道學的繼承者。而朱震（1072～1138）則由《易》學角度建構一條傳承脈絡：

> 獨魏王弼與鍾會同學，盡去舊說，雜之以莊老之言，於是儒者專尚文辭，不復推原《大傳》天人之道，自是分裂而不合者七百餘年矣。國家隆興，異人間出。濮上陳摶以〈先天圖〉傳种放，放傳穆修，修傳李之才，之才傳邵雍。放以《河圖》、《洛書》傳李溉，溉傳許堅，堅傳范諤昌，諤昌傳劉牧。修以〈太極圖〉傳周敦頤，敦頤傳程頤、程顥。〔註3〕

朱震雖有意藉《易》學傳承脈絡之建構提升儒學地位，但此條脈絡道家意味過濃，不符合一般儒者的期望，因此乃有其他脈絡的建構，如張九成（1092

〔註2〕 余英時：《朱熹的歷史世界──宋代士大夫政治文化的研究》（臺北：允晨文化實業股份有限公司，2003年5月），頁81。

〔註3〕 〔宋〕周敦頤：《周敦頤集》（北京：中華書局，2009年2月），頁137。朱震此條脈絡常被道家人士用來作爲陳摶傳授的脈絡，但李申則指出朱震的用意實則在於提高儒學的地位，其云：「宋朝至今，人們如此紛紛，要找到周氏〈太極圖〉源于道教的證據，其源蓋在于朱震說了那段話。然而朱震所說，是贊揚陳摶接續了儒家《易》學道統，使漢代以後不傳的孔門絕學得以復興，而人們從中得出的結論卻是：朱震說的是《周氏太極圖》源于道教。朱震倘能重起，不知將有何話說！」見李申：《易圖考》（北京：北京大學出版社，2001年2月），頁297。

～1159）弟子所編《諸儒鳴道集》則選擇周敦頤、司馬光（1019～1086）、張載、二程作爲傳道人物。而朱子（1130～1200）的《伊洛淵源錄》則以北宋五子爲代表，也幾乎由此確立影響後世極深的北宋理學傳承譜系。這些道學先生雖於政治上無太大成就，但藉由教學授徒，建立龐大勢力，使義理之學蓬勃發展，並與經學研究結合，從而也形成「漢學」與「宋學」的差異。

　　一般言漢、宋歧異者，多以訓詁實學及義理經學爲區別，然儒學解經本重義理，古文學派雖以訓詁爲主，主導漢代學術發展者卻爲講求微言大義之今文經學。而魏晉經學更與玄學結合，以道家義理混入儒家經典，形成玄理解經特色。至於唐、元、明、清亦各有專屬義理特色，蔣秋華便云：

> 夫義理者（又稱理義），有狹義、廣義之別。狹義之義理，爲世人專
> 指宋儒解經方式；廣義之義理，則歷代儒者解經，莫不有之。……
> 漢儒有漢儒之義理，魏、晉有魏、晉之義理，宋儒有宋儒之義理。
>
> 〔註4〕

故吾人以義理標榜宋儒學術性質，必須先釐清宋學義理特色之所在。目前對宋代學術思潮之稱謂極多，有謂其爲新儒學者，有謂其爲道學者，有謂其爲理學者，亦有直接以朝代爲名稱其爲宋學者。其中理學與道學最常使用，也最具爭議。道學乃宋代普遍使用的稱謂，而理學則是南宋末年之後才通行的名稱，直到現代，宋明理學幾乎成爲主流稱謂，超越道學之名而爲宋代學術的代表名詞。然馮友蘭曾提出呼籲，要求對宋代儒學應採用較廣義的「道學」一詞作爲稱謂，馮友蘭云：

> 近來的研究中國哲學史的同志們，有用理學這個名稱代替道學這個
> 名稱的趨勢。理學這個名稱出現比較晚，大概出現在南宋。我們作
> 歷史工作的人，要用一個名稱，最好是用出現最早的、當時的人習
> 慣用的名稱。照這個標準說，還是用道學這個名稱比較合適。這也
> 就是「名從主人」。而且用理學這個名稱還使人誤以爲與心學相對的
> 那種理學，引起混亂，不容易分別道學中的程朱和陸王兩派的同異。
> 只有用道學才能概括理學和心學。〔註5〕

〔註4〕蔣秋華：《二程詩書義理求》，國立臺灣大學中國文學研究所博士論文，1991年7月，頁12。

〔註5〕馮友蘭：〈略論道學的特點、名稱和形式〉，收入《三松堂全集‧哲學文集下》（鄭州：河北人民出版社，2001年1月），卷13，頁343。

馮友蘭雖如此提倡，然仍有學者認為「理學」一詞亦適合作為標舉宋代儒學思想的名詞，姜廣輝《中國經學思想史》便云：

> 北宋時期只有「道學」概念，尚無「理學」概念，南宋時出現「理學」概念，有意濾除了「道學」概念中自我尊大的虛驕成分，而此時之學者，隨其偏好而選用其一種稱謂。但就大體而言，宋元時期似乎選用「道學」稱謂的學者為多，因此若只寫宋元時期的道學（理學）史，也許選用「道學」一詞，在論述上會更方便。然而到了明清時期，「理學」一詞已為更多的學者所接受，「理學」概念包容性較大，語意平實且平等，因此要寫理學（道學）通史或全史的話，似選用「理學」概念為宜。實際上，選用哪一個概念，在其中也體現著作者的某種價值評判。本書作者經過慎重考慮，更傾向於選用「理學」概念來概括宋明時期這一特定的學術思潮和流派，這是因為筆者更看重理學思想體系中的合理性成分，而並不認同其「道統」的自我標榜。況且，「道學」概念在學術史上容易與道家之學相混，而「理學」概念已為今日學術界所習用。兩者相權衡，還是以「理學」稱之為好。〔註6〕

嚴格說來，欲透過簡單數語便完整概括一內涵豐富且歷時長久的學術思潮極為困難，本論文不擬在名稱問題上多作著墨，然而本論文主要關注方向是從宋代義理之學來考察，而理學一詞較合乎義理概念的特徵，且有別於道家之學，故本論文仍從俗而以「理學」稱呼宋代義理思潮，並由此分析討論。然本論文作法並非另闢途徑研究宋代義理之學的內涵，而是利用權威學者對宋代學術的分析，藉以歸納宋代義理思潮的特徵，並作為朱子學術之背景。

　　義理一詞，泛指道理，然就其屬性而言，則因應不同時代、不同關懷意識，故而產生不同之內涵。先秦典籍中即有運用義理一詞，如《晏子春秋》云：「崇尚勇力，不顧義理，是以桀、紂以滅，殷、夏以衰。」〔註7〕《韓非子》〈難言〉云：「故度量雖正，未必聽也；義理雖全，未必用也。」〔註8〕《呂氏春秋》〈孟秋紀〉曰：「暴虐姦詐之與義理，反也。其埶不俱勝，不兩立。」

〔註6〕　姜廣輝編：《中國經學思想史第三卷上》（北京：中國社會科學出版社，2010年11月），頁345。

〔註7〕　張純一校注：《晏子春秋》，收入《新編諸子集成》第6冊（臺北：世界書局，1972年10月），卷1，頁2。

〔註8〕　〔清〕王先慎校注：《韓非子集解》，收入《新編諸子集成》第5冊，卷1，頁14。

〔註9〕這些子書所使用之義理，皆指合乎某種倫理道德的行事準則。而經書中則有《禮記》〈禮記器〉篇引用「先王之立禮也，有本有文。忠信，禮之本也；義理，禮之文也。」〔註10〕《禮記》所用之義理乃就禮的外顯條文而言，與道理用法又不同。漢代之後，義理一詞則漸漸有轉向於指儒家經義學問的用法，如《漢書》〈劉歆傳〉云：「及歆治《左氏》，引傳文以解經，轉相發明，由是章句義理備焉。」〔註11〕《孔子家語》序則云：「自肅成童，始志於學，而學鄭氏學矣。然尋文責實，考其上下，義理不安。」〔註12〕宋代以後，理學家更喜歡使用義理之詞稱述儒學思想，如張載云：「聖人文章無定體，《詩》、《書》、《易》、《禮》、《春秋》，只隨義理如此而言。」〔註13〕二程則云：「古之學者，皆有傳授，如聖人作經，本欲明道。今人若不先明義理，不可治經。」〔註14〕又云：「今之學者，惟有義理以養其心。」〔註15〕後人更有以義理之學稱述宋代理學者，如《四庫全書總目》便云：「蓋考證之學，宋儒不及漢儒；義理之學，漢儒亦不及宋儒。」〔註16〕清代桐城派學者姚鼐（1731～1815）則提出義理、辭章、考據之學術用語。姚鼐的義理是指必須端正立言之旨，充實文辭的思想內容，王先謙（1842～1917）〈續古文辭類纂序〉有云：「義理為幹，而後文有所附，考據有所歸。」〔註17〕然而本論文既擇定朱子為範圍，故所採用的義理意涵便必須適用於宋儒自己的意涵，不過這項考察過於龐大，非本論文所能負載，故以下試先依諸家對宋代義理學本質之描述語，

〔註9〕〔漢〕高誘注，〔清〕畢沅校：《呂氏春秋新校正》，收入《新編諸子集成》第7冊，卷7，頁72。

〔註10〕〔漢〕鄭玄注，〔唐〕孔穎達正義，〔清〕阮元校勘：《禮記正義》（臺北：大化書局，1989年10月，影印〔清〕嘉慶二十年重刊宋本），卷23，頁2上／3095。

〔註11〕〔漢〕班固：《漢書》，收入《百衲本廿四史》（臺北：臺灣商務印書館，1996年12月，影印宋景祐刊本），卷36，頁33上／519。

〔註12〕〔魏〕王肅注：《孔子家語》，收入《新編諸子集成》第2冊，頁1。

〔註13〕〔宋〕張載：《張載集・經學理窟》（臺北：漢京文化事業有限公司，2004年3月），頁255。

〔註14〕〔宋〕程顥、程頤著，王孝魚點校：《二程集・河南程氏遺書》（北京：中華書局，2004年2月），卷2上，頁13。

〔註15〕王孝魚點校：《二程集・河南程氏遺書》，卷2上，頁21。

〔註16〕〔清〕紀昀等：《欽定四庫全書總目》（臺北：藝文印書館，1997年9月），卷35，頁22上～22下／727。

〔註17〕〔清〕王先謙輯：《續文古辭類纂》，收入《續修四庫全書》第1610冊（上海：上海古籍出版社，1995年3月，據清光緒八年王氏虛受堂刻本影印），頁1上／73。

歸納出宋代義理學的特徵，以爲本論文所開展之依據。清人袁枚（1716～1797）
宋儒論〉云：

> 漢後，儒者有兩家：一箋註，一文章。爲箋註者，非無考據之功，
> 而附會不已；爲文章者，非無潤色之功，而靡曼不已。于是宋之儒
> 舍其器而求諸道，以異乎漢儒；舍其華而求諸實，以異乎魏、晉、
> 隋、唐之儒。又目擊夫佛老家譸張幽渺，而聖人之精旨微言，反有
> 所闕而未宣，於是入虎穴探虎子，闖二氏之室，儀神易貌而心性之
> 學出焉。〔註18〕

袁枚之說可代表古人對宋儒義理學的看法，也就是因排擊佛老而產生的心性之
學，如明儒章潢（1527～1608）即曾云：「聖人之學，心性之學也。學聖人之學
而于心性未深焉，欲求作聖也，難矣！」〔註19〕歸有光（1506～1571）亦云：「夫
學者於佛老，皆知闢之矣；至吾儒心性之學，常不免與之相涉者。」〔註20〕這
些說法都是將宋代義理之學設定在與佛老對抗而興起的心性系統之中。

今人李威熊則云：

> 宋代理學的特色，是著重在自我內心的反省體驗，所以在經學的研
> 究上乃捨兩漢訓詁章句之學，而趨向義理的闡發，當然主觀的成分
> 便會來得濃厚些。〔註21〕

李威熊認爲宋代理學以內心主觀的義理思想爲主。蔡方鹿云：

> 所謂義理之學，是指與章句訓詁之學相對應的講求儒家經義、探究
> 其道理的學問。「義理」一詞初見於《禮記》〈禮器〉：「義理，禮之
> 文也。」……北宋張載已提出義理之學這一概念，他說：「義理之學，
> 亦須深沉方有造，非淺易輕浮之可得也。蓋惟深則能通天下之志，
> 只欲說得便似聖人，若此則是釋氏之所謂祖師之類也。」〔註22〕

〔註18〕〔清〕袁枚：《小倉山房文集》，收入《續修四庫全書》第 1432 冊，影印〔清〕
乾隆刻增修本，卷21，頁8上～8下／233。

〔註19〕〔明〕章潢：《圖書編》，收入《景印文淵閣四庫全書》第 971 冊（臺北：臺
灣商務印書館，1985 年 6 月），卷75，頁 39 上～39 下／202。

〔註20〕〔明〕歸有光撰，周本淳點校：《震川先生集》（上海：上海古籍出版社，1989
年 9 月），別集卷 3，頁 797。

〔註21〕李威熊：《中國經學發展史論》上冊（臺北：文史哲出版社，1988 年 12 月），
頁 297。

〔註22〕蔡方鹿：《朱熹經學與中國經學》（北京：人民出版社，2004 年 4 月），頁 247
～248。

蔡方鹿以爲宋代義理之學是建立在求儒家經義道理的學問。葉國良云：

> 宋代的經學家，吸收了佛、道二氏能夠吸引人的某些長處，加以改
> 造，使之成爲經學的新內涵，另一方面則揚棄舊有的解經方式，而
> 以闡釋義理爲其重點，一取一棄，遂成就了宋代的新經學。……我
> 們可以用下列三點描述宋代經學義理化的傾向：（一）建立形上哲
> 學。（二）確立道統傳承。（三）強調修身養性。〔註23〕

葉國良指出宋代義理之學乃吸收儒道兩氏並以義理釋經爲重點，而其主要傾
向在於形上哲學及對孔孟道統的繼承。張立文云：

> 自漢魏以來，儒、釋、道三家思想經過長期爭論和歸一，爲「理學」
> 的產生準備了思想條件。理學家便以儒家倫理理想爲核心，吸收道
> 家有關宇宙生成、萬物化生的觀點和佛教的唯心主義思辨哲學，改
> 頭換面，來彌補儒家哲學學說的粗糙、淺陋和沒有嚴密體系的缺陷，
> 建立了一個比較精緻、圓滑的唯心主義體系。〔註24〕

張立文則認爲宋代義理之學是以儒學爲基礎，吸收道家及佛家宇宙生成及唯
心思想所建構的唯心主義哲學。姜廣輝則云：

> 宋明時期的大多數理學家是重視經學的。他們並沒有超越於經典之
> 上的所謂「理學」，在他們那裡，理學與經學是一而二，二而一的。
> 兩者既有區別，又密不可分。理學家中即使像陸九淵、王陽明等人
> 沒有注經專著，但他們的思想大體根柢於儒家經典，這是沒有疑義
> 的。又必須承認，宋明理學家的經學確實又與漢唐儒者的經學有很
> 大的區別，從思維方法來看，漢唐儒者對儒家經典的理解偏重歷史
> 學的、語言學的方法；而宋明理學對儒家經典的理解則偏重哲學的、
> 心理學的方法。從一種廣義的經學觀點來看，宋明理學可以被看做
> 是經學發展歷史上的一種特殊的形態。〔註25〕

姜廣輝指出宋代理學乃建構於經學之上，但又有別於經學而成爲一種特殊形
態，其差異在於理學家是用哲學、心理學的方法研究經典。從這些說法來看，
今人對宋代義理思潮的定義範圍相當廣泛，除了因應佛老而特別著重於心性

〔註23〕 葉國良、夏長樸、李隆獻合著：《經學通論》（臺北：大安出版社，2005 年 8
　　　　 月），頁 560～561。

〔註24〕 張立文：《朱熹思想研究》上冊（臺北縣：谷風出版社，1986 年 10 月），頁
　　　　 28。

〔註25〕 姜廣輝編：《中國經學思想史第三卷上》，頁 349。

之學的討論外，宋代義理學更是自覺地對原始儒學的繼承與發揚。而綜合上述觀點，宋代義理之學所展現出的基本關懷有兩個方向，一是對孔孟儒學理論的深化，一是對應佛老而特別興盛的心性探討。孔孟等原始儒學所代表的意義乃對現世的關懷，是儒者對宇宙人生自強不息的生命體現，因此對現實秩序的關注是儒學的基本立場。而心性之學則著重於探討天人關係，強調心性來源及運用等相關問題，豐富原始儒學著重生命論的觀點，尤其表現爲完備儒學宇宙論及心性論等哲學思維。宋儒義理之學的發展，使儒學成爲完整的理論體系，得以對抗佛老思想而延續其生命。而宋儒總結相關思想並開展而出對個人生命之闡揚，則表現爲主張由個人修身乃至治國平天下的程序，強調「內聖外王」〔註26〕之學。而在宋代這股義理思潮之中，南宋朱子（1130～1200）無疑乃最爲重要的集大成者。〔註27〕因此，本論文討論分析朱子

〔註26〕 「內聖外王」一詞出自《莊子》〈天下篇〉：「天下大亂，賢聖不明，道德不一，天下多得一察焉以自好。譬如耳目鼻口，皆有所明，不能相通。猶百家眾技也，皆有所長，時有所用。雖然，不該不徧，一曲之士也。判天地之美，析萬物之理，察古人之全，寡能備於天地之美，稱神明之容。是故內聖外王之道，闇而不明，鬱而不發，天下之人，各爲其所欲焉，以自爲方。悲夫，百家往而不反，必不合矣！後世之學者，不幸不見天地之純，古人之大體，道術將爲天下裂。」見〔晉〕郭象注，〔唐〕成玄英疏，〔清〕郭慶藩集釋：《莊子集釋》，收入《新編諸子集成》第3冊，卷33，頁462～464。此詞雖出於《莊子》，但不礙其作爲儒家學術的特徵。自宋代開始，理學家們便圍繞此一用語討論儒家在內外之間的處理標準，使「內聖外王」發展爲更適於形容儒家的人格理想的用語。

〔註27〕 「集大成」一詞原本爲孟子稱述孔子集聖賢之特質，《孟子》〈萬章下〉云：「伯夷，聖之清者也；伊尹，聖之任者也；柳下惠，聖之和者也；孔子，聖之時者也。孔子之謂集大成。集大成也者，金聲而玉振之也。」而朱子歿後，弟子黃幹援用此語稱述朱子，〈祭晦庵朱先生文〉有云：「自夫子之繼作，集累聖之大成。」見〔宋〕黃幹：《黃勉齋先生文集》（臺北：青山書屋，1957年5月），卷之7，頁153。黃震亦謂：「晦庵先生得年最高，講學最久，尤爲集大成。」見〔宋〕黃震：《黃氏日抄》，收入《景印文淵閣四庫全書》第708冊，卷40，頁45上／180。於是集大成一語，後世亦多有用於表彰朱子，或稱其集北宋儒學之大成，或稱其集孔子之道之大成者。然降及今世，對朱子定位的批判聲音再起，牟宗三即以「別子爲宗」謂朱子非繼承正統孔孟儒學思想者，勞思光亦云：「朱熹之學，以其綜合系統爲特色；此即後世推崇者所謂『集大成』之意。但若取嚴格理論標準及客觀歷史標準衡度之，則朱氏此一綜合工作究竟有何種正面成就，則大爲可疑，蓋就理論說，朱氏之說不代表儒學真實之進展；就歷史說，則朱氏只是揉合古今資料，造出一『道統』，亦非真能承孔孟之學。」見勞思光：《新編中國哲學史》第3冊（臺北：三民書局，1995年8月），頁315。雖然朱子在儒學界的地位受到嚴屬挑戰，但仍舊有許多學者認同朱子集儒學大成之地位，陳榮捷〈朱熹集新儒學之大成〉一文便指出朱子之集大成約

《詩》、《書》學之義理內容，其內涵便設定為以儒學關懷為本質所開展而出的義理架構。

　　朱子吸納周敦頤、二程等相關學術思想，建構更為完整之理論體系，使宋代義理思想達致高峰。他完成格物致知、理一分殊、心統性情等相關理論系統，並提高《四書》地位，重新排列儒家經典，使這股義理思潮影響並主宰元、明、清三代之官方學術。而朱子也是奉行自身學術的最佳實踐者，他主張讀書窮理，〈行宮便殿奏劄〉第二劄云：「蓋為學之道，莫先於窮理；窮理之要，必在於讀書；讀書之法，莫貴於循序而致精。」〔註28〕朱子強調讀書的重要性，田浩即認為朱子的這項立場有別於南宋初期部分道學家的主張：

> 朱熹以前的福建道學家較重視以冥想直觀的方法瞭解心，所以對研讀書本知識較缺乏興趣。根據朱熹的新見解，心的工夫修養較傾向讀書以及對萬物的經驗觀察。當然，他不是從科學的角度，而是從道德哲學家的角度來強調經驗觀察的；所以朱熹比早期福建的道學家，更強調學術研究和多事述作的傾向。〔註29〕

由縱向時間點來看，讀書窮理與閩地傳統學術存在差別，而從同時代橫切面時間點而言，讀書窮理又是朱子有別於陸九淵（1139～1193）乃至禪宗一派默坐體認以返求本心的作法。雖然象山批評他太過偏重於道問學，但朱子強調讀書所以能夠窮理，是因為他認為這些經訓史冊中載有聖賢為天下立法的粲

有三端：「新儒家哲學之發展與完成，新儒學傳受道統之建立，以及論孟學庸之集合為四子書。」見陳榮捷：《朱學論集》（臺北：臺灣學生書局，1988 年 4月），頁 2。陳榮捷並就朱子對新儒家哲學之完成，再特別指出四方面特色：「確定新儒家之方向」、「理與氣關係之釐清」、「太極觀念之發展」、「仁之觀念發展之極致」，見陳榮捷：《朱學論集》，頁 3～11。強調朱子確實集新儒學整個系統之大成。葛兆光先生亦就三方面申論朱子大成之地位，其云：「首先，他通過經典詮釋、歷史重構以及對思想世俗化的努力，再度確立了所謂『道統』。……其次，他重新凸顯了作為思想依據的『經典』，指示了理解經典意義的新的途徑。……再次，通過思想的一系列具體化和世俗化的努力，朱熹使那些本來屬於上層士人的道德與倫理原則，漸漸進入了民眾的生活世界。」見葛兆光：《中國思想史第二卷》（上海：復旦大學出版社，2001 年 12 月），頁 226～232。本論文則取陳榮捷、葛兆光之論點，認同朱子於儒學集大成之稱謂。

〔註28〕〔宋〕朱熹著，陳俊民校訂：《朱子文集》（臺北：德富文教基金會，2000 年 2月），卷 14，頁 448。本論文引用《朱子文集》資料甚多，為免注釋冗長，凡本論文引用《朱子文集》資料者，均直接於引文後標明卷數、頁碼，不再加註。

〔註29〕田浩：《朱熹的思維世界》（臺北：允晨文化實業股份有限公司，2008 年 3 月），頁 103。

然義理,〈行宮便殿奏箚〉第二通又云:

> 至論天下之理,則要妙精微,各有攸當,互古互今,不可移易。唯
> 古之聖人,為能盡之,而其所行所言,無不可為天下後世不易之大
> 法,其餘則順之者為君子而吉,背之者為小人而凶。吉之大者,則
> 能保四海,而可以為法;凶之甚者,則不能保其身,而可以為戒。
> 是其粲然之跡、必然之效,蓋莫不具於經訓史冊之中。欲窮天下之
> 理,而不即是而求之,則是正牆面而立爾,此窮理所以必在乎讀書
> 也。(《文集》,卷 14,頁 449)

然而仔細分析朱子的概念,經訓史冊並非書籍的泛稱,朱子所指具有聖賢義
理的典籍應該專指儒家經籍,具體而言即為《四書》、《五經》。這些經典作品
由於皆與聖人存在直接或間接關連,因此被認為等同於聖人之言,乃聖人為
後世立說的典範,故朱子主張學者讀書當觀聖人於其中立說的義理,〈答張敬
夫〉第十一通云:

> 大率觀書但當虛心平氣,以徐觀義理之所在,如其可取,雖世俗庸
> 人之言有所不廢;如有可疑,雖或傳以為聖賢之言,亦須更加審擇,
> 自然意味平和,道理明白,腳踏實地,動有據依,無籠罩自欺之患。
> (《文集》,卷 31,頁 1188)

關於經典是否能夠準確等同聖人言語乃至其思想,朱子以前的學者存在不同
意見,如張九成認為大部分經典已於秦火焚燼,在現存經書中並無法獲取完
整義理,因此範圍必須擴大至後起賢人的著作中探討。而更重要的是張九成
強調天下萬物皆自心中來,極為強調唯心概念,但朱子並不採取這種思路,
他雖然亦認為傳統《五經》無法再負擔提供充足義理的工作,但卻另外建構
《四書》以補充《五經》義理不足的缺憾,因此,朱子《四書》義理思想的
影響及探討,一直是歷代注重的焦點,亦為現代學者研究之大宗。但相對而
言,對於朱子經學義理思想的研究,卻未能齊等於對《四書》的討論,這當
然受到朱子本身態度的影響,但綜觀朱子著述,實表現出極寬闊的學術性格,
《宋元學案》〈晦翁學案上〉黃百家(1643~1709)按語即評朱子:

> 博極群書,自經史著述而外,凡夫諸子、佛、老、天文、地理之學,
> 無不涉獵而講究也。〔註30〕

〔註30〕 〔明〕黃宗羲撰:《宋元學案》,收入沈善洪主編:《黃宗羲全集》第 4 冊(杭
　　　　州:浙江古籍出版社,2005 年 1 月),卷 48,頁 829。

朱子除針對經學發表相關著作外，史冊、道教相關典籍乃至於《楚辭》、韓文等文學意味濃厚之著述，也在其研究範圍內。當然，朱子的研究目標並非泛然無所擇，他認為讀書是格物致知的最佳捷徑，而這是為了啓發吾人受氣質蒙蔽的義理之性，因此，朱子在其學術著作中，便相當關注能夠啓迪本心義理的有價值讀物，並著重於開展其中的義理內涵。那麼，雖然朱子極重視《四書》，但只要具有能啓發義理價值的典籍，也是他關懷重心，是故朱子的經學不該只是簡單地關注在《四書》這一部分，傳統《五經》的價值雖為朱子較忽視的區塊，但這是相對於《四書》的重要度所作出的比較。朱子撰有《詩集傳》、《易本義》，並主持《儀禮經傳通解》的編纂，亦曾有過注解《尚書》的念頭，對於《春秋》雖秉持特殊看法，然《資治通鑑綱目》可視為他做《春秋》的作品。從種種跡象顯示，朱子絕非看輕《五經》的價值，對於《五經》義理的研究及評價，也是朱子學中應該繼續加強的領域。然《五經》牽涉範圍過廣，為免研究失焦或流於平淡，本論文擬擇朱子《詩經》學及《尚書》學作為研究對象，探討朱子於此二經中所開展出來的義理價值，由此以明朱子經學的關懷意識。

朱子的《詩》、《書》學歷來不乏研究者，但均偏向於單獨經典研究，尚未見有將二經合併討論者。雖然這是兩部性質不同的經典，但歷代以來多將《詩》《書》並舉，認為乃先秦時期可靠的典籍文字。就客觀歷史而言，《詩》涵蓋史事及民情風俗，而《尚書》則專為政治活動記錄；就主觀意涵分析，《詩》、《書》均包含有關人心情感乃至天人問題的思想意識，因此就其內在性質而言實有一定程度之相關，朱子〈讀諸友遊山詩卷不容盡和和首尾兩篇〉云：「《詩》《書》本說人間事。」（《文集》，卷 7，頁 263）《語類》亦云：「只這《詩》《書》，大而天道之精微，細而人事之曲折，無不在其中。」〔註31〕便是將此二經藉由切近己用的觀點予以接合，故本論文期望透過研究朱子《詩》、《書》學的義理思維，重新闡明《詩》、《書》二經在朱子經學體系中應有之評價及定位。

第二節　近人研究文獻探討

朱子乃自南宋以來影響中國學術最重要的思想家，對於朱子的研究成果

〔註31〕　〔宋〕黎靖德編，王星賢點校：《朱子語類》（北京：中華書局，2004 年 5月），卷 34，頁 887。本論文引用《朱子語類》資料甚多，為免注釋冗長，凡本論文引用《朱子語類》資料者，均直接於引文後標明卷數、頁碼，不再加註。

相當豐碩，因此欲突破今人的研究實爲不易。自南宋理宗（1205～1264）起，以朱子爲代表的道學正式擺脫僞學之名，成爲國家所欽定的正統意識型態。元仁宗皇慶二年（1313），更明定朱子的《四書章句集註》爲科舉考試底本，試題不可出其範圍。明代則延續這種作法，並以《詩集傳》及蔡沈（1167～1230）《書集傳》爲《詩》、《書》讀本，從而編定《詩傳大全》、《書經大全》，朱子學幾乎主宰官方學術系統。清代雖有開始反對朱子《詩集傳》的著作出現，並考證出東晉所獻《古文尚書》爲僞作，使得以朱子爲典範的《詩》、《書》體系面臨強大質疑。但在官方的維護之下，朱子學仍是學術的正統思想。然而隨著清末衰微，民國建立，西學思潮大量湧入，對於朱子學的研究突破傳統藩籬，遂開展出更多元的面向。

朱子學向來即爲學術研究之大宗，尤其集中於對其哲理思想的探討，經學反而較爲次要。然自清初顧炎武（1613～1682）於〈與施愚山書〉中提倡「古之所謂理學，經學也」〔註32〕，全祖望（1705～1755）〈亭林先生神道表〉進一步歸納爲「經學即理學也」〔註33〕，雖然顧炎武旨在反對宋明理學空疏學風，企圖以崇實致用之學取代之，但他們也準確地指出理學之研究不應外乎經學。以此觀之，朱子理學思想體系的建立，必須回歸於經學之中，這當然以《四書章句集注》爲最首要典籍。然而朱子學術思路極爲廣闊，除《四書》外，對於《五經》亦頗爲關注，歷來研究者雖亦明白朱子經學中義理思想占有重要地位，卻缺乏專門討論，使這部分研究仍有待加強。以下試針對近年來對朱子經學，特別是《詩經》及《尚書》二經相關研究文獻及其方向略析之。

一、探討朱子經學之研究論著

蔡方鹿《朱熹經學與中國經學》是首部直接全面探討朱子經學的著述，此書共分十四章，前四章主要分析朱子之前中國經學發展的概況，自第五章起，則分別就朱子《四書》學、《易》學、《詩經》學、《尚書》學、《禮》學、《春秋》學、《孝經》學等經學領域各立專章討論。其中第七章爲〈朱熹的《詩經》學〉，下設五小節，第一節先簡述宋代《詩經》學興起的特色及原因。蔡

〔註32〕 〔清〕顧炎武撰，華忱之點校：《顧亭林詩文集》（北京：中華書局，1983 年 5 月），卷 3，頁 58。

〔註33〕 〔清〕全祖望著，朱鑄禹彙校集注：《全祖望集彙校彙注・鮚埼亭集》（上海：上海古籍出版社，2000 年 12 月），卷 12，頁 227。

氏著重的是宋代疑經思潮的介紹，因此他僅論述歐陽修、蘇轍（1039～1112）、鄭樵（1104～1162）及王質（1135～1189）四人的《詩經》學，並指出朱子正是在其基礎上，「進一步以義理解《詩》，廢棄《詩序》，以《詩》說《詩》，超越舊說，惟求本義，集宋代《詩經》學之大成。」〔註34〕蔡氏所指出的這些要點，算是朱子解說《詩經》的基本特色。第八章〈朱熹的《尚書》學〉亦設五節，然前三節均就朱子對《尚書》的考疑辨黜論述，分別探討朱子疑《孔傳》、《書序》及《古文尚書》的情況。第四節則專節討論朱子《尚書》學之義理思想，並以求聖人之心爲朱子詮釋義理的首要關懷。第五節則略述朱子《尚書》學對後世之影響。蔡氏之書，對研究朱子經學有不錯的指引功效，可爲研究者入門之用。

　　陳志信《朱熹經學志業的形成與實踐》〔註35〕爲作者就讀國立中正大學所撰寫之博士論文，撰作目的在強調應以朱子經學研究作爲其學術的基礎課題。陳志信分析朱子思維言行的論述，進而得到三個層面的認識：首先在經學的學術架構方面，經學是門透過適切的讀經、釋經方式，亦即以「涵泳玩味」爲原則的方法，以發揮經籍本具的風化力量，且進一步興起個人及他人的道德意識的學問。而在經學與其它傳統學問的關係上，陳志信指出相較於直接將自身之領悟化爲歷史記述、論理文詞或華美文章的史學、子學與文學，經學則是一門具有詮說先賢話語而不獨立論說己見的「詮釋性格」傾向之學問。最後他並由儒者踐履道德的層面而言，強調治經活動既爲儒者開掘仁心識度的修身工夫，亦是作爲揭示至理以延續道統、教化世代的神聖事業。總括來講，經學是門奠基於歷代士子與先聖語文傳統的互動關係上的特殊學問。陳志信透過詮釋學概念的應用，對於朱子經學體系的形成及其實踐有相當深入的分析。

　　朱子遍注群經，影響深遠。而學界對於其注解經典的作品，迄今已有不少相關的研究成果，但對於其著經、解經的詮釋方法論反思，仍是一個有待開拓與深化的研究領域。而林維杰所撰《朱熹與經典詮釋》〔註36〕則從詮釋學理論著手分析朱子經典詮釋的觀念及成果。全書除導言外，共分九章，並依意義論、方法論、工夫論、轉向論四大主軸分類，探討朱子詮釋經典的內

〔註34〕　蔡方鹿：《朱熹經學與中國經學》，頁341。
〔註35〕　陳志信：《朱熹經學志業的形成與實踐》（臺北：臺灣學生書局，2003年2月）。
〔註36〕　林維杰：《朱熹與經典詮釋》（臺北：國立臺灣大學出版中心，2008年10月）。

涵。這幾篇文章乍看之下，似爲不相連屬的九篇論文，但經過作者巧妙安排，完整顯現朱子詮釋經典的脈絡。此書首先點明朱子的解經思想，並以格物致知爲其主要架構，接著分析義理詮釋必須以文義詮釋爲前提，也就是以經典文本爲依據。而分析文本必須具有正確態度及方法，並掌握朱子藉經典所展開出來的實踐功夫，如此方能完成對經典的詮釋。此書論點新穎，結合中西學術，堪爲代表。

曹海東《朱熹經典解釋學研究》〔註 37〕爲其博士論文。此書乃採用中國古典詮釋學爲方法，藉由探討朱子對經典所建構的注釋體系，分析其經典詮釋學之思想。全書共分五章探討朱子經典詮釋學，前二章先論述朱子對經典意義的認識意蘊，並討論朱子的經典理解理論，包括朱子理解經典的概念內涵、根本特性及形成機制等見解。後三章則著重於分析朱子詮釋的方法論、解釋原則與實踐應用。此書採用中外詮釋學觀點，並結合理學、文學、心理學等理論，曹海東並自言利用四種研究方法，包括微觀研究與宏觀研究、分析與綜合的研究、歷史實證與理論闡釋的結合、理論研究與實踐研究的結合，這些雖然都是較爲常見的研究方法，但曹海東能準確掌握這些原則，其對朱子經典詮釋學的分析頗有可觀之處。

楊燕《朱子語類經學思想研究》〔註 38〕以《朱子語類》爲範圍，討論朱子以語錄方式所呈現出來的經學思想，楊燕審視《朱子語類》中關於經典體系的建構問題，並考察朱子經學詮釋理論，特別著重於朱子在經學中所開展的修養論及天命觀。楊燕認爲朱子詮釋經典的基本關懷爲求聖人之本意，並通過心理、語法和實踐三個層面的闡釋，超越傳統經學以文本爲主的詮釋路線。不過以《語類》爲主的探討，雖具一定程度價值，但基本上並不能代表朱子經學整體面貌。《語類》的彙輯較爲龐雜，其中不乏弟子在自己理解下所進行的詮釋重構，藉由《語類》以考察朱子經學思想，基本上無法排除這層障礙。故《朱子語類》實則只能作爲朱子學術研究輔佐之用。以《朱子語類》爲考察目標，必須再回頭觀照朱子在著述及書信中所表現之差異，否則將其提升爲主體，頗有本末倒置的危險，所得出之結論也無法有效代表朱子眞正的觀點。

〔註 37〕 曹海東：《朱熹經典解釋學研究》，華中師範大學博士論文，2007 年 8 月。
〔註 38〕 楊燕：《《朱子語類》經學思想研究》（北京：東方出版社，2010 年 8 月）。

二、探討朱子《詩經》學之研究論著

（一）專書論著

黃忠慎《朱子《詩經》學新探》〔註39〕共收錄作者討論朱子《詩經》學四篇論文，第一篇爲〈朱子《詩序辨說》新論——以二〈南〉二十五篇爲中心的考察〉，此文以《詩序辨說》爲範圍，考察朱子對《詩序》的態度。此文認爲朱子對〈詩大序〉頗爲看重，〔註40〕並逐一分析朱子對二〈南〉各篇《詩序》之說法，得出《詩序辨說》接受《詩序》者共十二篇，其餘十三篇亦未推翻《詩序》，只是作局部性修改。第二篇爲〈貽誤後學乎？可以養心乎？朱子「淫詩說」理論的再探〉，此文先分析朱子淫奔詩的淵源，指出班固（32～92）、許愼（約 58～約 147）、鄭玄（127～200）早已透露鄭聲淫的觀念，而朱子又直接受到歐陽修及鄭樵的影響，從而形成其淫奔詩的詮釋見解。此文歸納分析朱子所訂淫奔詩數目應爲二十三篇，並指出其理論特色爲：「勇於推翻常人視爲神聖的權威舊說」、「肯定詩本性情，重視《詩經》的文學性」、「系統完整地闡述『淫詩』爲教的理學意義」，結合文學與義理分析朱子淫奔詩的特色，頗有可取之處。此文最後對朱子淫奔詩所造成的影響提出四項論點，包括「使《詩經》的本體受議」、「奠定後人直解基礎」、「導致《詩》學產生漢宋之爭」、「成爲言情小說的利用工具」，不只分析後世《詩經》學對這個問題的發展，更擴及通俗文學的接受，頗具獨到眼光。第三篇爲〈關於朱子《詩經》學的評價問題〉，此文著重於後世學者對朱子的評價，從正反兩方面分別檢討學者的評論。第四篇則爲〈朱子對所謂『淫詩』的解題〉，此文繼續探討作者定義朱子淫奔詩共二十三篇的原因，並強調其判斷準則乃依朱子個人對詩篇的解讀，而非據其理論。

〔註39〕 黃忠慎：《朱子《詩經》學新探》（臺北：五南圖書出版股份有限公司，2003年 3 月）。

〔註40〕 朱子對〈詩大序〉的界定與一般用法不太相同，《欽定詩經傳說彙纂》有云：「案：〈大序〉、〈小序〉諸家議論不同，然未嘗離〈關雎〉之序爲二也。至朱子以〈關雎〉序其間有統論《詩》之綱領者數條，乃〈詩大序〉，宜引以冠經首，使學者得以考，遂分『詩者，志之所之也』至『詩之至也』止，謂之〈大序〉。自〈關雎〉『后妃之德也』至『〈關雎〉之義也』及各篇之序，謂之〈小序〉。」見〔清〕聖祖仁皇帝欽定：《欽定詩經傳說彙纂》（長春：吉林出版集團有限責任公司，2005 年 5 月，影印摛藻堂《欽定四庫全書薈要》本），卷首下，頁 34 下～35 上／60。本論文則依朱子見解區分〈大序〉及〈小序〉。

　　陳明義《朱熹《詩經》學與《詩經》漢學傳統異同之研究》〔註41〕爲其就讀東吳大學所撰寫之博士。此文主要以朱子詮《詩》主旨以及作爲漢學代表的《詩序》、《毛傳》、鄭《箋》之比較研究。此文以朱子爲主體，著重於討論朱子去《序》詮釋、回歸《詩》文、以己意說《詩》之《詩》學內涵。結論則指出朱子因不滿於時人過度尊信《詩序》，甚至視爲經文，從而造成詮釋悖離詩歌本文的現象，故主張將《詩序》置於經文之後，並回歸詩文，以《詩》詮《詩》，尊重文本所透顯意涵。另外此書又指出，朱子《詩經》學概念與漢學傳統觀點有異有同，對於文物訓詁頗有取資於毛鄭者，而對二〈南〉之詮釋，則定位在文王之化的教化意涵上，並分析《詩集傳》解說與《詩序》的異同，從而認爲朱子有近三分之二處的差異，故朱子《詩經》學實具有超越並融鑄漢學傳統的特質。

　　張祝平《朱熹詩經學論稿》〔註42〕應是大陸地區第一本專門探討朱子《詩經》學的論著，此書包括五項主題，分別探討朱子以教化爲主的核心觀點、讀《詩》方法、《詩集傳》的體例、朱子《詩經》學與元代科舉的關係以及朱子淫奔詩與明清時艷情小說的關係。其所論影響部分，頗有創新之功，可供參考。

　　檀作文《朱熹詩經學研究》〔註43〕爲作者就讀北京大學所撰寫之博士論文。此書共分四章，前三章主要針對《詩集傳》中所表現出來的文學意識作釐清。此書大力提倡朱子對《詩經》有深刻的文學性認識，如朱子指〈國風〉有里巷小人之作以及對淫奔詩的強調，皆是對《詩經》文本抒情性主體的掌握，故在解說《詩》旨時，更能對其曲折幽深之情感有眞切體會。此書並強調朱子以「興」法爲中心，對《詩經》修辭藝術有極深理解，如朱子區分興有取義與不取義兩種方式，其中不取義的認識更是對漢學的一大突破。此書本以朱子對文學認識爲主要論述綱領，第四章則又開關從義理角度探討朱子《詩經》學的關懷，針對勸善懲惡及思無邪議題分析，並歸納《詩集傳》中的義理概念包括溫柔敦厚、女子貞信、君臣之義、民本思想等。然而此章相較於前面大幅度論述朱子以文學手法研究《詩經》的成果而言，篇幅較少。而從文學手法分析朱子《詩集傳》的貢獻也成爲目前對朱子《詩經》學較爲

〔註41〕　陳明義：《朱熹《詩經》學與《詩經》漢學傳統異同之研究》（臺北縣：花木蘭文化出版社，2008 年 9 月）。

〔註42〕　張祝平：《朱熹詩經學論稿》（長春：吉林人民出版社，2000 年 6 月）。

〔註43〕　檀作文：《朱熹詩經學研究》（北京：學苑出版社，2004 年 9 月）。

關注的領域，此書在這方面的研究有極大的推助之效。唯此書章節以文學與義理探討，前後彼此未相照應，似有割裂全書爲二的傾向，且朱子是否確實具有深刻的文學認識，這是從今人的視域所出發的理解，過度提升其價值，恐有顚覆朱子《詩經》學主要關懷意識的危險。

近代學術受西方思潮影響甚大，詮釋學也成爲一門方興未艾的學科，部分學者開始利用西方學術概念建立起屬於中國自身的詮釋學理論，如郝永《朱熹《詩經》解釋學研究》〔註44〕及鄒其昌《朱熹《詩經》學詮釋美學研究》〔註45〕則是目前以詮釋學方法研究朱子《詩經》學的較新著述。以鄒其昌《朱熹《詩經》學詮釋美學研究》爲例，他試圖爲朱子解說《詩經》的方法，建立起一套屬於中國自身的詮釋理論，因此他並未刻意引用西方學說，而是歸納朱子自己的詮釋標準，提出四項原則：以《詩》說《詩》、感物道情、諷誦涵泳、性情中和。而此書基本上也是對於朱子以文學觀念詮釋《詩經》的研究論文，其中不乏精闢見解，如提出「興」在朱子本身的解釋中可以看出三種階段性，分別表現出朱子對於文學認識的進步，有助於吾人更進一步研究。但由於論文設限在詮釋學之下，僅透過《詩集傳》是否可以開展出足夠論述篇幅，不免困難，如他論述「性情中和」時完全超出《詩經》學範圍，在討論「氣象渾成」一條，雜引太多額外資料，並旁及朱子《文集》和《語類》中非《詩經》領域的其他記載，使得題目設定在《詩經》學的範圍失焦。

郝永《朱熹《詩經》解釋學研究》雖以解釋學爲名，然亦非援引西方詮釋學觀念套用在對朱子《詩經》學之研究上，而是在中國學術文化觀點下的詮釋學分析。如他強調朱子解釋學的形成是在建立宋代疑經惑古思潮下的產物，是從重章句訓詁向重義理闡述的轉型。而郝永亦指出，朱子《詩經》學還原《詩經》本爲詩歌文學作品的面貌，兼取宋代《詩經》學本義派及義理派的特長，結合章句訓詁及義理闡釋說《詩》，如他分析朱子對二〈南〉的研究即兼取理學思維和文學思維，一方面主張二〈南〉爲里巷歌謠，一方面又將《大學》踐履過程結合。這些觀點均顯示出朱子較爲獨到的眼光。

〔註44〕郝永：《朱熹《詩經》解釋學研究》，浙江大學博士論文，2009 年 7 月。
〔註45〕鄒其昌：《朱熹詩經詮釋學美學研究》（北京：商務印書館，2004 年 7 月）。

　　王倩《朱熹詩教思想研究》〔註 46〕從《詩經》教化史的觀念著手分析朱子的《詩》教理論。全書主體共分四章，前二章論述朱子《詩》教觀的形成及思想基礎，第三章則分析朱子《詩》教觀的基本內容，包括以「正性情」為《詩》教旨趣，以「以《詩》說《詩》」、「章句義理統一」的形式作為朱子《詩》教基本特徵，並歸納朱子《詩》教的方法論。第四章則略述朱子《詩》教對後世的影響。此書架構完整，但在實際論述層面卻頗有問題，如研究主題是朱子之《詩》教思想，但真正論述章節卻只有第三章，前兩章耗費過多文字在闡述流變，等到真正切入主題時，卻未能掌握教化的主旨，與《詩經》的教育聯繫似嫌不足。如王倩分析朱子「以《詩》說《詩》」解釋原則及以涵泳為中心的讀《詩》法，這些都與教化思想關連不大，而對於朱子真正加諸於《詩集傳》的義理內容卻未能梳理，雖其論述尚有可觀之處，但總體而言，並未能真正掌握教化主題而開展，是此書較為可惜之處。

　　包麗虹《朱熹《詩集傳》文獻學研究》〔註47〕為作者之博士論文，其研究計分兩個層面。首先考察朱子《詩集傳》的歷代版本，指出現今朱《傳》最佳傳本為《四部叢刊三編》所影印之宋本。考察朱子八卷本《詩集傳》中之注音乃經歷代竄改而成。另外又對朱子廢《序》問題、解《詩》原則方法、二〈南〉說、淫奔詩的觀念及六義說等議題進行研究，並提出朱子的《詩經》學為發展的《詩經》學之結論，強調朱子不斷對自己的論點進行研究及反省，堅持縱貫通覽與橫向觀照，最後始得成為宋代《詩經》學集大成之作。此書所研究領域過於龐大，導致論文深度不夠，多傾向於泛泛之論而已，如對於朱子《詩經》學相關論點多著重於舉列原文佐證，卻未有深刻解析，論述實不夠深入。

　　除文學研究之外，朱子《詩集傳》在《詩經》學史上的重要開拓表現為反對《詩序》以及突破毛鄭解《詩》的觀點之上，因此學者對這一部分的成就頗為關注，對朱子所代表之宋學與以毛鄭代表的漢學觀點詳加釐析，並由此得出朱子具有採取文學手法解釋《詩經》的認識。而另一方面，現代學者亦喜於分析朱子的詮釋概念，這是受西方詮釋學影響所形成的風潮，而朱子作為新儒學及南宋《詩經》學之集大成者，其詮釋觀點相當具有討論分析的價值，這方面的論文也逐漸開展出以朱子為主的中國詮釋學方法。然而從理學視野分析《詩集傳》之觀點者則明顯偏少，楊靜著有《理學背景下的《詩

〔註46〕　王倩：《朱熹詩教思想研究》（北京：北京大學出版社，2009 年 11 月）。
〔註47〕　包麗虹：《朱熹《詩集傳》文獻學研究》，浙江大學博士論文，2004 年 7 月。

集傳》闡釋學研究》〔註 48〕一書，分析朱子從理學情性觀出發，達到玩理養心的具體論述。然而此書乃碩士論文，篇幅有限，論點亦不夠深入，也顯示這個領域的研究仍有待加強。

（二）單篇論文

學術界對朱子《詩經》學之研究論文可謂汗牛充棟，實難一一評論，故以下僅就較具代表性的著述，分析目前學界對朱子《詩經》學研究概況及趨勢。朱子《詩集傳》與傳統注疏最大的差異在於並不依《詩序》解說，然亦有學者指出朱子只取《詩序》之是，而不論其非。雖然朱子不遵《詩序》，但《詩集傳》中並未針對《詩序》而論，其態度必須在《詩序辨說》中方可見出，故學者亦有單就《詩序辨說》而討論者，如楊晉龍撰〈朱熹《詩序辨說》述義〉〔註 49〕便以《詩序辨說》爲範圍，考察朱子對《詩序》的態度。此文共得出十一點結論，包括朱子確信自己的詮《詩》觀點，且未完全否定《詩序》的價值。朱子認爲《詩經》雜有邪正並存之作，聖人所以留存淫奔詩的用意在於倣效《春秋》垂戒之法，而讀者必須以思無邪的角度閱讀。另又指出朱子認爲《詩序》有違反君臣之倫者，大有害於義理之公，對傳統視二〈南〉爲后妃之化的論點改以文王之德糾正之。楊晉龍並提出「離《序》詮《詩》」一詞以代替朱子自己所主張「以《詩》說《詩》」之方法。此文較特別論點在於作者依據朱子對《詩序》作者的推測，得出朱子可能意屬鄭玄爲《詩序》的最後完成者。

朱子對《詩序》的認識，從早期雖感有疑，但仍遵從，到後來間爲辨破，最後則確立新說，不採《詩序》。這樣的過程，令朱子前後《詩》說存在差異，而彭維杰〈朱子詩傳舊說探析〉〔註 50〕一文則專門探討朱子《詩經》舊說之特色，主要以《呂氏家塾讀詩記》所載朱子舊說爲分析範圍，並歸納朱子舊說有五項特色：「強調倫理綱常」、「重視德化與禮制」、「據世次正變解詩」、「以得失美刺觀詩」、「提示讀詩方法以教後學」，並認爲朱子之所以改變舊說，除是針對《詩序》態度不同之外，更由於晚年哲學思想已達到自成一家之緣故，否定有學者認爲朱子因與呂祖謙（1137～1181）辨論，激於一時意氣而廢《序》的看法。

〔註48〕 楊靜：《理學背景下的《詩集傳》闡釋學研究》，安徽師範大學碩士論文，2008年4月。
〔註49〕 收錄於《中國文哲研究集刊》第 12 期，1998 年 3 月，頁 295～353。
〔註50〕 收錄於《彰師大國文學誌》第 3 期，1999 年 6 月，頁 75～101。

　　林慶彰撰〈朱子對傳統經說的態度——以朱子《詩經》著述爲例〉﹝註51﹞，指出朱子早年對於漢學傳統亦有相當程度的接納，後來受鄭樵影響，並參照《史記》及《國語》，發現《詩序》與事實不合，從而開始轉變態度。此文並以〈國風〉爲例，發現近百分之七十的篇章仍與《詩序》相同，其他則有取於前人說法，完全出於創見者僅二十九篇，此即淫奔詩。最後並強調朱子《詩經》學的重點仍在於推行教化，基本上接受《詩序》道德教化觀的指導原則。

　　另外檀作文撰有〈朱熹廢《詩序》詳考〉﹝註52﹞，乃是在其博士論文基礎上修訂而成，結論指出朱子從整體上否定《詩序》。陳國平〈關於朱熹反《毛詩序》問題的探討〉﹝註53﹞指出朱子認爲《詩序》有害義理，故其廢《序》目的主要是爲理學思想服務。王國栓〈析《詩集傳》與《毛詩序》的異同〉﹝註54﹞，其文雖名爲異同之研究，但實則主要以兩書同處爲主，指出朱子基本上雖反《詩序》，但依舊襲用相當多《詩序》之說，從而認爲《詩序》觀點有其合理處。

　　朱子對於該如何研究《詩經》曾指示許多門徑，而彭維杰〈朱子「學詩之本」發微〉﹝註55﹞則探討朱子讀《詩》之主旨與目的，提出「養心」爲朱子所認同的學《詩》之本，並分析《詩集傳》義理特色包括「提示熟玩深思」、「窮格義理」、「重視德風志化」、「陳述批判觀點」、「引述理學他說參證」、「大學中庸思想體系的思惟」。並於結論中歸納總結朱子學《詩》理論有四個特點：「讀詩注重持敬專一」、「解詩以道德性理爲取向」、「論詩以讀者爲核心」、「學詩以涵養心性爲根本」。此文基於朱子學術意識，以義理取向爲《詩集傳》的主要關懷，極具參考價值。

　　劉原池〈朱熹之《詩》學解釋學〉﹝註56﹞則在朱子以《詩》說《詩》基礎上，歸納朱子以己意迎取作者之意，通全章而論《詩》的解《詩》方法，並強調朱子特別重視《詩經》之興，透過熟讀涵味，還原《詩》之本意。

　　另外尚有張祝平〈論朱熹讀《詩》方法論及其理學桎梏〉﹝註57﹞指出朱

﹝註51﹞ 收錄於鍾彩鈞編：《國際朱子學會議論文集》上冊（臺北：中央研究院中國文哲研究所籌備處，1993 年 5 月），頁 185～202。
﹝註52﹞ 收錄於《中國詩歌研究》第 2 輯，2003 年 8 月，頁 168～191。
﹝註53﹞ 收錄於《常州技術師範學院學報》第 2 卷第 1 期，1996 年 5 月，頁 54～59。
﹝註54﹞ 收錄於《廣東技術師範學院學報》，2007 年第 11 期，頁 42～44。
﹝註55﹞ 收錄於《彰師大國文學誌》第 2 期，1998 年 6 月，頁 39～87。
﹝註56﹞ 收錄於《人文社會科學研究》第 3 卷第 1 期，2009 年 3 月，頁 37～50。
﹝註57﹞ 收錄於《貴州文史叢刊》2002 年第 2 期，頁 33～37。

子雖從文學出發理解《詩經》，形成一套系統化的文學解讀方式，仍究掙脫不了理學桎梏，導致後人輕其法而重其論的結果。楊靜〈朱熹《詩》學闡釋方法論〉〔註58〕則強調朱子以章句訓詁的闡釋方法發明義理。董芬〈朱熹《詩集傳》闡釋方法分析〉〔註59〕提出以序統合、視域融合、行文評點、語境通釋、發越爲理、寓教於釋及喚醒體驗等七種方法爲朱子闡釋《詩經》的途徑。這些論文基本上皆欲爲朱子讀《詩》之法建立一套詮釋理論，其中有援引西方觀點，亦有就中國本身詮釋方法而申述者，皆頗具創新價值。

　　林慶彰〈朱子《詩集傳・二南》的教化觀〉〔註60〕認爲朱子延續並整理《詩序》對二〈南〉的教化觀點，使之系統化。如朱子改后妃之德爲文王之化，使之突顯成爲二〈南〉的重心，並指出朱子將〈周南〉、〈召南〉各依《大學》修齊治平程序予以開展，最後並得出《詩集傳》基本上是充實並完成《詩序》的文王教化觀。此文對朱子詮釋二〈南〉的方式有啓示作用。

　　陳志信〈理想世界的形塑與經典詮釋的形式──以朱熹《詩集傳》對〈二南〉的詮釋爲例〉〔註61〕從經典作爲優位語文的概念入手，認爲朱子解經的核心策略乃是活用訓詁體例，透過字句意涵、篇章要旨、編目體例的安排，以表現其中心思想，而這便是朱子藉由二〈南〉勾勒理想世界圖像之途徑。陳志信並強調朱子建構理想世界之目的在於使儒者能透過教育或論政的方式，以重新界定規範現有世界，使之符應古聖述經作典所揭示的完善世界樣貌。

　　另外尚有李士金〈朱熹《詩集傳・國風》思想研究的深刻政治意蘊〉〔註62〕指出朱子詮釋〈國風〉的基本原則是以聖賢之道的德化、仁政作爲良好秩序建立之基礎。綦曉芹〈《詩集傳》中朱子的理想社會〉〔註63〕則認爲朱子在以文學手法解讀《詩經》的同時，其目的在於建立一理想社會的人倫藍圖，而其內容包括要求人們親疏有別，各盡其道；樂而有節，注重道德規範；主敬涵養，完善自己；在君臣關係上，要求君明臣忠。

〔註58〕　收錄於《濰坊學院學報》第9卷第3期，2009年6月，頁119～122。
〔註59〕　收錄於《江蘇大學學報・社會科學版》第7卷第5期，2005年9月，頁19～23。
〔註60〕　收錄於鍾彩鈞編：《朱子學的開展──學術篇》（臺北：漢學研究中心，2002年6月），頁53～68。
〔註61〕　收錄於《漢學研究》第21卷第1期，2003年6月，頁279～306。
〔註62〕　收錄於《廣西社會科學》2006年第12期，頁83～86。
〔註63〕　收錄於《社會科學輯刊》2009年第2期，頁218～221。

　　朱子淫奔詩的提出，震撼《詩經》學界，但他所以願意採用這種驚駭的論點，絕非是對《詩經》褻瀆。然歷來均有學者暗地批評朱子的看法，認爲如此閱讀《詩經》，很難獲致思無邪的《詩》教觀。而彭維杰〈朱熹「淫詩說」理學釋義〉〔註64〕一文，則從理學觀點分析朱子所以要提出「淫奔詩」的原因。彭維杰指出就心性系統而論，淫奔詩的形成是情流蕩不羈，而心之知覺亦有所失。而閱讀淫奔詩必須悚然戒懼，運用心之知覺思慮，如此方能達成讀者思無邪的境界。彭維杰並歸納朱子提出淫奔詩說法的三種價值，分別爲「成爲天理人欲之辨的工夫法門」、「實踐觀淫止淫的詩教思想」、「強化三百篇的經學理學化精神」。從理學觀點還原朱子淫奔詩說的真正用意。

　　李家樹〈南宋朱熹、呂祖謙『淫詩說』駁議述評〉〔註65〕一文則分析朱子與呂祖謙對淫奔詩概念的比較研究。李家樹指出朱子把詩與聲混爲一談，認爲鄭聲淫就是鄭風淫，此乃程朱理學禁欲主義下的產物。而呂祖謙則認爲《詩經》配樂雖有雅俗之分，但所錄詩歌皆屬雅正，呂祖謙的說法可符合孔子原意，但仍然拘限於政教美刺之中。

　　韋丹〈朱熹「鄭詩淫」辨析〉〔註66〕則指出朱子與孔子原意並不相侔，朱子鄭聲淫的說法實質上乃表現出朱子身爲理學家與文學家的矛盾衝突。姚海燕〈論朱熹《詩集傳》之「淫詩說」〉〔註67〕則認爲朱子淫奔詩的概念乃受宋代疑古思潮的影響，並在理學及《詩》教觀念下所產生的判斷。相關論文尚有劉樹勝〈論「鄭聲淫」──回到朱熹的時代去〉、沈艾娥〈和諧與矛盾──再議朱熹「淫詩」說〉〔註68〕等，唯這些單篇論文質量不佳，對朱子淫奔詩觀念未有深入分析。

　　另外學界尚存多篇論文專門探討朱子《詩經》學的關鍵概念，如對賦、比、興創作手法之探討者有王龍〈朱熹《詩集傳》賦比興標詩探微〉，指出朱子對賦比興的標示有嚴格標準，而其標準爲「上下文是否都是『說實事』以及怎樣『說實事』。」〔註69〕陳英姿與沈芳合撰之〈比較分析《毛傳鄭箋》與

〔註64〕　收錄於《彰師大國文學誌》第 11 期，2005 年 12 月，頁 63～83。
〔註65〕　收錄於《河北師範大學學報・哲學社會科學版》第 28 卷第 1 期，2005 年 1 月，頁 76～83。
〔註66〕　收錄於《貴州教育學院學報》第 17 卷，2001 年第 1 期，頁 34～36。
〔註67〕　收錄於《上海師範大學學報・社會科學版》第 27 卷第 1 期，1998 年 3 月，頁 62～65。
〔註68〕　收錄於《懷化學院學報》第 23 卷第 4 期，2004 年 8 月，頁 76～77。
〔註69〕　收錄於《貴州大學學報・社會科學版》第 26 卷第 1 期，2008 年 1 月，頁 37。

《詩集傳》對比興認識的歧異〉〔註70〕，指出朱子改變漢人美刺詮釋賦比興的手法，而從文學角度入手探討。對「思無邪」概念研究者則有嚴金東〈評朱熹對「思無邪」的解說〉〔註71〕強調朱子新解其得處在於開闢古典詩學新的理論方向，其失處則在於狹隘地強調教化，扭曲孔子詩論原意。

（三）通論類論著之分章探討

黃忠慎《南宋三家詩經學》〔註72〕乃作者在其博士論文的基礎上再刪編而成。所謂三家乃指鄭樵、程大昌（1123～1195）及朱子。關於朱子《詩經》學的部分，共分四節介紹，包括朱子傳略、《詩集傳》釋《詩》之例及重要見解、《詩序辨說》之主要見解以及朱子《詩經》學的評價。此書頗為全面性的介紹了朱子《詩經》學的相關概念，較有價值之處在於此書輯錄相當多宋元以後研究朱子《詩經》學的學者評論看法，且對於近人的評價亦有介紹，包括鄭振鐸（1898～1958）、傅斯年（1896～1950）、何定生、熊翰叔、錢穆等，這些都是今人研究較為忽略之處。黃忠慎所引錄者雖僅為其論之片段，但他對諸家評價皆下按語，可提供讀者極有益之參考。

林葉連《中國歷代詩經學》〔註73〕推崇《詩序》的價值，影響所及，對於主張廢《序》的朱子頗多微詞。林葉連首先針對姚際恆（1647～約1715）等人批評朱子對《詩序》陽奉陰違的指責是錯誤看法，他強調朱子確實對自己廢除《詩序》有相當大的信心與決心，其辭云：「愚以為朱子當時之思想已徹底解放，不受《詩序》及傳統思想之束縛；後期治《詩》，亦未嘗徘徊，或徬徨卻顧。」〔註74〕然而林葉連之所以為朱子烙下徹底反《序》的印記，其實是為了準備對朱子展開批判。他認為朱子雖打著反《詩序》的口號，但實際上卻比《詩序》更加附會，林葉連甚至舉唐詩為例，強調語言文字因時空之差異而將導致不同的理解，故朱子以南宋時的知識背景直接依詩歌文本詮釋周代詩歌，必然導致誤解的產生。林葉連並直斥朱子淫奔詩的說法不足採信。不過他也指出朱子不同於宋代其他學者，並非空衍大義，而十分重視訓

〔註70〕 收錄於《樂山師範學院學報》第 21 卷第 7 期，2006 年 7 月，頁 58～61。

〔註71〕 收錄於《重慶社會科學》2007 年第 10 期，頁 44～46+52。

〔註72〕 黃忠慎：《南宋三家詩經學》（臺北：臺灣商務印書館，1988 年 8 月），頁 165～289。

〔註73〕 林葉連：《中國歷代詩經學》（臺北：臺灣學生書局，2002 年 9 月），頁 277～320。

〔註74〕 林葉連：《中國歷代詩經學》，頁 295。

詁名物等基本功夫，且朱子非獨守殘學者，而是能夠博採眾家之說，以成其學問。

洪湛侯《詩經學史》是目前較爲完備的《詩經》學史研究論著，其書專立一章共分六節探討朱子《詩集傳》著作之內容，分別爲「棄《序》言《詩》，自成宗派」、「博采眾長，不拘門戶」、「所釋六義，頗有新意」、「所定《詩》旨，可取者多」、「詮釋詞義，準確簡明」、「注重文學，最有特色」。而他雖然認爲朱子有重視《詩經》文學性的傾向，但又指出應以義理爲主要關懷，《詩經學史》有云：

> 宋代學術研究的另一特點是改變注重訓詁爲重視闡述義理。宋代理學盛行，一些理學家的著作，更是以闡述義理爲主旨，解說《詩》義，也不例外。朱熹曾說：「解說聖賢之言，要義理相接去，如水相接去，則水流不碍。」但對於解《詩》，他卻有不同見解。他說：「聖人有法度之言，如《春秋》、《書》、《禮》是也，一字皆有理。如《詩》亦要逐字將理去讀，便都碍了。」朱熹雖爲理學家，但他文學造詣亦深，有時他還能夠把《詩》看作文學作品，從文學角度加以解說，這是他比宋代其他理學家高出一乘的地方。然而，從朱熹論學整體上說，他還是注重義理的。他曾聲稱《三百篇》中「人事決于下，天道備于上，而無一理之不具也，……修身齊家，平均天下之道，其欲不待他求而得之于此矣」。推崇《詩經》是指導人們「修身齊家，治國平天下」的封建政治倫理教科書，可見朱熹論《詩》的基本觀點還是主張以義理說《詩》的。至於《詩集傳》中確實也有一些從文學角度說《詩》的例子，但卻不是主流、不是全部，而是朱熹說《詩》的又一種傾向而已。朱熹曾批評程頤說：「伊川解《詩》，亦說得義理多了。《詩》本只是恁地說話。一章言了，次章又從而咏嘆之。雖無別義，而意味深長，不可於名物上尋義理。後人往往見其言只如此平淡，只管添上義理，卻窒塞了他。」這不過是在肯定義理說《詩》的前提下提出的技術改進意見罷了。〔註75〕

洪湛侯指出朱子解《詩》實際上仍是以闡述義理爲主要詮釋方法，雖然偶帶有文學眼光，但還是以義理爲首要關懷。這種批評是較爲正確的。

夏傳才《詩經研究史概要》是較爲簡明的《詩經》專經學史的著作。夏

〔註75〕 洪湛侯：《詩經學史》上冊（北京：中華書局，2004年9月），頁292～293。

傳才指出朱子《詩集傳》爲《詩經》研究史上繼《毛詩傳箋》、《毛詩正義》
後第三個里程碑，他並指出朱子《詩集傳》體現出《詩經》學研究進步的三
個面向：

> 第一，批判地繼承漢學《詩經》學的可取成果，進行了重大革新和
> 發展。……第二，初步用文學的觀點來研究《詩經》。……第三，以
> 求實的精神考證文字訓詁，注意韻讀，全部注疏簡明扼要，體制完
> 整。〔註76〕

但夏傳才也指出他所認爲的《詩集傳》缺失有三，其中第二點云：

> 朱熹具有一定進步性的治學方法，和他的根本立場觀點產生了矛
> 盾。他一方面力圖探求三百篇本義，一方面又要宣揚封建禮教。他
> 突破傳統傳、序、箋、疏的束縛，考證求實，就本文理解詩義時，
> 能夠獲得一些正確或接近正確的認識，但他不能越過封建禮教的樊
> 籬；一碰到這個樊籬，他就要縮回來。〔註77〕

夏傳才將朱子申述義理的部分認爲是維護封建禮教的思維，這是從後人眼光
出發的見解。朱子生於帝制時代，其思維必須符合當時的詮釋視域，但若過
度指責朱子無法跨越所謂封建樊籬，其實並未掌握朱子思維之要義。而綜合
夏傳才及洪湛侯所論，朱子《詩經》學的基本關懷仍在於闡述義理，此義理
乃「修身、齊家、治國、平天下」這一條出自《大學》所提示的修養路徑，
但對於此一部分的論述，目前的研究仍然有所不足。

　　張啓成《詩經研究論稿》〔註78〕歸結朱子《詩集傳》有六項成就，分別
爲「對〈國風〉戀情詩歌的重要發現」、「對雅詩題旨考證的新見解」、「對頌
詩創作時間的考證新見」、「對賦、比、興的正確理解」、「體例的完備簡明」、
「實事求是的存疑態度」。然而張啓成對於其中第四項的論證不足，他認爲朱
子對賦、比、興的定義是最完整的詮釋，並且成爲後人最流行的定義，但基
本上卻未深入分析朱子的定義，從而顯得只是泛論，並未正確評價朱子定義
賦比興的意涵。

　　《宋代《詩經》學新說研究》爲簡澤峰就讀國立彰化師範大學所撰寫之

〔註76〕 夏傳才：《詩經研究史概要》（臺北：萬卷樓圖書有限公司，1994 年 11 月），
　　　　頁 172～175。
〔註77〕 夏傳才：《詩經研究史概要》，頁 177。
〔註78〕 張啓成：《詩經研究史論稿》（貴陽：貴州人民出版社，2003 年 2 月），頁 188
　　　　～200。

博士論文，此書以「新說」爲題，實際上乃主要探討宋代學者對《詩序》及毛鄭的態度。此書詳舉許多數字，所言皆有憑據。而作者將朱子列爲明顯反對《詩序》之說者，並認爲朱子將毛鄭訓釋等同於三家之學，雖將毛鄭之說視爲達意之必要，但非唯一工具。此書較不同於一般討論朱子《詩經》學著作之處，在於作者提到分析朱子《詩經》學前可先探討《四書章句集注》中的概念，其言曰：「在論述《詩集傳》以理解《詩》之前，也許從另一本解經之作——《四書章句集注》中朱熹對於所引用詩句的解釋，或許就可以看出朱子解《詩》或解釋經典的特點。」〔註79〕唯此書乃通論宋代《詩經》學之作，故僅舉《孟子集注》引《詩》爲例，略作探討，後續仍留有可供發揮之處。

　　《宋代《詩經》學與理學——關於《詩經》學的思想學術史考察》乃陳戰峰所撰之博士論文。過去探討宋代《詩經》學者多只將程朱一派之《詩經》學與理學作連結，此書則全面將宋代《詩經》學置於理學視野下研究。而其書指出朱子受到北宋所建立以理解《詩》傳統及鄭樵主張廢《序》的影響，融合諸家而成其學。陳戰峰並歸納朱子解《詩》的理學基礎共有兩個面向：「一是將詩歌主人公與詩歌作者統一起來（尤其是〈風〉詩），獲得了對一部分〈風詩〉淫詩的認定；一是對《詩》的義理價值的賦予和揭示，以《四書》解《詩》。」〔註80〕兩者組合而爲朱子以理學解《詩》的特色。

　　朱子《詩集傳》中所提出的淫奔詩、本義等概念，拋棄傳統漢學以美刺爲主旨的《詩》說，對於解放《詩經》學，促成以文學角度研究《詩經》有一定幫助。因此，學界漸注意到朱子在這方面的貢獻，尤其以《詩集傳》和《楚辭集注》爲主要研究對象，莫勵鋒《朱熹文學研究》可說是這方面的重要著述，他認爲朱子使《詩經》從經學走向了文學，其云：

> 朱熹對《詩經》學的最大貢獻在於：毛、鄭等人都是從經學的角度去研究《詩經》的，而朱熹雖然主觀上也是把《詩經》當作經學來研究，但《詩集傳》卻在很大程度上改而從文學的角度來研究《詩經》了。從經學研究走向文學研究，這是《詩經》研究史上畫時代的創舉，其學術意義理應受到充分的肯定。〔註81〕

〔註79〕 簡澤峰：《宋代《詩經》學新說研究》，國立彰化師範大學國文研究所博士論文，2008年5月，頁190。

〔註80〕 陳戰峰：《宋代《詩經》學與理學——關於《詩經》學的思想學術史考察》，西北大學博士論文，2005年4月，頁140。

〔註81〕 莫勵鋒：《朱熹文學研究》（南京：南京大學出版社，2000年5月），頁261。

莫氏之書共分七章，第六章專章討論朱子的《詩經》學，並分為四個小節，分別為：朱子對《詩序》的看法、朱子對「淫詩」的看法、朱子關於「賦、比、興」的分析及《詩集傳》在章句訓詁方法的成就。莫勵鋒雖號稱從文學的角度討論上述問題，但在其實際行文中，仍主要以傳統研究《詩經》的方法分析，如他論朱子廢《序》的問題時，僅著重於分析朱子對《詩序》的接受度，而未能深入朱子的思維；又如論淫奔詩的問題，他雖指出淫奔詩說對《詩經》本質有深遠影響，但也指出朱子本身否定這些愛情詩的價值；至於討論《詩集傳》的章句訓詁特色，根本與文學研究風馬牛不相及。倒是對於「賦、比、興」的解說較有文學價值，如他指出朱子由於對賦法有清楚認識，故能直接認定淫奔詩作品為詩人自作，而非美刺之用。又如他指出朱子以寬泛模糊的解釋定義「興」法，更能包含多義性。無論如何，莫勵鋒敢於打破傳統藩籬，從文學角度討論理學家的作品，確實也開展出相當值得研究的一個領域。

三、探討朱子《尚書》學之研究論著

（一）專書論著

陳良中《朱子《尚書》學研究》乃目前可見唯一專門針對朱子《尚書》學探討的博士論文，頗有開創之功。此書首先敘述朱子《書》學背景，並就當時學術思潮而論，分析王安石、蘇軾（1037～1101）、林之奇（1112～1176）、呂祖謙，對朱子《尚書》觀念形成的影響。接著分析朱子從事《尚書》研究的準備工作，並將朱子留存《書》稿所引用前人之言分類整理，雖偶有遺漏，但基本上甚便於學者查閱。此書亦討論朱子的辨偽成就，分析朱子何以於晚年未完成《書集傳》的工作，並從朱子訓詁結合義理的角度分析朱子解《書》特色。此書較特殊之處是於第五章專門討論蔡沈《書集傳》及其《洪範皇極內篇》，雖然作者意圖建立朱子正是考量蔡沈對〈洪範〉有獨到見解，遂選擇蔡沈作為《尚書》傳人，並以為蔡沈將《洪範皇極內篇》獨自成書而未納入《書集傳》中的作法乃朱子與蔡沈共同商議的結果。然而這些推論，並無實際證據，且依朱子與蔡沈的書信稿件，所顯示結果與其論點不甚相侔，此則將於本論文中繼續探討。

（二）單篇論文

李學勤〈朱子的《尚書》學〉〔註82〕首先強調宋儒不將儒家經典簡單視為歷史記錄或材料，而著重於對義理的探討，而朱子對《尚書》的看法便反對單純視其為史料，主張求聖人之心，故朱子是從理學範疇出發解釋《尚書》，這正是朱子說《書》的特色。且由於朱子以理為主，因此對《尚書》某些篇章如〈金縢〉、〈大誥〉、〈呂刑〉、〈費誓〉等不合理處亦敢於批評。此文篇幅較小，對於朱子《尚書》學雖僅提示其綱領，並未有深入分析，但屢屢強調朱子《尚書》學最重要處在於義理的開展，則屬有識。

許華峰〈「朱熹集」卷六十五中與「尚書」相關諸篇之寫作時間考〉〔註83〕乃考證之作，主要針對朱子文集第六十五卷中現在《尚書》相關稿件，釐清其創作時間。指出朱子大部分《書》稿文件均作於 1198 年之後，而其中〈金縢說〉、〈召誥序〉及〈洛誥〉兩組則為較早之作，無法判斷出實際繫年。

陳良中〈論朱子《尚書》學章句義理之得失〉〔註84〕，此文是在作者博士論文基礎上再作之引申，認為朱子透過訓詁文字，注入理學思想以發揮對《尚書》義理闡釋之內涵。

劉人鵬〈論朱子未嘗疑「古文尚書」為偽作〉〔註85〕一文針對目前學界普遍認為朱子對《古文尚書》之疑乃後世考辨今古文真偽具指導性的啟蒙者之論點提出反思，劉人鵬經過深入探討，指出朱子所說貌似指斥《古文尚書》為偽作的言論，其實皆另有論述重點。基本上朱子根本未曾疑過《古文尚書》為偽作，後人的理解全是由於考辨成果出現之後，再回頭溯源至朱子的動作，也從而忽略朱子真正所疑者乃《今文尚書》某些篇章。

王春林〈朱熹疑偽《古文尚書》一說考辨〉〔註86〕亦認為朱子未曾明確疑過《古文尚書》，其所疑者乃《今文尚書》的部分，而其《書》有兩體的解釋則是為維護《古文尚書》地位所提出的說法。

關於朱子《尚書》學的單篇論文極少，然而對於朱子由〈大禹謨〉虞廷十六字所引申而出的「人心道心」問題之討論，則數量繁多，如李明輝撰有

〔註82〕 收錄於李學勤撰：《古文獻論叢》（上海：上海遠東出版社，1996 年 11 月），頁 307～317。

〔註83〕 收錄於《國立中央大學人文學報》第 23 期，2001 年 6 月，頁 131～157。

〔註84〕 收錄於《重慶師範大學學報‧哲學社會科學版》2009 年第 3 期，頁 31～36+72。

〔註85〕 收錄於《清華學報》第 22 卷第 4 期，1992 年 11 月，頁 399～430。

〔註86〕 收錄於《福建論壇‧人文社會科學版》2009 年第 8 期，頁 41～44。

〈朱子對「道心」、「人心」的詮釋〉〔註87〕、謝曉東〈尋求真理：朱子對「道心人心」問題的探索〉〔註88〕、孫利〈朱熹「十六字心訣」釋義〉〔註89〕、徐公喜〈朱熹十六字心傳道統思想形成論〉〔註90〕等，朱子對人心道心問題乃結合《中庸》討論，而上述這些論文則多就天理人欲的問題分析朱子的概念，對朱子以心性義理詮釋道統觀念的形成，頗有可供參考之處。

（三）通論類論著之分章探討

朱子《詩經》學有相當多專著探討，至於朱子《尚書》學之研究卻相當缺乏，且關注重點多與義理思維無關，如劉起釪《尚書學史》認為朱子《尚書》學的主要成就在於疑辨偽古文，其云：

> 朱熹對《孔安國傳》及其〈大序〉和《書序》疑辨得很勇決，但對偽古文本身，則一方面揭露得很明晰，一方面却又有意維護。他說：「或者以為記錄之實語難工，而潤色之雅詞易好，故訓誥、誓命有難易之不同，此為近之。」「《書》有二體，有極分曉者，有極難曉者。某恐如〈盤庚〉、周〈誥〉，〈多方〉·〈多士〉之類，是當時召之來而面命之，而教告之，自是當時一類說話。至於〈旅獒〉、〈畢命〉、〈微子之命〉、〈君陳〉、〈君牙〉、〈冏命〉之屬，則是當時修其詞命。」「《尚書》諸〈命〉皆分曉，蓋如今制誥，是朝廷做的文字；諸誥皆難曉，蓋是時與民下說話，後來追錄而成之。」這是有意調停，把自己給偽古文找出來的破綻又找理由給它彌縫上。他的真正用意只是如他所說的：「書中可疑諸篇，若一齊不信，恐倒了六經。」他必須維護「六經」的權威地位，因為他們的理學托生之地在偽〈大禹謨〉，所以必須維持它的經典地位於不墜。〔註91〕

錢穆〈朱子之書學〉亦云：

> 朱子治《易》，定經文本為卜筮作。治《詩》，破棄大、小《序》以為不可信。此皆敻絕千古之巨眼。其於《書》，則辨伏、孔兩家所傳

〔註87〕收錄於蔡振豐編：《東亞朱子學的詮釋與發展》（臺北：國立臺灣大學出版中心，2009 年 7 月），頁 75～110。

〔註88〕收錄於《河北大學學報·哲學社會科學版》第 30 卷，2005 年第 3 期，頁 97～102。

〔註89〕收錄於《河北大學學報·哲學社會科學版》第 26 卷，2001 年第 2 期，頁 79～81。

〔註90〕收錄於《宜賓學院學報》2004 年第 1 期，頁 10～13。

〔註91〕劉起釪：《尚書學史》（北京：中華書局，1989 年 6 月），頁 282。

　　相異。此一抉發，可與其治《詩》、《易》鼎足而三。〔註92〕
錢、劉二氏均將朱子《尚書》學成就指向於疑辨《尚書》之上，對於朱子《尚
書》學相關義理思想並未有深刻闡述。

　　蔡師根祥《宋代尚書學案》乃就讀於臺灣師範大學所撰寫之博士論文，
全書詳列宋代《尚書》學者的相關成就，至於對朱子的研究，則專列一章以
「晦翁尚書學案」為名，附帶討論蔡沈與陳大猷（1198～1250）。蔡師根祥首
先分析朱子研治《尚書》的觀念包括「不存成見」、「熟讀」、「寧闕疑而不鑿」、
「不可放過緊要文字」、「深體文氣脈絡」、「不可忽略訓詁音韻」、「合於義理
之當然及有驗證」等七項重點。另對於朱子疑《書》的問題亦全面討論，包
括疑《書序》、《孔傳》為偽，對孔壁《古文尚書》趨於簡易的現象提出質疑，
認為伏生《今文尚書》亦有問題。指朱子對《尚書》文本內容則有疑衍、疑
錯簡、疑誤字等，甚至動手改起〈武成〉經文。此書並分析朱子《尚書》學
中之義理思想，從政治論、心性論分析朱子概念，歸納朱子對皇極、〈禹貢〉、
刑法等議題所提出之新說，可謂較全面地檢視了朱子《尚書》學的整體結構，
對於研究者有相當重要的引領作用。

　　張建民《宋代《尚書》學研究》為作者就讀西北大學所撰之博士論文。
此書雖名為研究宋代之《尚書》學，但僅集中於少數著名學者，張建民自己
便說：「宋代《尚書》學著作有 400 餘家，雖然本文僅選擇了其中一些具代表
性的著作來加以研究，但也可以從中看出終宋之世，宋儒對《尚書》的研究
不曾終（中）斷。」〔註93〕但這樣的說法實有問題，自宋代以後，書籍漸備，
恐怕也難有一經突然遭遇研究中斷的現象，且所謂具代表性的著作又是如何
選擇而出，作者均未說明。基本上此書所選擇之著述及作者，皆是後人較為
耳熟能詳的宋代人物，這些人的《尚書》著作是否真能反映出有宋一朝的《尚
書》學狀況，值得商榷。故此書相較於蔡師根祥《宋代尚書學案》而言，範
圍太過狹窄，實難見出整個宋代《尚書》學特色。如第八章探討朱子學派之
《尚書》學，雖名為學派，但僅論及朱子及蔡沈而已。此書對於朱子《尚書》
學的討論主要分為三部分，分別分析朱子的《尚書》觀、疑《書》的內容以
及對《尚書》的義理闡釋，然而所論皆趨於簡略，論點乏善可陳，這是此書
較不足之處。

〔註92〕 錢穆：《朱子新學案》第 4 冊（北京：九州出版社，2011 年 1 月），頁 85。
〔註93〕 張建民：《宋代《尚書》學研究》，西北大學博士論文，2009 年 7 月，頁 224。

　　程元敏《書序通考》專以《書序》爲題，考辨其源流。而其書八、九兩章則以朱子爲核心討論，第八章標題爲「朱熹蔡沈師弟子書序辨說版本徵孚」，對朱子《尙書》著述及研究歷程有詳細說明，其中歷舉證據推論朱子曾倣《詩序辨說》之例而作《書序辨說》附於經末，而今本蔡沈《書集傳》則將各篇《書序》分列於五十八篇之前。蔡抗〈進書集傳表〉曾云所上書籍有「《書集傳》六卷，《小序》一卷，朱熹《問答》一卷。」〔註94〕而金履祥（1232～1303）則指出朱子曾撰《小序》辨正疑誤，〔註95〕此即程元敏所謂《書序辨說》。而程元敏則考察其版本，認爲《書序辨說》應該如同《詩序辨說》乃集結於《書集傳》之末，且爲朱子所撰。朱子究竟是否作過《書序辨說》？在今存資料中實難見出端倪，且在《文集》所遺留《書》稿中，〈召誥〉及〈洛誥〉篇皆將序文置前，程元敏雖然認爲這是朱子稍早疑《書序》未堅時所作，然朱子很早便批評《書序》，甚至以爲吳棫（約 1100～1154）疑《序》不夠勇決，這都是在朱子五十歲左右所奠定之想法，故以朱子疑《書序》未堅而將〈召誥〉、〈洛誥〉序文置前討論，恐可商榷。雖然朱子在臨漳刊刻四經時，曾將經文與序文分開，但在未作全書注解前便先撰《書序辨說》，這又與《詩序辨說》成書於《詩集傳》之後的次序不同。且朱子若眞撰有《書序辨說》以傳蔡沈，亦難保蔡沈未再加以修訂，從而也難以再區別出朱子本身的意見，因此本論文不擬從程元敏意見，依舊將《書集傳》各篇論序注文視爲蔡沈之作。程元敏另探討朱子在晚年編集《書集傳》的活動，指出朱子在蔡沈之前曾有意找其他門人編修，最後再屬意蔡沈。第九章標題爲「朱子及其後學者難書序」，列舉朱子疑《書序》之說討論，並引後人在疑《書序》問題的闡述，皆有可觀之處。

〔註94〕　〔宋〕蔡沈：《書集傳》，收入朱傑人編：《朱子全書外編》第 1 冊（上海：華東師範大學出版社，2010 年 9 月），頁 271。

〔註95〕　金履祥《尚書表注》自序云：「朱子傳注諸經略備，獨《書》未及，嘗別出《小序》辨正疑誤，指其要領，以授蔡氏而爲《集傳》。」見〔宋〕金履祥：《尚書表注》，收入納蘭性德輯：《通志堂經解》第 6 冊（揚州：江蘇廣陵古籍刻印社，1993 年 11 月），序，頁 283。程元敏並舉許多宋元善本證明《書集傳》確實將《書序辨說》另作一卷，不如今日割裂於每篇之首的現象。而清人楊守敬《日本訪書誌補》亦載有曾於日本見元代《蔡氏書集傳》槧本，其中疑似有《書序辨說》，其云：「第二冊首標題『朱子訂定蔡氏集傳』，所錄孔安國序、《漢書》〈藝文誌〉、孔穎達之說，皆有注文。『今按』以下，則朱子之說，末有『今定此本』云云。知此書本朱子之志。下接《書序》，每條皆有註。（與蔡抗《表》有《小序》一卷合。）此如朱子之《詩集傳》，於《詩序》皆逐條辨駁也。」見〔清〕楊守敬撰，王重民輯：《日本訪書志補》，收入《續修四庫全書》第 930 冊，頁 4 上／751。

　　以上所論僅就目前學界對朱子《詩》、《書》研究之大略作探討，而目前市面上也出現較全面蒐集研究朱子學成果之工具書，林慶彰編有《朱子學研究書目》一書，搜羅了自 1900 年至 1991 年海內外朱子學的研究狀況，而吳展良於 2005 年出版《朱子研究書目新編》，在林氏書目的基礎上，更收入到 2002 年為止的研究成果，頗便於學者的檢索。至於 2002 年之後的論文，由於目前檢索工具相當便利，故本論文遂不再於此多作贅述，凡本論文其他相關資料均於行文中引用並討論之。

　　而從上述分析也可看出，對朱子《詩》、《書》所關涉到的單獨議題，一直以來均是單篇論文的研究討論大宗，如《詩經》學所帶出之「淫奔詩」、「廢序」、「思無邪」、「比興定義」及《尚書》學所帶出之「人心、道心」、「疑《書》」、「朱蔡異同」等，皆是單篇論文關注之焦點，然而至今仍缺乏對朱子《詩》、《書》置於他整個經學體系下所應具有的價值作出探討，而且對於朱子注經講究義理關懷的意識，亦往往只是略為帶過，少有專題討論者，故本論文在經由對現今研究朱子《詩》、《書》專書及論文的分析歸納後，發現可再從義理層面深入分析，並探討《詩》、《書》學在朱子經學思想中的地位。

第三節　研究材料的範圍及問題

　　朱子本有重新注解《詩》、《書》計畫，然最後僅完成《詩集傳》，《尚書》唯注解部分篇章，今見於《文集》，未能成書。後人研究朱子《詩經》之學，明確有完書材料可為依據，故朱子《詩經》研究蔚為顯學；至於朱子《尚書》思想研究，則僅能據少數注釋篇章或未成系統的言論推測，難見朱子全面思想，故研究較為沈寂。而除為直接的注解著作外，相關說《書》解《詩》意見內容亦散見於《文集》、《語類》乃至其他著述中，互為補充，皆為研究朱子《詩》、《書》學所不可遺漏之材料。唯朱子著述廣博，與其毫無目標搜文爬字，未若先確立範圍，俾令研究聚焦，黃忠慎於〈關於朱子《詩經》學的評價問題〉一文曾提出朱子《詩經》學閱讀書目，可供研究者參考：

> 要想對朱子《詩》學擁有整體性的認識，至少要先熟讀朱子的《詩集傳》、《詩序辨說》、朱鑑的《詩傳遺說》、黎靖德編《朱子語類》八十、八一兩卷，參考朱子《論語或問》中關於《詩經》的一些意見，呂祖謙《呂氏家塾讀詩記》、王柏《詩疑》、劉瑾《詩傳通釋》、

輔廣《詩童子問》各書，再輔以朱子之前、之時、之後的《詩經》研究狀況史料。〔註96〕

除研究《詩經》之書目外，程元敏亦於《書序通考》一書指出研究朱子《尚書》學之相關篇章，分別爲：

(1) 書大序解（在朱子所撰朱文公文集卷六五「雜著」）

(2) 堯典解（出處同上，下放此）

(3) 舜典解（同上）

(4) 大禹謨解（未完卷）（同上）

(5) 金縢説（説要義，非全篇注）（同上）

(6) 召誥序解（全錄召誥篇書序而全解之）（同上）

(7) 召誥解（同上）

(8) 洛誥解（於洛誥書序，朱子置本經之上，解之，但不分行立標題；又雖解本經，亦未完卷）（同上）

(9) 康誥説（説僅及篇首四十八字與零星句辭）（同上）

(10) 考定武成日月及經文次第（同上）

(11) 舜典象刑説（在朱文公文集卷六七「雜著」）

(12) 記尚書三義（説堯典卒章、舜典「肆覲東后」及大誥「天畏匪忱」等三事）（在朱文公文集卷七一「雜著」）

(13) （禹貢）九州彭蠡辨（在朱文公文集卷七二「雜著」）

(14) （洪範）皇極辨（同上）

(15) 書臨漳所刊四經後（其中多攷關書序，在朱文公文集卷八二「跋」）

(16) 刊四經成告先聖文（與(15)併看，在朱文公文集卷八六「祝文」）

(17) 朱子語類卷七八、卷七九集編朱子書説多條（亦見清初程川編朱子五經語類卷四一至四九）及散見語類它卷者數條。

(18) 朱熹問答一卷（宋蔡抗「上書經集傳表」載，文即朱子答蔡仲默帖，亦略見朱文公續集卷三）

(19) 朱子説書綱領（元董鼎書蔡傳輯錄纂註）、讀尚書綱領（元陳櫟書蔡傳纂疏）〔註97〕

〔註96〕 該文收錄於黃忠慎：《朱子《詩經》學新探》，頁180～181。
〔註97〕 程元敏：《書序通考》（臺北：臺灣學生書局，1999年4月），頁207～209。

上述二人所指示的研究範圍，雖爲朱子《詩》、《書》研究之犖犖大者，但確於朱子浩瀚著述之中指出便捷研究之路，因此這些書目也是本論文的基本讀物。唯細縷上述書目，其中仍有可再補充說明之處，以下茲分三點敘述：

一、《四書集注》中解說《詩》《書》的材料

上舉黃忠慎及程元敏二人均未將《四書章句集注》中解說《詩》、《書》的部分作爲閱讀書目，這顯示出一個疑問：《四書》中所引《詩》、《書》的解說，究竟屬於《四書》學，還是《詩》、《書》學的範圍？舉例來說，朱子常引《中庸》「鳶飛戾天，魚躍於淵，言其上下察也」，作爲義理流行於天地間的形容，《中庸章句》云：

> 子思引此詩以明化育流行，上下昭著，莫非此理之用，所謂費也。
> 然其所以然者，則非見聞所及，所謂隱也。故程子曰：「此一節，子思喫緊爲人處，活潑潑地。」讀者其致思焉。〔註98〕

「鳶飛戾天，魚躍於淵」乃〈大雅·旱麓〉詩句，《中庸》引此詩已有斷章之意，而朱子在理學思想的指引下，更引程子「活潑潑地」之語來形容這種萬物各得其所的自在境界。但這樣的說法明顯帶有理學色彩，是否可以屬於《詩經》學的領域？首先可先檢視毛公、鄭玄及孔穎達（574～648）等人的說法。《毛傳》云：「言上下察也。」〔註99〕乃採用《中庸》的文字解說，然鄭《箋》卻云：「鳶，鴟之類，鳥之貪惡者也。飛而至天，喻惡人遠去，不爲民害也。魚跳躍于淵中，喻民喜得所。」〔註100〕鄭玄認爲鳶鳥乃食魚之惡鳥，如今鳶已高飛，魚免其害，故可跳躍於淵，比喻人民遠離惡政，得其善所。鄭玄所採用的意象明顯異於《毛傳》。而孔穎達《毛詩正義》則針對《毛傳》、鄭《箋》說法分別疏釋，其中對《毛傳》的解說全依《中庸》而發揮：

> 毛以爲大王、王季，德教明察，著於上下，其上則鳶鳥得飛至於天以遊翔，其下則魚皆跳躍於淵中而喜樂，是道被飛潛，萬物得所，化之明察故也。能化及上下，故歎美之。〔註101〕

〔註98〕 〔宋〕朱熹：《中庸章句》，收入朱傑人編：《朱子全書》第6冊（上海：上海古籍出版社，2002年12月），頁38。

〔註99〕 〔漢〕毛亨傳、鄭玄箋，〔唐〕孔穎達正義，〔清〕阮元校勘：《毛詩正義》（臺北：大化書局，1989年10月，影印〔清〕嘉慶二十年重刊宋本），卷16之3，頁9上／1110。

〔註100〕 〔清〕阮元校勘：《毛詩正義》，卷16之3，頁9上／1110。

〔註101〕 〔清〕阮元校勘：《毛詩正義》，卷16之3，頁9下／1110。

孔穎達的這番言論，簡直與理學家口吻相同，故朱子《詩集傳》的說法乃承襲《毛詩正義》而來，其解釋鳶飛魚躍的意象為：「李氏曰：《抱朴子》曰：『鳶之在下無力，及至乎上，聳身直翅而已。』蓋鳶之飛全不用力，亦如魚躍，怡然自得，而不知其所以然也。」〔註102〕朱子的說法其實與孔穎達並無太大差異，主要差別在於孔穎達遵從《詩序》認為此詩是表彰大王、王季之功德，而朱子則認為乃文王之化。那麼結合《中庸章句》和《詩集傳》的解釋，鳶飛魚躍不知所以然，正是讚美王者治理下，百姓日用而不知的盛德大業，是對王道之治的形容，因此，《中庸章句》的解釋與《詩集傳》是可以互為表裡。

再舉一例，《論語》〈為政〉載孔子言：「《詩》三百，一言以蔽之，曰思無邪。」朱子註解云：

> 凡《詩》之言，善者可以感發人之善心，惡者可以懲創人之逸志，
> 其用歸於使人得其情性之正而已。然其言微婉，且或各因一事而發，
> 求其直指全體，則未有若此之明且盡者。故夫子言《詩》三百篇，
> 而惟此一言足以盡蓋其義，其示人之意亦深切矣。〔註103〕

「思無邪」乃〈魯頌・駉〉詩之語句，而〈駉〉除思無邪外，尚有「思無期」、「思無斁」之語，朱子在註解「無期」、「無斁」尚能就文本角度立說：「無期，猶『無疆』也」、「斁，厭也。」（《詩集傳》，卷20，頁744）但解說「思無邪」時則幾乎與《論語集注》的說法相同，其云：

> 孔子曰：「《詩》三百，一言以蔽之，曰思無邪。」蓋《詩》之言美
> 惡不同，或勸或懲，皆有以使人得其情性之正。然其明白簡切，通
> 于上下，未有若此言者，故特稱之，以為可當三百篇之義，以其為
> 要不過乎此也。學者誠能深味其言，而審於念慮之間，必使無所思
> 而不出於正，則日用云為，莫非天理之流行矣。蘇氏曰：「昔之為《詩》
> 者，未必知此也。孔子讀《詩》至此，而有合於其心焉，是以取之，
> 蓋斷章云爾。」（《詩集傳》，卷20，頁744）

《詩集傳》的解說，完全擺脫詩歌本文，根本就是在為《論語》說解。朱子自己也知道孔子是斷章取義，但因為孔聖人的說法使得「思無邪」一語在《詩

〔註102〕〔宋〕朱熹：《詩集傳》，收入朱傑人編：《朱子全書》第1冊，卷16，頁663。
本論文引用朱子《詩集傳》資料甚多，為免注釋冗長，凡本論文再次引用《詩集傳》資料者，均直接於引文後標明卷數及頁碼，不再加註。

〔註103〕〔宋〕朱熹：《論語集注》，收入朱傑人編：《朱子全書》第6冊，卷1，頁74
～75。

經》中具有綱領作用，因此朱子即使強調以《詩》說《詩》，但在此仍不免完全從《論語》的立場說《詩》，打破自己的規則，但也顯示出朱子由《四書》而《詩》、《書》的義理取向。

至於朱子說《書》部分，亦多與《四書》密切相關，如朱子對〈大禹謨〉所載「人心惟危，道心惟微；惟精惟一，允執厥中」之十六字心傳的開展，他將這十六字心訣與子思《中庸》結合，認為十六字心傳經過《中庸》的闡述後，正式成為儒家道統的內容，因此分析朱子對十六字心傳的見解，〈中庸章句序〉成為非常重要的資料，而這也正是《四書》與《尚書》結合的例子。

從這些例子來看，《四書章句集注》中引《詩》、《書》、論《詩》、《書》的文字，是可與朱子《詩》、《書》學互為表裡，而且從朱子的讀書態度及進程來看，《四書》學更是《詩》、《書》之學的基礎，《語類》云：

> 讀書，且從易曉易解處去讀。如《大學》《中庸》《語》《孟》四書，道理粲然。人只是不去看。若理會得此四書，何書不可讀！何理不可究！何事不可處！（《語類》，卷14，頁249）

> 《六經》《語》《孟》皆聖賢遺書，皆當讀，但初學且須知緩急。《大學》《語》《孟》最是聖賢為人切要處。然《語》《孟》卻是隨事答問，難見要領。唯《大學》是曾子述孔子說古人為學之大方，門人又傳述以明其旨，體統都具。玩味此書，知得古人為學所鄉，讀《語》《孟》便易入。後面工夫雖多，而大體已立矣。（《語類》，卷13，頁244）

朱子強調讀書要從易曉易解之《四書》著手，而且《四書》所載又是聖賢遺書最切要之道理，因此《四書》所代表的是求學次序的基礎功夫。惟《四書》之後，功夫仍多，尤以《六經》為首要接續之閱讀，而《六經》中又以《詩》、《書》為首，因此《詩》、《書》則是《四書》之後該閱讀的典籍，那麼，《詩》、《書》的義理基礎仍在於《四書》，故探究朱子的《詩》、《書》義理思想是不能夠捨棄《四書》這一區塊。相反地，由《四書》義理再進展至《詩》、《書》之學，始能更加明瞭朱子的義理趨向，因此，《四書章句集注》及《四書或問》等體現朱子《四書》學的著述，是該作為進入研究朱子學問的基本讀物。

二、《朱子語類》的證據力問題

現今通行的《朱子語類》版本乃南宋黎靖德所編，然《朱子語類》於南

宋始出時，有多種不同版本：李道傳（1170～1217）的池州刊《朱子語錄》四十三卷、黃士毅的眉州刊《朱子語類》一百四十卷、李性傳的饒州刊《朱子語續錄》四十六卷、蔡抗的饒州刊《朱子語後錄》二十六卷、王佖的徽州刊《朱子語續類》四十卷、吳堅的建安刊《朱子語別錄》二十卷等。南宋末年，黎靖德見以上諸書并行而錯出，不相統壹，於是按照黃士毅原分類門目，遺者收之，誤者正之，考其同異，而削其複者，編成景定本《朱子語類》，即成今日普遍流傳的《朱子語類》所據底本。但《語類》的輯成畢竟等於是第三手的資料，就詮釋的順序而言，朱子當下的教學是第一手資料；朱子教學內容經弟子轉錄之後，便成爲第二手資料；而弟子所記內容再經過蒐集者的整理與刪錄之後，又成爲第三手資料。輾轉之間，極可能失去朱子原本的講學實貌，如朱子在編集二程語錄時便曾有感而發：

> 大抵程先生説與其門人説，大體不同。不知當時諸公身親聞之，却
> 因甚恁地差了。（《語類》，卷 18，頁 406）

除對語錄與程子本意可能有所出入的質疑外，朱子自己在編集二程語錄時，所遭遇到的最大爭議便是程頤弟子尹焞（1061～1132）曾轉述程頤並不贊同弟子讀語錄，朱子云：

> 尹子之學有偏處。渠初見伊川，將朱公掞所抄《語錄》去呈，想是
> 他爲有看不透處。故伊川云：「某在，何必觀此書？」蓋謂不如當面
> 與它説耳。尹子後來遂云：「《語錄》之類不必看。」不知伊川固云
> 「某在不必觀」，今伊川既不在，如何不觀？又如云：「《易傳》是伊
> 川所自作者，其他語錄是學者所記。故謂只當看《易傳》，不當看《語
> 錄》。」然則夫子所自作者《春秋》而已，《論語》亦門人所記也。
> 謂學夫子者只當看《春秋》，不當看《論語》，可乎！（《語類》，卷
> 101，頁 2577）

伊川弟子的語錄大概便是師生授課之間的筆記，程頤認爲既然老師仍在，何必看語錄之類的筆記。其意蓋欲學生勤於提問，而不可專務記誦。然而尹焞卻將之發揮成不須看語錄，如此便與伊川原意有所出入。朱子看出尹焞的片面性，認爲伊川既已不在，當然可以瀏覽語錄，〈尹和靖手筆辨〉云：

> 既云某在不必看，則先生不在之時，《語錄》固不可廢矣。不得先生
> 之心，而徒記己意，此亦學者所當博學、審問、精思而明辨之，不
> 可以一詞之失而盡廢其餘也。（《文集》，卷 72，頁 3591）

〈答韓無咎〉亦云：

> 況〈明道行狀〉云：「其辨析精微稍見於世者，學者之所傳耳。」觀
> 此，則伊川之意，亦非全不令學者看《語錄》，但在人自着眼看耳。
> 如《論語》之書，亦是七十子之門人纂錄成書，今未有以爲非孔子
> 自作而棄不讀者。此皆《語錄》不可廢之驗。（《文集》，卷 37，頁
> 1500）

朱子更舉《春秋》及《論語》爲例，《春秋》雖爲孔子筆削，而《論語》乃弟
子所記，但「專治《春秋》而遂廢《論語》矣，而可乎？」（《文集》，卷 72，
頁 3593）朱子認爲直接受教於聖人的管道既已不在，當然可藉由聖人文字及
語言記錄求得聖人原意，這與朱子對待聖人書籍的態度是一致的。《莊子》雖
言聖人遺書都只是糟泊，但朱子絕不承認這種觀點。在他的觀念中，聖人所
遺留下的文字，正是反應其思想的唯一來源，後人既不得親學於聖賢之側，
當然只得透過閱讀書籍來求得聖賢本心，即使是語錄也無礙於義理探求。不
過，朱子在此其實是迴避了一個問題，也就是語錄的可信度問題，黃震（1213
～1281）《黃氏日抄》便評云：

> 和靖雖亦以母命誦佛書，而未嘗談禪，能恪守其師說而不變。且高
> 宗中興，崇尚儒學之初，程門弟子惟和靖在，故以和靖次上蔡，以
> 明斯道之碩果不食，而程門之學固有不流於佛者焉。和靖力辨程門
> 之語錄爲非，其後晦翁追編語錄，又力辨和靖之說爲非。然晦翁搜
> 拾於散亡，其功固大，和靖親得於見聞，其說尤的。今觀程錄，凡
> 禪學之所有而孔門之所無者，往往竄入其間，安知非程氏既歿，楊
> 謝諸人附益耶？是雖晦翁不敢自保其於編錄，猶深致其意，謂失之
> 毫釐，其弊將有不可勝言者。然則和靖力辨語錄之說，其可廢也哉？
> 〔註104〕

今二程語錄有外雜編之分，即朱子用以區別可能非出自二程的言論，但無論
是朱子認爲語錄可讀，或尹焞排斥語錄，甚至黃震又力贊尹焞，就詮釋學而
言，這些論述其實都是建立在讀者自己的視域之中。他們均將二程視爲正統
儒家學派，是道統的傳承人物，怎麼可能會思想不純正！然而黃震所提出的
爭議卻是問題點所在，語錄是否可以代表作者本身的思想？學生的記載是否
會有失實的現象？這是不可否認的疑問，李光地（1642～1718）便指出《朱

〔註104〕黃震：《黃氏日抄》，卷41，頁 40／202。

子語類》諸多可疑處：

> 《朱子語類》所標門目多不確，論爲學，只當分四項：一曰立志，
> 一曰居敬，一曰窮理，一曰力行。儒先顯然說有此四項，不可偏廢，
> 有合論處，則歸之總論，庶幾稍有條理。又所記皆出門人手，間有
> 錯聽者，有措詞不確者，竟有大相背謬者。〔註105〕

弟子所記有大相背謬者如《語類》第九十四卷錄有朱子將周敦頤《通書》〈聖學〉章「明通公溥」配於五行之論，然弟子所記出入極大，如陳淳（1159～1223）錄：

> 明屬靜邊，通屬動邊，公屬動邊，溥屬靜邊。明是貞，屬水；通是
> 元，屬木；公是亨，屬火；溥是利，屬金。只恁地循環去。（《語類》，
> 卷94，頁2406～2407）

劉砥所記與陳淳同，〔註106〕但沈僩所記卻有差異：

> 問：「履之記先生語，以明配水，通配木，公配火，溥配金。溥何以
> 配金？」曰：「溥如何配金！溥正是配水。此四者只是依春夏秋冬之
> 序，相配將去：明配木，通配火，公配金，溥配水，想是他錯記了。」
> （《語類》，卷94，頁2407）

陳、劉二氏所記均將溥配金，但沈僩卻言之鑿鑿地否定溥配金之說，因此在運用此條記錄時勢必得仔細斟酌。另以又如《語類》載有李輝所記一條關於朱子對《小序》態度的記錄：

> 某自二十歲時讀《詩》，便覺《小序》無意義。及去了《小序》，只
> 玩味《詩》詞，卻又覺得道理貫徹。當初亦嘗質問諸鄉先生，皆云，
> 《序》不可廢，而某之疑終不能釋。後到三十歲，斷然知《小序》
> 之出於漢儒所作，其爲繆戾，有不可勝言。（《語類》，卷80，頁2078）

這條記錄重點在朱子自三十歲之後便知《小序》乃漢儒所作，奠定他廢《序》的思維，但朱鑑《詩傳遺說》則載周謨所錄相同內容紀錄：

> 熹自二十歲時讀《詩》，便覺《小序》無意義。及去了《小序》，只

〔註105〕 〔清〕李光地著，陳祖武點校：《榕村語錄》（北京：中華書局，1995年6月，
與《榕村續語錄》合刊本），卷19，頁339。

〔註106〕 劉砥所記內容爲：「明者明於己，水也，正之義也；通則行無窒礙，木也，元
之義也；公者，公於己，火也，亨之義也；溥則物各得其平之意，金也，利
之義也。利，如『乾道變化，各正性命』之意。明通者，靜而動；公溥者，
動而靜。」（《語類》，卷94，頁2407）

> 去玩味詩辭，却又覺得道理貫徹。當時亦嘗質問諸鄉先生，皆云《序》
> 不可廢。而熹之疑終不能釋。其後斷然知《小序》之出於漢人所作，
> 其爲謬戾有不可勝言。〔註107〕

對照兩條記錄之差異即在朱子三十歲時對《小序》的態度，李輝所錄以朱子三十歲便確定廢《小序》態度，但周謨所錄則未能確定爲何時。考王懋竑《朱子年譜》載淳熙四年，朱子四十八歲時「《詩集傳》成」〔註108〕，但此《詩集傳》非今之《詩集傳》，王懋竑、束景南均認爲此乃朱子早年解《詩》之作，束景南更以《詩集解》爲名，〔註109〕這樣的說法應該無誤。朱子在四十八歲之前並未確定廢《小序》的態度，那麼回頭來看《語類》李輝所錄便有問題。若朱子在三十歲時便明確認同《小序》錯誤百出，那麼便不該在四十八歲前仍沿用《小序》解《詩》，而對照周謨所錄，便沒有明確限定廢《序》的時間點，因此《語類》李輝這條記載應該是有問題的。

　　《朱子語類》的資料既然存在爭議，而且朱子著作等身，單從《文集》及著述評論其學術特質，應該已足夠，那麼爲什麼學者仍習慣引用《朱子語類》的資料，甚至有反客爲主的趨勢？這大概與今本《語類》對朱子各種議題均做了基本分類，便於學者查閱有重要的關係。且朱子本身對於語錄的態度，應該也是學者願意接受《語類》作爲研究論證的依據，〈答應仁仲〉第一通曾云：

> 《大學》、《中庸》屢改，終未能到得無可改處。《大學》近方稍似少
> 病。道理最是，講論時說得透，纏涉紙墨，便覺不能及其一二，縱
> 說得出，亦無精彩。以此見聖賢心事，今只於紙上看，如何見得到
> 底？每一念此，未嘗不撫卷慨然也。（《文集》，卷54，頁2558）

朱子非常喜歡與弟子門客討論道理，即使重病，也不願杜門謝客，這與他的認知有關。朱子認爲詮釋經典的過程中，往往於教學講論時，藉由對話的過程，最能夠把道理說得透徹，進而得到淋漓的闡發。〈答陳君舉〉第一通云：「至於講論之際，心即是口，口即是心，豈容別生計較，依違遷就，以爲諧

〔註107〕〔宋〕朱鑑：《詩傳遺說》（長春：吉林出版集團有限責任公司，2005年5月，影印摛藻堂《欽定四庫全書薈要》，與朱熹《詩經集傳》合刊本），卷2，頁17上～17下／25。

〔註108〕〔清〕王懋竑撰，何忠禮點校：《朱熹年譜》（北京：中華書局，1998年10月），卷2，頁79。

〔註109〕詳見束景南：《朱熹年譜長編》（上海：華東師範大學出版社，2001年9月），卷上，頁591～593。

俗自便之計耶？」(《文集》卷 36，頁 1601) 但一旦欲把心中所體認的道理轉化成爲文字敘述時，便不能夠達到預期的目標。是故在朱子看來，書寫文字的力量不如口語講論。但我們不能憑藉朱子的這種觀念，便將語錄的重要性凌駕於文字之上，因爲朱子所指的教學講論之內容，是指由他本身實際說出的話語，若古代有任何攝影器材可以錄下朱子講論道理時的情況，那麼我們便可根據朱子的想法，認可這些資料的證據度高於立說的文字。但語錄並不是這樣的直接拷貝，而是經過學生整理之後，再呈現出來的，這幾乎已不可能是朱子完整思想的原貌。對朱子門人而言，他所記錄的文字是摻雜著朱子的視域及本身的視域，這是一種學生自己所達到的視域融合，因此基本上是偏離了朱子的視域，從而無法完整顯示出朱子眞正的想法。語錄雖然是作爲語言交談的記錄，其性質較接近於口語講論，站在朱子原本的立場，應該高於書寫文字，但由於存在著本意偏離的可能，因此，就證據力的強度而言，語錄的記載反而低於朱子本身的文字，黃榦 (1152～1221) 便云：「不可以隨時應答之語，易平生著述之書。」〔註110〕黃震亦云：

> 故讀先生之書者，其別有三：如《語類》則門人之所記也；如書翰則一時之所發也；如論著則平生之所審定也。《語類》之所記，或遺其本旨，則有書翰之詳說在；書翰之所說，或異於平日，則有著述之定說在。〔註111〕

黃震認爲就證據力道而言，著述高於書翰，書翰高於《語類》。不過，李性傳 (1167～1240) 提出另一種不同看法，其言曰：

> 愚謂語錄與《四書》異者，當以書爲正，而論難往復，書所未及者，當爲助。與《詩》、《易》(指朱熹《詩集傳》及《易本義》) 諸書異者，在成書之前，亦當以書爲正，而在成書之後者，當以語爲是。學者類而求之，斯得之矣。〔註112〕

李性傳注意到了思想發展的先後性問題，成書所代表的意義僅是某個時期的思想結晶，無法保證之後的想法並不會改變。以朱子《詩經》學的發展爲例，從他早年與呂祖謙論《詩》時維護《詩序》的態度，到後來《集傳》成書，擺落《序》說的轉變；又如朱子在易簀前三日仍在修改《大學》章句，便可看出朱子的思想始終是不斷地發展著。若吾人執早期文字來反駁《語類》中

〔註110〕黎靖德編：《朱子語類》〈池州刊朱子語錄後序〉，頁 2。
〔註111〕黃震：《黃氏日抄》，卷 36，頁 44 下／99。
〔註112〕黎靖德編：《朱子語類》〈饒州刊朱子語續錄後序〉，頁 3～4。

較後期的看法，如此便犯了時序顛倒的錯誤，從而讓朱子的思想產生錯亂，這也正是王陽明《朱子晚年定論》的弊端所在。因此，當《語類》記錄與文本文字發生矛盾時，恐怕不能直接採用文本高於語錄的優先性來論斷，而必須另有一套方法解決。

《朱子語類》的問題雖然沒有二程語錄來得大，但其中仍不乏前後矛盾或可能失實之處，黃榦爲池州刊《朱子語錄》作序時便提到：「記錄之語，未必盡得師傳之本旨，而更相傳寫，又多失其本眞；甚或輒自刪改，雜記訛舛，幾不可讀。」〔註113〕黃震亦云：「先生語錄，其間頗有失眞者。」〔註114〕李光地也說：「惟《語類》一編，係門弟子記錄，中間不無譌誤冗複，雜而未理。」〔註115〕陳榮捷亦認爲：「《語類》既爲門人筆記，不免詮釋引申。」〔註116〕但在今人研究朱子學術思想時，《朱子語類》早已成爲重要的材料憑據。若僅採取尹焞之態度，認爲語錄可能失實，遂棄《朱子語類》於不顧，那麼朱子的學術思想很可能將面臨改寫的命運，楊燕便云：

> 雖然有許多學者對《朱子語類》在朱熹經學研究中的文獻價值頗有
> 非議，但從實際的歷史影響來看，朱熹之後，幾乎所有的經學著述
> 都對《語類》中的相關內容進行徵引，學者學習經學，即便不直接
> 閱讀《朱子語類》一書，也必然間接接受《語類》中的相關見解。
> 而所有的經學大家在從事經學研究時，也幾乎都無法繞開朱熹在《語
> 類》中關於經學的相關看法。〔註117〕

因此《朱子語類》是不可棄之材料。尤其本論文以朱子《尚書》學爲題，相關資料除《文集》中少數篇章的直接註解外，《語類》是更龐大的資料來源。因此，問題便在於該如何正確使用《朱子語類》，以使其成爲可依靠的證據，而盡量避免陷入抄錄弟子及再編集者的視域影響之中而不自知，進而影響對朱子學術思想的正確評價，故本論文提出以下幾點作爲採用《朱子語類》論證的標準：

〔註113〕黎靖德編：《朱子語類》〈池州刊朱子語錄後序〉，頁2。
〔註114〕黃震：《黃氏日抄》，卷41，頁7上／185。
〔註115〕〔清〕聖祖仁皇帝敕纂：《御纂朱子全書》（長春：吉林出版集團有限責任公司，2005年5月，影印摛藻堂《欽定四庫全書薈要》），凡例，頁1上～1下／7。
〔註116〕陳榮捷：《朱熹》（臺北：東大圖書股份有限公司，2003年3月），頁111。
〔註117〕楊燕：《《朱子語類》經學思想研究》，頁12。

　　第一、語錄資料由於存在記錄失眞的可能性，因此當本論文引用《語類》資料時，針對孤證的記錄必須詳加考察事實與義理，是否與朱子平時所論有極大出入。切不可見獵心喜，以爲憑藉某條特殊之說法，便將之提升爲朱子思想的普遍意義。

　　第二、凡本論文引用《語類》資料時，均極力避免掛一漏萬的情形出現，即使有相同內容的語錄，亦必須仔細檢視其微異之差別，避免由於受到記錄者個人視域的限制而誤解朱子的說法。

　　第三、從文獻的引用來看，專書的信度大於書信，書信大於語錄，故凡本書引用資料，皆以專書如《四書章句集注》、《詩集傳》、《書》稿改本等資料爲主，語錄資料則爲輔。若語錄資料與專書內容有明顯出入者，必須將兩則資料並陳而列出，並就朱子義理思維進行分析，以明朱子可能的轉變。但論述重點仍以專書所論爲主，並不因《語類》記載而廢棄專書看法。〔註 118〕

　　第四、《朱子語類》所收乃自乾道六年（1170）至慶元五年（1199）約三十年間門人弟子與朱子之間的論學問答，且多數爲朱子六十歲以後的紀錄，因此《語類》資料顯示的是朱子晚年的思想。而朱子專書中有部分著述明確受到朱子的廢棄，那麼當《語類》資料與這些受到朱子自己廢棄的專書看法有所衝突時，首先應先考察晚年專書著述的內容。無從查考者，則以《語類》說法爲主，而捨棄朱子早年之說。具體而言，本書以朱子《詩》、《書》學爲考察範圍，而朱子相關書目則以《四書或問》及學者所集《詩集解》爲早年主要代表，故凡引用到這類書籍而與《語類》有歧異時，則在上述原則下，將以《語類》說法取代這些專書之說。

三、其他研究材料的問題

（一）《詩集解》

　　黃忠愼指出朱子《詩經》學研究領域可參考呂祖謙《呂氏家塾讀詩記》，這大概是指朱子早期的解《詩》觀點。眾所皆知，朱子對於《詩經》意旨的理解從早期遵從《詩序》，後來態度變化處於疑似之間，一直到晚年著力撰寫《詩集傳》，確定自己排除《詩序》，直求本義的特色。然而早年依循在遵《序》

〔註 118〕　《四書或問》乃朱子中年時著述，朱子認爲其中部分觀點未能加以修改，故與晚年之說有所出入，因此使用此書資料時必須注意朱子晚年思想是否有所轉變。

與廢《序》的階段時，朱子曾編有一套《詩集解》，〔註119〕觀點較傾向於接受《詩序》的說法。然而早年《詩》說後來遭到朱子自己的廢棄，便亡佚不傳，而呂祖謙《呂氏家塾讀詩記》則從遵《序》的觀點，收入不少朱子早期的說法，這些說法大概可以歸納爲《詩集解》的觀點，因此，比較《詩集解》與《詩集傳》更易看出朱子思想變化的軌跡。然《詩集解》雖已不見，今人束景南則從呂祖謙《呂氏家塾讀詩紀》、段昌武《毛詩集解》及嚴粲《詩緝》中所引，採得《詩集解》部分佚文，收入《朱熹佚文輯考》一書，方便今人得以更全面研究朱子的《詩經》學思想形成歷程。不過本論文主要乃是以朱子今存之說爲主，《詩集解》的材料雖然可看出朱子思想發展順序，但朱子自己也屢次說明他曾經歷過從疑《序》到廢《序》的過程，那麼《詩集解》的再輯佚也只是指出朱子早期確實存在尊《序》的事實，對於朱子後期定型的思想探討，其實作用不大，故本論文對於《詩集解》資料便不再多作探討，主要仍以傳世著述爲主，若有需要，則直接引述朱子早年說法以作爲對照比較之用。

（二）輔廣《詩童子問》及劉瑾《詩傳通釋》

除《詩集解》外，黃忠愼又列舉可以參考劉瑾《詩傳通釋》及輔廣《詩童子問》。輔廣乃朱子門人，其《詩童子問》共十卷，《四庫全書總目》稱此書主旨爲「主於羽翼《詩集傳》，以述平日聞於朱子之說。」〔註120〕而劉瑾《詩

〔註119〕《詩集解》之名的由來，蓋由於張栻致書呂伯恭時曾言：「元晦向來《詩集解》必已曾見。」見〔宋〕張栻撰，朱熹編：《南軒先生文集》，收錄於朱傑人編《朱子全書外編》第4冊，卷25，頁380。但朱子自己稱此書仍爲《詩集傳》，據束景南先生考證，今本《詩集傳》的寫作始於淳熙四年，而朱子致程欽國書曾言：「又爲《詩集傳》，方了〈國風〉、〈小雅〉，二書頗有可觀。」這封信開頭曾自言「講學近見延平李先生」（《朱子文集別錄》，卷3，頁5146～5147。）則至少是在朱子三十三歲之前。且《文集》中存有一〈詩集傳序〉，據朱鑑所言，此乃《詩傳》舊序，且云：「此乃先生丁酉歲用《小序》解《詩》時所作，後乃盡去《小序》。」見朱鑑：《詩傳遺說》，卷2，頁8下／20。且尤袤《遂初堂書目》錄朱子早年解《詩》作品名爲《朱氏集傳稿》。由此看來，朱子並未用《詩集解》這個名稱作爲他早年說《詩》作品的代稱，而是一律皆稱爲《詩集傳》。但也由於如此，前後兩部《詩集傳》容易混淆，王懋弘《朱熹年譜》便於淳熙四年標明「《詩集傳》成」，更引用後期討論廢《序》相當多文字，容易造成後人誤會，以爲是年《詩集傳》已成，實則今本《詩集傳》乃於此年開始撰作，束景南對此有詳細考證。但由於今人已習慣稱呼朱子早年解《詩》著作爲《詩集解》，已有別於後來的《詩集傳》，故本論文仍沿用今人的稱謂。

〔註120〕紀昀等：《欽定四庫全書總目》，卷15，頁28上／343。

傳通釋》亦主於維護《詩集傳》，《四庫全書總目》亦云：「是書大旨在於發明《集傳》，與輔廣《詩童子問》相同。」〔註121〕然而這兩本書籍畢竟非爲朱子親著，基本上是受朱子說《詩》影響下的產物，因此應屬於後世流衍的作品，對於理解朱子的《詩經》學未必有實質幫助，黃忠愼又云：「劉、輔二氏之書，筆者翻閱之後，認爲雖然對於吾人確認朱子在《詩經》史上的地位，所能提供的線索與資訊，不是原先筆者所想的那麼管用。」〔註122〕黃忠愼雖然認爲這兩本書大致上無法提供太多的訊息，但後來再撰作〈輔廣《詩童子問》新探〉時，則又認爲《詩童子問》仍可作爲探討朱子《詩經》學思想的輔佐證據，其言曰：

> 元人胡一中在偶然的機會中獲得一將輔廣《詩童子問》與朱熹《詩集傳》合訂爲一集之作，胡氏爲此書作〈序〉，稱輔廣《詩童子問》爲羽翼朱《傳》之書。朱熹師生二書的合訂之舉很有意義，一來《詩童子問》的讀者可以透過《詩童子問》以瞭解朱子的讀《詩》法，二來《詩童子問》的讀者可以快速查閱輔廣所稱的「先生曰」之詳細內容，三來這表明所謂的「羽翼」不是「辯護」，而是一種「補述」，一種「發揚」。〔註123〕

輔廣曾親受業於朱子，較劉瑾之述朱而言，輔廣確實較可能呈現出朱子的原本觀點，因此，基本上若對於朱子未明確談到的概念，查閱輔廣《詩童子問》一書，仍有可提供輔助理解之處。然於劉瑾《詩傳通釋》，由於並非直接問教於朱子，雖亦爲述朱之作，但其概念之產生並未直接由朱子而來，故討論時僅能就有可啓發處分析。不過本論文對於朱子《詩經》學的研究作品，仍主張集中於以朱子爲名的著述探討，對於這類弟子及後學述朱之著作的定位，基本上仍視爲屬於受朱子影響層面的作品。

（三）《四書或問》

　　《論語或問》中數條評釋《詩經》的記錄，雖可作爲朱子《詩經》學的論述依據，但必須注意的是《論語或問》成書於淳熙四年（1177），朱子時年四十八歲，屬於壯年時期作品。而朱子後來對於《四書或問》並不滿意，卻

〔註121〕紀昀等：《欽定四庫全書總目》，卷16，頁2上／347。
〔註122〕黃忠愼：《朱子詩經學新探》，自序，頁2。
〔註123〕黃忠愼：〈輔廣《詩童子問》新探〉，《臺大中文學報》第32期，2010年6月，頁30／354。

未再刪訂，主因是他集全力修改《四書集注》，而無暇再顧及《或問》，〈答張元德〉第七通載張元德問朱子：「《語孟或問》乃丁酉本，不知後來改定如何？」朱子則答云：

> 《論孟集注》後來改定處多，遂與《或問》不甚相應，又無功夫修
> 得《或問》，故不曾傳出。（《文集》，卷62，頁3068）

〈答潘端叔〉第二通亦云：

> 承需《論語或問》，此書久無功夫脩得，只《集注》屢改不定，却與
> 《或問》前後不相應矣。（《文集》，卷50，頁2264）

《語類》亦有記：

> 張仁叟問《論語或問》。曰：「是五十年〔註124〕前文字，與今說不類。
> 當時欲修，後來精力衰，那箇工夫大，後掉了。」（《語類》，卷105，
> 頁2630）

朱子雖未指出對《或問》那些內容並不滿意，但《或問》的性質在於輔助《四書章句集注》對於前人論點取捨的解說，張栻（1133～1180）亦曾致書朱子討論《或問》的地位：

> 《論語章句》精確簡嚴，足以詔後學。《或問》之書，大抵固不可易
> 之論，但某意謂此書卻未須出，蓋極力與辯說，亦不能得盡。只使
> 之誦味《章句》，節節有得，則去取之意，與諸家之偏，當自能見之，
> 不然卻恐使之輕易趨薄耳。〔註125〕

張栻雖曾勸告朱子不須刊印《或問》，但此書畢竟已傳世，故相關論點實不可去除。但又由於朱子自己曾表達對《或問》不滿之意，因此在使用《或問》資料時亦必須兼顧晚年說法是否有異，除可作爲朱子中年的思想結晶及思想發展的參照外，必須避免因此誤會朱子晚年定型的學術思想。而一旦與晚年論述有所衝突時，仍必須以晚年所論爲主。

（四）蔡沈《書集傳》

朱子曾有意對《尚書》進行註解，無奈晚年憂病纏身，因此僅註解少數篇章之後便作罷，後來更將存稿盡予蔡沈，俾令其撰寫《書集傳》，蔡沈自云：

〔註124〕「五十年」當作「五十歲」，王懋竑《朱子年譜》便錄爲「五十歲」，並注云：
「元本作『年』，誤。」見王懋竑：《朱熹年譜》，卷2，頁79。
〔註125〕張栻：《朱子全書外編·南軒先生文集》，卷24，頁368。

> 慶元己未冬，先生文公令沈作《書集傳》。明年，先生歿。又十年，
> 始克成編。〔註126〕

蔡沈既受朱子遺命及存稿而撰《書集傳》，理應保有相當多朱子的《尚書》學觀點，但可惜的是，蔡沈竟採取不予識別的作法：「《集傳》本先生所命，故凡引用師說，不復識別。」〔註127〕蔡沈的這一決定，使《書集傳》除可與現存朱子稿件互相參照以檢出朱子的論點外，其餘說法則難以分別出究竟該歸屬於誰了。然而蔡沈花費十年時間撰成《書集傳》，所耗心力之巨，說明絕非單純依憑師說便可成書，故蔡《傳》說法當與朱子有所出入，況且朱子既已辭世，除遺稿外，鮮有師說可爲憑據，陳淳〈答郭子從〉第一通便曾批評云：

> 自先師去後，學者又多專門，蔡仲默、林子武皆有《書》解，聞皆
> 各自爲一家。〔註128〕

陳淳乃朱子晚年相當重視的一位學生，但他卻不認同蔡沈《書集傳》的觀點完全屬於朱子，因此，吾人不可僅憑朱子遺命蔡沈作《書集傳》，便將《書集傳》等同於朱子的《尚書》思想。兩者當然會有觀點相同處，但也只能從朱子既存說法來考證，而無法從《書集傳》中考察現存文本朱子未提出的見解，因此，蔡沈《書集傳》必須排除在朱子研究的第一手資料外，只能視爲參照比較之用。

第四節　研究方法及輔助思維說明

第三節所論乃本論文研究所選定之大致範圍，研究朱子《詩》、《書》義理思想自然必需精熟這些文本，故本論文首先採用的研究方法便爲「內容研究法」，以朱子著述文本爲主要材料，而書翰、《語類》亦爲重要研究材料。除此之外，更廣徵經史，旁搜子集，上及先秦典籍，下逮明清乃至民國之相關論述，冀由此以探朱子《詩》、《書》學之奧蘊。本論文所採用第二種方法爲「歷史研究法」，針對朱子學術與南宋當時學術思想、政治社會背景的關係探本溯源，並將朱子學術置入自身生活歷史之中，分析朱子的關懷意識，藉以由此探討其表現在學術思想上的傾向。本論文所採用第三種方法則結合勞

〔註126〕蔡沈：《朱子全書外編・書集傳》，頁1。
〔註127〕蔡沈：《朱子全書外編・書集傳》，頁2。
〔註128〕〔宋〕陳淳：《北溪大全集》，收入《景印文淵閣四庫全書》第1168冊，卷25，頁4上／697。

思光所提出「基源問題研究法」及項退結「主導題材研究法」，勞思光認為一切個人或學派的思想理論，根本上皆是對某一問題的解答，而項退結則主張透過統計、歸納的方法，從原典中找出其中思想的共同趨勢，再訂出主導題材，以呈現出思想家之思想特性。結合這兩種方法，本論文視朱子哲學思想為一個整體體系，並藉由朱子經學著述分析歸納朱子的主要學術意識，依朱子關懷，特別著重於從《四書》及《詩》、《書》分析探討，尤其以《大學》具有綱領作用，故本論文將朱子以如何開展《大學》八條目程序作為朱子學術理論之基源問題及主導題材，由此逐步分析朱子《詩》、《書》的相關理論。上述方法主要是立基於較為傳統的漢學研究方法，而本論文除此之外，另採用西方學術相關概念以輔助研究思維之建立以及朱子本身詮釋經典的特質作為研究方法，以下試論述之。

一、近代西方學術理論的運用

（一）完形心理學

本論文乃以朱子《詩經》學及《尚書》學為研究範圍，故研究對象便以朱子討論《詩》、《書》文字為主要參考文獻。然而如此一來，恐有局限於單經研究的趨勢，導致見樹不見林之蔽。因此本論文採用完形心理學強調整體的理論作為研究背景。完形心理學又稱格式塔心理學，此派理論創始者為德國心理學家魏特海墨（Max Wertheimer，1880～1943），他主要受到十九世紀物理學發現電場、磁力場與重力場概念的啟發，而認為人類知覺世界中亦有類似的「場」存在，並由研究人類的知覺現象開始深入，從而形成完形心理學派。這派的基本論點為：部分之總和不等於整體，因此整體不能分割；整體是由各部分所決定。反之，各部分也由整體所決定。如庫爾特·考夫卡（Kurt Koffka，1886～1941）便云：

> 即便是這些微不足道的物體，也揭示了我們的現實不只是基本事實的并置（collocation），而是由一些單位所組成，在這些單位中，沒有一個部分是靠它自身而存在的，其中，每個部分都指向它自身以外的地方，從而意味著一個較大的整體。事實和意義不再是屬於不同領域的兩個概念，因為在內在地一致的整體之中，一個事實始終是一個事實。如果我們把問題的每一點分離出來，逐一予以解決，我們便無法解決任何問題。由此可見，我們確實看到了意義的問題

如何與整體及其部分之間的關係問題如此緊密地相聯結。我們曾經
說過：整體大於它的部分之和。我們還可以更加確切地說，整體除
了它的部分之和外，還有其他某種東西，因此，計算總和是一種毫
無意義的方法，而部分——整體的關係卻是有意義的。〔註129〕

完形心理學認為「部分」加「部分」並不等於整體，傳統分析法誤以為將整體拆解成部分之後，逐一了解「部分」便可得到對整體的認識，但完形心理學發現當「部分」在組成全體之時，可能會失去其「部分」的特性，也可能獲得若干新的特性，故組成全體後的「部分」不再是原來獨立自主的「部分」，而是隸屬於全體的「部分」，因此「部分」必須置於整體之中，並加上「關係」才能顯現出其意涵。以此來看朱子的學術關懷，朱子學術思想所呈現出來的是一個完整的體系，朱子本身亦非常強調整體性之價值，他的學術領域雖相當廣泛，卻有內在一貫的脈絡，故當研究朱子學術時，若僅僅抽離出其中部分著述考察，或將朱子學術拆解成單一經典或單一課題而為零碎部分時，很容易顧此失彼。如本論文以研究朱子《詩》、《書》義理為題，然而若將研究視野局限在必與此二經相關的文字上，便無法掌握朱子義理思想的主要問題意識，如此將脫離朱子整體學術思維，從而失去作為「部分」的學術領域在整體思維下所展現的特性，其最後結果可能導致僅研究出朱子對《詩》、《書》義理的看法，而迷失《詩》、《書》在朱子學術中的價值。有鑒於此，本論文的研究方法必須關注三個層面，分別是朱子的學術思維及《詩經》及《尚書》的經典特性。因此本論文研究除朱子《詩經》、《尚書》學相關著述外，必須旁及朱子其他學術作品，其中尤以《四書章句集注》為最重要。朱子理學義理思想主要見於《四書集注》中，因此欲研究朱子相關著作所闡述的義理思想，必不容忽略以《四書集注》為主軸所延伸出的《四書》學。而除《詩》、《書》二經之外，朱子其他著述作品所反映出來的《詩》、《書》義理可視為朱子《詩》、《書》的應用，故亦應納入研究範圍。故本論文主要研究範圍便設定在《四書集注》及朱子《詩經》、《尚書》相關作品及文字，再旁及其他著述中引用或討論《詩》、《書》的文字，甚至於亦必須關照後世受朱子影響的著述，或為其嫡傳或為反對者，以明朱子《詩》、《書》義理對後世之影響，期望由此能全面觀照朱子《詩》、《書》義理思想的構成及啟發。

〔註129〕〔德〕庫爾特·考夫卡著，黎煒譯：《格式塔心理學原理》（杭州：浙江教育出版社，1999年1月），頁228。

（二）孔恩「典範」及維根斯坦「家族相似性」

本論文研究方法除受完形心理學影響外，亦利用當代一些學術觀點作爲考察方法，如以孔恩（Thomas Samuel Kuhn，1922～1996）「典範」〔註130〕及維根斯坦（Ludwig Wittgenstein,1889～1951）「家族相似性」（family resemblance）兩種概念，分析朱子經學典範轉移的現象。又採用高達美哲學詮釋學的「視域的融合」概念，分析朱子對《詩》、《書》詮釋所形成的視域特性。然而這些方法僅作爲輔助論文研究概念形成之用。本文最主要的研究方法仍回歸以朱子作爲研究者的角度，分析其思想，亦即藉由朱子本身對經典形成及特性的認識，分析朱子《詩》、《書》學義理應有的關懷重點，故可稱爲以作者本位爲主體的研究視域。

「典範」一詞乃美國科學史家湯瑪斯·孔恩於《科學革命的結構》一書中所提出來的概念，他認爲不同的典範支配著不同的常態科學，一旦典範發生轉移，研究者整個問題導向、思考模式都將跟著移轉。借用到學術思想發展上，乃指同時代人們對於共同的時代課題，所凝聚出的一種共識，最後演變成爲時代思想型態所特有的模式，因此「典範」概念可以是幫助我們分析學術理論的方法、概念、架構的有效工具，有助於我們更深入瞭解學術思想家的著作與理論之關懷重點。不過目前學術界使用孔恩「典範」概念時，普遍存有二種爭論，一種主張「典範」概念源自自然科學，因而無法適用於其他學科；另有學者認爲將孔恩「典範」概念應用到其他學術是合理的。但畢竟由於學科體系之間的差異，孔恩「典範」的理論在應用上亦有需待調整之處，如目前關於人文社會科學理論是傾向存在著多元的典範，這些典範之間互有關連，亦有差異，有的典範會延續以前傳統而加以修改，有的典範則站在對立面進行批判，這便與孔恩典範概念中後起典範會取代原有典範的方式不同。有鑒於此，王巍借用維根斯坦的家族相似性原則，重新修正孔恩的典範概念，所謂的家族相似性，維根斯坦舉「游戲」爲例，其云：

> 試考慮下面這些我們稱之爲「游戲」的事情吧。我指的是棋類游戲，紙牌游戲，球類游戲，奧林匹克游戲，等等。對所有這一切，什麼是共同的呢？——請不要說：「一定有某種共同的東西，否則它們就不會都被叫做『游戲』」——請你仔細看看是不是有什麼全體所共同

〔註130〕 見〔美〕Thoman S. Kuhn 著，王道還等譯：《科學革命的結構》（臺北：遠流出版事業股份有限公司，1998 年 2 月）。

的東西。——因爲，如果你觀察它們，你將看不到什麼全體共有的
東西，而只看到相似之處，看到親緣關係，甚至一整套相似之處和
親緣關係。再說一遍，不要去想，而是要去看！——例如，看一看
棋類游戲以及它們的五花八門的親緣關係。再看一看紙牌游戲；你
會發現，這裡與第一組游戲有許多對應之處，但有許多共同的特徵
丢失了，也有一些其他的特徵卻出現了。當我們接著看球類游戲時，
許多共同的東西保留下來了，但也有許多消失了。〔註131〕

維根斯坦的意思是，比如甲、乙、丙、丁四種行爲是游戲，其中甲游戲具有 A、
B、C 三種特徵，而乙游戲則具有 B、C、D 三種特徵，甲與乙雖略有差異，
但仍有 B、C 兩種特徵相同；而丙的特徵是 C、D、E，丁的特徵則是 D、E、
F，如此一來，各組游戲便可依遞移後所顯現特徵同異的程度，畫分其關係，
維根斯坦最後歸納這些關係云：

　　我想不出比「家族相似性」更好的表達來刻畫這種相似關係，因爲
　　一個家族的成員之間的各種各樣的相似之處：形體、相貌、眼睛的
　　顏色、步姿、性情等等，也以同樣方式互相重疊和交叉——所以我
　　要說：「游戲」形成一個家族。〔註132〕

王巍便將這種概念應用到人文學科的典範性質，其云：

　　從「家族相似」說的觀點看，典範並不是一個密不可分的整體，而
　　是各個要素之間的鬆散聯繫。當舊典範面臨挑戰的時候，它可以不
　　斷放棄自己的某些要素，吸收其他文化的精華作爲新要素。〔註133〕

依王巍的看法，人文學科的典範可以是一個連續體，彼此有相關連的屬性，
亦有屬於自身獨特的特徵。將這種思維應用到朱子研究，可用來討論《四書》、
《五經》這二塊經學組成的典範轉移現象。另外對於《詩經》學中的漢宋之
爭，也有助於學者利用此概念正確評價兩者的關連。

（三）高達美「視域的融合」

　　完形心理學既強調從關係來探討整體下「部分」的特性，那麼將之運用
於朱子研究之中，便必須將思維置於朱子學術視野中，並尋找出所謂「關係」

〔註131〕〔奧〕維特根斯坦著，李步樓譯：《哲學研究》（北京：商務印書館，2008 年
　　　　9 月），頁 47。
〔註132〕維特根斯坦：《哲學研究》，頁 48。
〔註133〕王巍：《相對主義：從典範、語言和理性的觀點看》（北京：清華大學出版社，
　　　　2003 年 4 月），頁 40。

為何？但如此一來，又頗有探求作者本意的意味，然而由於受到近世詮釋學觀念高度發展的影響，文本與作者的關係成為爭議的一個焦點。文本被作者創作之後，便脫離作者而產生獨立生命，從而無法完整傳達出作者的本意。後世讀者在接受閱讀時，所形成的詮釋是受到自己的「前理解」的影響，因此當吾人企圖以朱子本身的學術視野來解答朱子學術的問題及分析其關懷意識時，必須面臨到詮釋學的質疑，亦即吾人該如何確認經由研究者所擷取的作者視域是屬於作者，而非與研究者相重疊所形成的另一種視域？高達美提出「視域」（Horizont）的概念，他認為任何詮釋者進行文本詮釋時，會從自己為主的觀點出發理解，這種觀點是特殊佔主導性的，且詮釋者多不自知，而黎志添認為理解者的視域至少包含三種層面：

> 關於詮釋者視域的問題，若仔細地分析，我們可以把它包括以下
> 三個層面。第一個層面是詮釋者自身因為通過「社會化」
> （socialization）的結果而把外在承襲過來的意義結構轉化成為屬
> 於個人內在性的意義系統。這是說個人總是受著過去歷史、文化、
> 社會等價值影響。要注意的是，這個社會化過程很大部分是通過
> 語言的學習而承受過來的。其次，詮釋者的視域水平便是包括了
> 他／她當下處身的社會共同價值系統，這方面尤其是依賴了學校
> 教育灌輸。第三點構成詮釋者此在的視域包括詮釋者主觀的期望
> （anticipation）。詮釋者的期望乃通過問題（question）和揀選
> （selection）的方式在詮釋文本過程中參與進來的。即是說，詮釋
> 者的期望借著文本的揀選和假設的研究問題而注入理解的流程中
> 去。〔註134〕

但高達美也指出詮釋者對文本所形成詮釋是建立在讀者、作者等各種不同層面的「視域的融合」（the fusion of horizons）〔註135〕，高達美認為詮釋者的「前理解」正是其進入文本的特殊視域。理解的目的並不在於恢復文本的原意，而是在理解者的視域及文本的視域中產生新的視域，他稱之為「視域的融合」，高達美說：

〔註134〕 見黎志添：〈宗教經典或哲學詮釋學：中西宗教文化的比較觀點〉，收錄於黃
俊傑編：《中國經典詮釋傳統（一）：通論篇》（上海：華東師範大學出版社，
2008 年 6 月），頁 64。

〔註135〕 〔德〕Wahrheit Und Methode 著，洪漢鼎譯，《真理與方法》（上海：上海譯
文出版社，2004 年 7 月），頁 394～396。

　　理解一種傳統無疑需要一種歷史視域。但這並不是說，我們是靠
著把自身置入一種歷史處境中而獲得這種視域的。情況正相反，
我們爲了能這樣把自身置入一種處境裡，我們總是必須已經具有
一種視域。因爲什麼叫做自身置入（Sichversetzen）呢？無疑，這
不只是丟棄自己（Von-sich-absehen）。當然，就我們必須眞正設
想其他處境而言，這種丟棄是必要的。但是，我們必須也把自身
一起帶到這個其他的處境中。只有這樣，才實現了自我置入的意
義。也就是說，我們通過我們把自己置入他的處境中，他人的質
性，亦即他人的不可消解的個性才被意識到。這樣一種自身置入，
既不是一個個性移入另一個個性中，也不是使另一個人受制於我
們自己的標準，而總是意味著向一個更高的普遍性提昇。這種普
遍性不僅克服了我們自己的個別性，而且也克服了那個他人的個
別性。〔註136〕

所謂白我置入亦即當我們理解一件事物時，必須把自己的視域置入傳統的視
域之中，也就是說讀者會帶著自己的「視域」去理解某種作品，這時讀者的
視域與文本作者的「視域」會產生一種「張力」（tension）。讀者必須擺脫由作
品自身歷史的存在所產生的「成見」，但又不能夠以自己的「成見」任意曲解
作品。因此只有在詮釋者的「成見」和作者及文本的「內容」融合在一起，
並產生出意義時，才會出現眞正的理解。因此，進行理解的人必須要有寬廣
的視域，高達美認爲理解是一些被誤認爲是獨立存在的視域的融合過程，而
理解不應被認爲是一個主體性的行爲，而是將自己置於傳統的過程中，並在
這個過程中，讓過去與現在不斷的融合，而視域融合便是這樣一種把自己置
於傳統過程中所得出的詮釋。

二、朱子自身研究方法的利用

　　朱子本身所展現出來的是一個龐大的學術體系，其著述解說，均有極明
確的思維脈絡，而本論文既以朱子爲主要研究對象，那麼便必須了解朱子對
經學研究的基本態度及方法，因此可以說，這是從作者的角度切入，使研究
者取得與朱子相融的視域，從而能夠以朱子的觀點出發解經。當然，研究者
與作爲作者的朱子是不可能再現完全密合的視域，因此，作者之意的探求，

────────────

〔註136〕洪漢鼎譯：《眞理與方法》，頁 398～399。

基本上是不被認可的。但是視域的形成是多方面的，雖然研究者在考慮任何事情之前，都必須將之當成完全嶄新的事物，從而盡量以一種不帶成見的方式進入問題，但這只是一種基本的認知態度，正如同要完全從作者的立場去理解一樣，都是不可能達成的，「前見」既無法消除，那麼唯一的方式必須盡量令其客觀化，盡量去除研究者一己之主觀意見，使作者的視域與研究者的視域取得一種協調性的結果，也就是說，研究者所歸納出來的作者研究方法，雖未必完全屬於作者，但至少能夠經得起檢驗，不會被認為是隨意地曲解，而能以一種和諧狀態存在於研究者與作者之間。而本論文所歸納出以朱子解經方法為研究重點方向的方法有二：

（一）朱子經學研究注重簡明性原則

由經學所引申出的理學體系，無疑是朱子最主要的學術關懷，經典代表古代聖人的義理思想，其中《五經》乃三代聖人所留下的載籍，而《四書》則是孔孟聖賢所傳下的經典，這些反映聖賢思維的作品，在傳統中國學者的眼中，地位相當崇高，故儒者在建構自己的學術理論時，往往會依據經典詮釋，朱子亦不例外。但有別過去儒者對經典苛察繳繞的研究，朱子則提出經典乃聖人遺言，雖記載著萬世不變的義理價值，但這套義理系統是坦然明白，《語類》載：

> 道體用雖極精微，聖賢之言則甚明白。（《語類》，卷 8，頁 129）
>
> 聖人言語，皆天理自然，本坦易明白在那裡。只被人不虛心去看，只管外面捉摸。及看不得，便將自己身上一般意思說出，把做聖人意思。（《語類》，卷 11，頁 179）
>
> 聖人之言，由本及末，先後有序。其言平正，無險絕之意。（《語類》，卷 21，頁 502）

在朱子的觀念中，《四書》、《五經》等儒家經典所反映的義理是甚為明白，只要能虛心閱讀，便能掌握要義。朱子也呼籲讀者不要把己意當做聖人意思，這可看作是對前人解經過度深求的批評。朱子雖然認為經典坦易，但卻也強調不能隨意瀏覽，心須深入體會聖人言語背後的意涵，《近思錄》引伊川之言云：

> 讀書者當觀聖人所以作經之意，與聖人所以用心，與聖人所以至聖人，而吾之所以未至者，所以未得者。句句而求之，晝誦而味之，中夜而思之，平其心，易其氣，闕其疑，則聖人之意見矣。〔註137〕

〔註137〕〔宋〕朱熹、呂祖謙編：《近思錄》，收入朱傑人編：《朱子全書》第 13 冊，卷 3，頁 199。

《語類》亦云：

> 如讀聖人言語，讀時研窮子細，認得這言語中有一箇道理在裡面分明。久而思得熟，只見理而不見聖人言語。（《語類》，卷18，頁412）
>
> 聖人下得言語恁地鎮重，恁得重三疊四，不若今人只說一下便了，此聖人所以為聖人。（《語類》，卷17，頁380）
>
> 聖人言語，義理該貫，如絲髮相通，若只恁大綱看過，何緣見得精微出來！所以失聖人之意也。（《語類》，卷15，頁229）

朱子又認為聖人口諸於言，筆諸於書，其一文一字都是非常慎重，之所以慎重，是因為這些言語之中包含道理，一有偏差，便無法使人見其平易之理。

　　然而如此將導致兩項衝突，首先朱子認為聖人之言坦易明白，但翻開《五經》，其中拗泥不明處甚多，何來明白之說？如《春秋》、《尚書》、《易經》等非簡易之作，否則何以會有漢儒說經至百萬餘言的作為。因此所謂聖人之言明白，當非純指經書內容。而朱子另又指出讀經典時必須仔細研究，始見精微義理，如此一來不就又會陷入漢儒皓首窮理的危險。因此，這兩個方法必須結合一起來看。朱子之所以認為聖言淺白，這其實乃是對說經繁瑣的排斥，他指出從漢儒一直到唐代《五經正義》，聖人本經在經過歷代注疏的一再詮釋之後，所得的結果並不是使聖人之意愈來愈明白，反而適得其反，在層層註解的掩蓋之下，聖人本意卻被遮掩，後人雖號讀經，但其實所耗心力皆在注疏之中，反而失卻經文文本所透顯的義理。因此，從唐末所興起回歸原典的風潮，便是對注疏繁瑣的反動。但經歷千百年之後，經文由於訓釋的隔閡，許多原意無法清楚理解，因此讀經時不可不仔細，然也不能完全排除歷代注疏的成果，只是可能再陷於繁瑣之弊，於是仔細研究必須以明白之聖言為主，亦即要排除層層障礙，才能使聖人本意再現，因此重點便在於必須掌握聖人本意是坦易明白的原則，針對經典中明顯淺易部分仔細研究，至於其他因制度或時代差異所造成的障礙，則勿過分執著。

（二）朱子經學研究強調次序及系統性原則

　　在朱子「理一分殊」的架構中，聖人所得之理與普通人所得之理相同，但由於聖人無氣質之弊，故此理得以完全顯現，因此，一般人透過格物致知功夫所欲達致者，便是聖人滿是義理的理想境界。但聖人本意乃展現於經典之中，由於聖人已不在，朱子詮釋的進路便先求文本的本意，再進而探求聖人之意，故讀者在閱讀經典之際，必須努力尋求聖人本義，其目的也在於提

昇自我以達致聖人義理境界，因此朱子的詮釋立場，認為讀者詮釋的目標，最後是可與聖人本義達到完全的相符。在朱子的詮釋系統中，聖人本義的獲得是應然的結果。而經書則是聖人本義的直接媒介，然而問題卻也在此突顯：聖人已逝，義理雖仍存在於經書之中，但要如何才能證明何種詮釋可代表聖人本義？就現代詮釋學角度而言，聖人本義代表著作者本意，作者創作文本，而由於受到語言、文字表達的局限性，作者意圖已無法完整傳達在作品之中。照這種思路而下，《五經》的內容便不可能與聖人本義畫上等號。聖人筆之於書之後，必然會有意義上的模糊，乃至失落，那麼朱子是否有這層認識？《語類》有云：

> 某嘗說，自孔孟滅後，諸儒不子細讀得聖人之書，曉得聖人之旨，只是自說他一副當道理。說得卻也好看，只是非聖人之意，硬將聖人經旨說從他道理上來。孟子說「以意逆志」者，以自家之意，逆聖人之志。如人去路頭迎接那人相似，或今日接著不定，明日接著不定；或那人來也不定，不來也不定；或更數遲數日來也不定，如此方謂之「以意逆志」。今人讀書，卻不去等候迎接那人，只認趕捉那人來，更不由他情願；又教它莫要做聲，待我與你說道理。聖賢已死，它看你如何說，他又不會出來與你爭，只是非聖賢之意。他本要自說他一樣道理，又恐不見信於人。偶然窺見聖人說處與己意合，便從頭如此解將去，更不子細虛心，看聖人所說是如何。正如人販私鹽，擔私貨，恐人捉他，須用求得官員一兩封書，并掩頭行引，方敢過場、務，偷免稅錢。今之學者正是如此，只是將聖人經書，拖帶印證己之所說而已，何常真實得聖人之意？卻是說得新奇巧妙，可以欺惑人，只是非聖人之意。此無他，患在於不子細讀聖人之書。人若能虛心下意，自莫生意見，只將聖人書玩味讀誦，少間意思自從正文中迸出來，不待安排，不待杜撰。如此，方謂之善讀書。（《語類》，卷137，頁3258）

朱子本身確實介於這兩種意識之間，一方面他認為經典是聖賢載籍，可反映聖人滿是天理的本意；但一方面又認為現存經典由於受到太多因素的限制，已無法完整呈現出聖人本來的義理思維。那麼該如何解決這個朱子自己所設限的疑難？亦即如何從讀書能達到窮格天理的階段？朱子則以讀書次序來回答這個問題。

　　傳統經書本以《五經》爲主，而朱子擴增《四書》，使經學變成「四書、五經」的經書體系。朱子之所以要擴充經書範圍，便是爲了彌補經典對聖賢義理探求的隔閡，因此原本研究單經便可反映聖人思想的作法，變成必須鑽研整套經書體系，如此方能完成義理探索的過程，故朱子對經書的擴增，可以說是對漢代以來學者過度鑽研單經現象的一種反思。前面提過，漢代學者皓首窮經，結果只是變成老學究，而朱子爲避免這種結果，加上又明確體認到《五經》的隔閡，故他強調閱讀經書必須有方法、有次序，〈答林退思〉第二通云：

> 聖人之教，循循有序，不過使人反而求之至近至小之中，博之以文，以開其講學之端；約之以禮，以嚴其踐履之實，使之得寸則守其寸，得尺則守其尺。如是久之，日滋月益，然後道之全體，乃有所鄉望而漸可識，有所循習而漸可能，自是而往，俛焉孳孳，斃而後已，而其所造之深淺，所就之廣狹，亦非可以必詣而預期也。（《文集》，卷62，頁3076）

欲探求聖人之意不是單靠研究某本經書便可達成，而是必須關照朱子所建立的整套經書架構；但這一套「四書、五經」的經書體系亦非隨意閱讀即可，朱子認爲必須有合適的閱讀次序，從基礎慢慢建構，以期能達成上探聖賢、天地之理的目標。因此本論文便以朱子讀書次序作爲開展，分析《詩》、《書》在朱子讀書次序應該具有的排序，由此建立《詩》、《書》之學在朱子義理建構中的位置。

第二章　朱子《詩》《書》學於其
經學體系中之義理定位

第一節　朱子學術視野中的經學典範轉移

　　朱子學術思想所展現出來的精華，無疑當以《四書章句集注》最為重要，朱子窮其一生鑽研《四書》，甚至易簀前仍在修改《大學章句》，由此可見《四書》在其思想中的重要性。也由於朱子對《四書》的執著，自朱學成為官方學術典範標準及科舉教材之後，《四書》的重要性便有超越《五經》的態勢，錢穆〈朱子之四書學〉一文即云：

> 《語》、《孟》、《學》、《庸》四書並重，事始北宋。而《四書》之正
> 式集結，則成於朱子。朱子平日教人，必教其先致力於《四書》，而
> 《五經》轉非所急。〔註1〕

錢穆認為《四書》、《五經》地位的轉變肇因於朱子對於《四書》的注重，而景海峰更認為自《四書》地位建立之後，傳統以《五經》為主的經學便退到邊緣位置，其云：

> 我們從文本的性質來分析，《四書》和《五經》實際上是代表了兩個
> 截然不同的時代，當古代文明的根源性權威不再有說服力時，作為
> 另一種根源性的古典文明的意義便豁顯出來。宋儒正是通過對《易
> 傳》和《四書》的重點詮解，找回了自家的根源性權威，建立起了

〔註1〕錢穆：《朱子新學案》第4冊，頁189。

一套新的意義解釋系統。在這個系統中，傳記是詮釋的中心，經反
而退居到了邊緣的位置。〔註2〕

《四書》成立於朱子手中，代表著宋儒所開創的精神文明，而《五經》則是
漢唐學術主體，錢穆及景海峰所言其實頗有暗示學術典範轉移的現象。不過
從「家族相似性」的原則來看，《四經》、《五經》並非兩個不同的獨立系統。
《四書》、《五經》均為儒家經典，具有等同於聖人義理本質的特徵，但兩者
亦存在形式內容、成書時間及承載義理重點的差異。而《四書》或《五經》
在典範轉移的過程中，都彼此經過一個接受、修改與抵制的過程，因此《四
書》究竟是取代並壓縮《五經》的學術地位？抑或成為兩種可共存而且起著
相互影響的典範？便可再商議探討，陳逢源便云：

> 五經、四書的形成既分屬漢唐與宋明不同時代，也代表不同的儒學
> 思維，其中既有傳承關係，又有儒學內涵轉化的差異，在高舉聖人
> 之學的架構中，同樣是高倡儒學，但不論是為學進程，抑或是聖人
> 之道的界定，所指內涵皆已有所改變，在異中有同，同中有異的情
> 況下，甚至可以說各自形塑一套儒學的詮釋體系與思惟架構。〔註3〕

所謂同中有異，異中有同，正切中了《四書》、《五經》其家族相似性的特徵。
不過這個議題牽涉範圍太廣，本論文僅就朱子自身學術對《四書》、《五經》
典範地位認知的轉變作一探討：

一、擴增《四書》以建立經學體系的完整義理

包含朱子在內的傳統儒者，其意識中均極度嚮往三代以前的政治模式及
社會型態，儒者念茲在茲地便是如何導引自己所處的時代再現為三代理想世
界，所謂「致君堯舜上，再使風俗淳」，這是儒者普遍冀望「得君行道」的意
念結構。而在朱子的思維中，「三代以上」與「三代以下」更代表著「王」與
「霸」、「天理」與「人欲」的分界，「三代以下」的時代所該努力之目標便是
要能回復至「三代以上」，這雖然是儒者對理想社會的追求，卻也是尊古賤今
的意識在作祟。朱子與陳亮（1143～1194）論辯王霸之時，陳亮〈甲辰答朱元
晦書〉便批評朱子這種意識：「信斯言也，千五百年之間，天地亦是架漏過時，

〔註2〕景海峰：〈儒家詮釋學的三個時代〉，收入於李明輝編：《儒家經典詮釋方法》
（上海：華東師範大學出版社，2008年5月），頁98。

〔註3〕陳逢源：《朱熹與四書章句集注》（臺北：里仁書局，2006年9月），頁1
～2。

而人心亦是牽補度日，萬物何以阜藩而道何以常存乎！」〔註4〕面對陳亮的質疑，朱子竟完全不予反駁，〈答陳同甫〉第六通便明白回說：「千五百年之間，正坐如此，所以只是架漏牽補，過了時日。」（《文集》，卷 36，頁 1458）明確表達對「三代以下」的失望之情。而延續與陳亮的辯論，朱子更進一步批評王通（584～617）過分注重三代以後的典章制度：

> 如《續書》要載漢以來詔令，他那詔令便載得，發明得甚麼義理？發明得甚麼政事？……三代之書誥詔令，皆是根源學問，發明義理，所以燦然可為後世法。如秦漢以下詔令濟得甚事？（《語類》，卷 137，頁 3257～3258）

朱子對三代以下充滿不信任感，他認為即使如漢高祖、唐太宗創建漢唐盛世，但堯舜、三王、孔子之道卻未嘗實行於其間，以致於這千百年間的書誥詔令由於未能體現義理，即使編集閱讀，作用亦不大。更有甚者，朱子對三代以下曾有過的文明事業亦不予認同，《論語集注》又云：

> 漢之文、明，唐之太宗，亦云庶且富矣，西京之教無聞焉。明帝尊師重傅，臨雍拜老，宗戚子弟莫不受學。唐太宗大召名儒，增廣生員，教亦至矣，然而未知所以教也。三代之教，天子公卿躬行於上，言行政事皆可師法，彼二君者，其能然乎？〔註5〕

朱子完全否定漢唐盛世文明，認為三代上下的本質差異便在於以義理或人欲為主導的不同。三代社會中君臣均依義理行事，三代以下則不然，純以人欲為主導。而這種意識反映在朱子的學術體系中便表現為理與物之間的不同關係，汪暉在《現代中國思想的興起》一書中曾分析云：

> 三代以上是禮樂的世界，道德、倫理與禮樂、自然完全一體化，對道德的敘述與對禮樂的敘述是完全一致的，因此並不需要一個超離於禮樂範疇的本體提供道德根源；而三代以下是一個經歷了「禮樂與制度的分化」的世界，即現實的制度本身已經不能像禮樂那樣提供道德根源，對制度的陳述並不能等同於對道德的陳述，從而關於道德的論述必須訴諸於一個超越於這個現實世界的本體。這個分化的過程也體現在「物」這一範疇的轉化之上：在禮樂的世界裡，物既是萬物之物，又代表著禮樂的規範，從而物與理是完全統一的；

〔註4〕〔宋〕陳亮：《陳亮集》（北京：中華書局，1974 年 12 月），卷 20，頁 281。

〔註5〕朱熹：《朱子全書‧論語集注》，卷 7，頁 181。

而在宋儒置身的世界裡，禮樂已經退化為制度，即不具有道德內涵
的物質性的或功能性的關係，從而「物」在禮樂世界中所具備的道
德含義也完全蛻化了，只有通過格物的實踐才能呈現「理」。〔註6〕
在三代世界中，禮樂與文物相結合，故物、理是合一的，即物即理，物能立
時顯現出理，禮樂文明隨時反映閃爍出道德義理的內涵。但三代之後，禮樂
退化為制度，制度單純變成形式，無法反映出義理價值，此時物已不能立時
顯現出理，故必須透過格物窮理工夫始能實理對理的認知。

　　在朱子的格物致知系統中，理由於受到氣質的蒙蔽，欲使心中的理完整
朗現，必須藉由向外物的「格」來實現。但問題在於究竟要格什麼樣的物才
能獲取具體且直接的效果？若像王陽明（1472～1529）必欲透過庭前格竹而
知理，成效自然不彰，因此朱子特別指出讀書窮理作為格物致知的最佳途
徑。但書海浩瀚，若毫無目標閱讀，勢必也難得其門而入，必須有一條正確
可行之法則作為指引。而在崇尚三代及聖人的思維觀念影響下，儒者自然會
聚焦於代表聖人言語的經書之上，程頤便有這種意識，〈答朱長文書〉即云：
「聖賢之言，不得已也。蓋有是言，則是理明；無是言，則天下之理有闕焉。」
〔註7〕所謂聖賢之言即指經書，而朱子亦沿襲伊川的想法，極度推崇聖人言
語，〈答許生〉提到：

> 夫道之體用，盈於天地之間，古先聖人既深得之，而慮後世之不能
> 以達此，於是立言垂教，自本至末，所以提撕誨飭於後人者，無所
> 不備。學者正當熟讀其書，精求其義，考之吾心，以求其實，參之
> 事物，以驗其歸，則日用之間，諷誦思存，應務接物，無一事之不
> 切於己矣。（《文集》，卷60，頁2937～2938）

《語類》又云：

> 人惟有私意，聖賢所以留千言萬語，以掃滌人私意，使人人全得惻
> 隱、羞惡之心。（《語類》，卷11，頁188）
> 道者，文之根本；文者，道之枝葉。惟其根本乎道，所以發之於文，
> 皆道也。三代聖賢文章，皆從此心寫出，文便是道。（《語類》，卷
> 139，頁3319）

〔註6〕　汪暉：《現代中國思想的興起》第1冊（北京：生活・讀書・新知三聯書店，
　　　　2008年3月），頁5。
〔註7〕　王孝魚點校：《二程集・河南程氏文集》，卷9，頁600。

朱子認爲聖賢言語文章即等於道在人世的立體呈現，也是三代以前天理流行的真實記錄。而《五經》所代表的典範型態便正是聖人言語思維的直接承載，《五經》乃經由聖人所編定，其中包含著聖人的義理思想，是王者之治的結晶，〈書臨漳所刊四子後〉云：

> 聖人作經，以詔後世，將使讀者誦其文，思其義，有以知事理之當然，見義理之全體，而身力行之，以入聖賢之域也。（《文集》，卷82，頁4078～4079）

《語類》則云：

> 《六經》是三代以上之書，曾經聖人手，全是天理。（《語類》，卷11，頁190）

那麼照著這種思維而下，研讀《五經》便是達到義理充足境界的最佳階梯，但爲什麼朱子要另外開闢出《四書》來取代《五經》？

自漢代獨尊儒術以來，經學一直是中國學術主流體系，在傳統儒者的觀念中，《五經》乃經孔子整理刪編，其地位亦由孔子確認，故價值超越任何典籍，所謂「經稟聖裁，垂型萬世，刪定之旨，如日中天。」〔註8〕漢代推崇《五經》，使《五經》等同於孔子聖人之言，而經學從此成爲儒學主體。後雖經歷南北朝之衰落，但士人普遍仍以《五經》爲學術典範。唐代重新振興經學，在唐太宗的授意下，孔穎達等學術中堅開館編修《五經正義》，成爲皮錫瑞（1850～1908）口中經學的統一時代。然唐代儒學備受佛老思想挑戰，以經學爲主的明經科取士地位也遠不如以詩賦爲主的進士科，《正義》之命名更象徵鉗制經學於官方欽定的注疏系統，從而使經學失去生命力。唐代經學的統一雖近於表象，卻也顯示出傳統聖賢及經學地位的崇高，執政者仍不得不受限在經學的範圍內來美化自己的統治，只不過這也逐漸轉變爲一種趨於形式的口號而已。經學在注疏定於一尊的把持之下，生命逐漸萎縮，無法抵抗外來思想的衝擊，因此也招致反動思潮。自唐末開始，漸有捨棄傳注，要求回歸本經的聲音出現，這是對過分強調注疏之漢唐經學觀點的反抗，至宋代遂更開展出疑傳疑經的思潮。宋儒對《五經》敢於提出諸多質疑，如歐陽修之疑《繫辭》，蘇軾、蘇轍之毀《周禮》、鄭樵之黜《詩序》等，均動搖《五經》的權威地位。受到這種思潮的影響，朱子也對經典本質提出反思，如他提出《易經》本爲卜筮而作，主張經傳分離；《詩序》非子夏手筆，而是衛宏等人

〔註8〕紀昀等：《欽定四庫全書總目》，卷1，頁1上／62。

所纂；質疑孔安國《尚書傳》亦非西漢人手筆；甚至認爲《春秋》並無太高學習價值。〔註9〕由此可見，《五經》的地位似乎顯得鬆動。但對理學家而言，這些質疑的動作無非是爲了更澄清經典的本質，林慶彰在〈中國經學史上的回歸原典運動〉〔註10〕曾提出中國歷史上有三次回歸原典的時代，分別爲「唐中葉至宋初的回歸原典運動」、「明末清初的回歸原典運動」及「清末民初的回歸原典運動」。而楊晉龍則認爲從北宋理學家建立道統開始的詮釋經典活動，也可以納入「回歸原典」的討論中，其云：

> 北宋理學家重新建立「道統」的行爲，當然是一種刻意的人爲「造神運動」，建立「道統」的意義，正是要從文獻資料上，確定聖人經典文本的範圍，最終則是要確定那些是表達聖人義理的正確內容。因爲從義理學的角度而言，實際上也可以納入「回歸原典」運動中討論。〔註11〕

據楊晉龍所言，北宋初疑經惑傳的思潮其實都是爲了釐清能夠申述聖人之意的經典範圍，重新界定之後當然便以之爲典範而繼續尊信之，故朱子面對疑《周禮》的聲音時依舊深信其爲聖人經典，正是出於維護聖人義理的考量。且當時學者之疑經，多仍由典範注疏入手。宋代中葉之後的學者主要便由對傳注之疑進而擴展及經書，嚴格說來，傳注內容所受到的質疑更甚於經書。因此，實際情況當非如景海峯所言乃改傳記爲詮釋中心，傳記所指太過寬泛，《易傳》早被認定爲孔子所作，在漢代時便已取得等同於經的地位，〔註12〕不可單純以傳記視之，故在宋代眞正提高地位者應限定於《四書》而已。

朱子提高《四書》價值，使之取得與經齊等的地位，但這並非排擠《五經》，而是重構經典內容，《宋史》〈道學傳〉便云：

> 迄宋南渡，新安朱熹得程氏正傳，其學加親切焉。大抵以格物致知爲先，明善誠身爲要，凡《詩》、《書》、六藝之文，與夫孔孟之遺言，顚錯於秦火，支離於漢儒，幽沉於魏、晉、六朝者，至是皆煥然而

〔註9〕 〈答蔡季通〉云：「《春秋》無理會處，不須枉費心力。……儘敎它是魯史舊文，聖人筆削，又干我何事耶？」（《朱子文集續集》，卷2，頁4926）

〔註10〕 林慶彰：〈中國經學史上的回歸原典運動〉，《中國文化》第30期，2009年，頁1～9。

〔註11〕 楊晉龍：〈〈中國經學史上的回歸原典運動〉簡評〉，《中國文哲研究通訊》第16卷第3期，2006年9月，頁149。

〔註12〕 《漢書》中多次提到《易傳》文句，但皆以《易》稱之，可見在漢人意識中，《周易》與《易傳》並無太大分別，均被視爲《易經》的整體系列。

大明，秩然而各得其所。〔註13〕

在《宋史》編輯者的認知中，朱子學術所展現的價值涵蓋傳統經典及孔孟遺書，他們並不特別突出《四書》的獨領地位，由此來看朱子提高《四書》地位的作法，並非欲排擠《五經》使其退到邊緣位置，而是擴大經學研究的範圍，也因此朱子並未因其對於《五經》的諸多質疑而背負離經叛道的罪名，更未影響到他成為宋代新儒學的集大成代表，黃震便云：

> 至若謂《易》本卜筮，謂《詩》非美刺，謂《春秋》初不以一字為褒貶，皆曠世未聞之高論，而實皆追復古始之正說。乍見駭然，熟輒心靡。卓識雄辨，萬古莫儔。〔註14〕

朱子批判經典的說法，乍聞之確實會令人駭然，但只要清楚他維護經典的用心，便不得不佩服他的卓見。主要原因便在於他成功使儒學轉型，由經學變為理學，將《四書》擴增為經典，並進而取得官方認同。

《宋史》〈藝文志〉載張九成著有《四書解》六十五卷，這大概目前可見最早提出四書之名的出處，不過此四書究竟包括那四本書？由於此書已佚，無由顯示。而朱子則明確將《大學》、《論語》、《孟子》、《中庸》合併為《四書》，指示其作為學者入門為學的重要讀物，故多數學者便認為這是將《四書》凌駕《五經》之上的作法。但嚴格說來，《四書》的性質其實與經學差異不大，從維根斯坦家族相似性的理論分析，《五經》之所以能夠過渡到《四書》，並非因為《四書》推倒了《五經》，而是《四書》本身就有與《五經》經典價值相同處。朱子認為《四書》成書均與聖人或聖人之徒有關，這與《五經》經聖人手而成為經典的原因相似；而《四書》及《五經》在宋儒眼中均是聖人為傳達天地之理的著述，只是在理論的呈現上《四書》比《五經》更為精粹，故《四書》得以達成超越《五經》的典範轉移效果。但在朱子的觀念中，傳統《五經》並非就此打入冷宮，成為過時典範，朱子突出《四書》的目的，其實是為了重新建構完整的儒學體系，他是將《四書》排序優先於《五經》，而非尊主《四書》廢棄《五經》。且《大學》、《中庸》皆是由《禮記》中抽取而出之篇章，孔子、孟子更是經學體系的典範人物，由此獨立出《四書》並非切割經學，而是攝取出經學中純粹講述義理的精華部分，俾令學者有所依循。這種思維在二程那裡便已浮現，二程云：「古之學者，

〔註13〕　〔元〕脫脫等修：《宋史》，《百衲本二十四史》（臺北：臺灣商務印書館，1988年1月，影印元至正刊本），卷427，頁2上／5118。
〔註14〕　黃震：《黃氏日抄》，卷38，頁30下／134。

先由經以識義理。蓋始學時，盡是傳授。後之學者，卻先須識義理，方始看得經。」〔註 15〕又云：「古之學者，皆有傳授。如聖人作經，本欲明道。今人若不先明義理，不可治經，蓋不得傳授之意云爾。」〔註 16〕二程之時，《四書》尚未取得經的地位，故二程所言之經當指《五經》。他們強調由於古今差異所造成的影響，使讀者必須具備義理基礎，始得閱讀《五經》，二程這種識義理而治經的說法，提供朱子解經路數之參考，而朱子更進一步認為先於治經所本的義理，並非外求而得，乃是藏於聖賢遺書之中，〈答周益公〉第三通云：

> 道之在天下，君臣父子之間，起居動息之際，皆有一定之明法，不可頃刻而暫廢。故聖賢有作，立言垂訓，以著明之，巨細精粗，無所不備。而讀其書者，必當講明究索，以存諸心，行諸身，而見諸事業，然後可以盡人之職，而立乎天地之間，不但玩其文詞，以為綴緝纂組之工而已也。（《文集》，卷 38，頁 1573～1574）

聖賢遺經既內涵道之「明法」，故學者必須潛心講索。而朱子撮取《四書》，即是欲更進一步就這些遺言中，提鍊出經學的義理基礎，以作為求學之入門階，這是立基於功夫論的角度，重新塑構這些經典的次序，朱漢民便云：

> 朱熹認為，儒家學者所詮釋的《四書》學之所以能夠轉化成生活日用的實踐工夫，其根本原因就在於《四書》原本就是聖人修身工夫與實踐歷程的記錄。孔子、曾子、子思、孟子等先聖先賢均終生極力於修己治人的實踐活動，他們在這種修身實踐中獲得許多的感悟與體會，聖賢及其弟子們將這些感悟、體認總結、紀錄下來，就成為後代儒者們所讀到的儒家經典《四書》。因此，《四書》只是實踐工夫的記錄，而不是一種知識推理的體系。〔註 17〕

朱子之所以特別標舉《四書》，主要欲為修己治人的身心實踐提供一套明確的遵循法則，朱子曾感嘆「秦漢以後無人說到此，亦只是一向去書冊上求，不就自家身上理會。」（《語類》，卷 11，頁 181）他認為從漢唐以來的經學，專以記覽誦說、章句訓詁為事，而不知反己潛心，探討聖賢教人之意，故使《五經》蒙上層層遮蔽，〈中庸集解序〉便云：「嘗竊謂秦漢以來，聖學

〔註 15〕 王孝魚點校：《二程集・河南程氏遺書》，卷 15，頁 164。
〔註 16〕 王孝魚點校：《二程集・河南程氏遺書》，卷 2 上，頁 13。
〔註 17〕 朱漢民、蕭永明：《宋代《四書》學與理學》（北京：中華書局，2009 年 12月），頁 319。

不傳，儒者惟知章句訓詁之爲事，而不知復求聖人之意，以明夫性命道德之歸。」（《文集》，卷 75，頁 3792）〈西山先生李公墓表〉亦云：「顧自秦、漢以來，道學不傳，儒者不知反己潛心，而一以記覽誦說爲事。」（《文集》，卷 90，頁 4403）朱子認爲閱讀先聖先賢所遺留而下的儒家經典，其目的不應只是尋求經典中的相關文獻知識而已，更應著重於探討聖賢安身立命、修己治人的實踐方法，從中獲得啓示，作爲自己的修養基礎，始得由此擴充並上躋於聖賢之徒的行列，而《四書》則是孔孟等聖賢的言語及實踐記錄，自有一套完整功夫體系，朱子則認爲這套成德功夫可以作爲後世儒者踐履的典範，故特別標舉之。

二、《四書》、《五經》義理表現之差異

自漢代起，經書便成爲聖人立言的典範，然而學者皓首窮經，卻無特殊效果產生，明明是聖人的遺籍，爲何效果卻不大？這也是必須思考的範圍。在朱子的認知中，三代以前的禮樂文明本身便是體現著天理的最佳產物，也就是說，禮樂文明即是道德義理所在，但由於時勢移革，漸失其簡易明白的性質。春秋之際，禮樂文明開始沒落崩壞，孔子爲使義理再次顯明，遂截取其精華進而刪改編集《六經》，〈大學章句序〉便云：

> 及周之衰，賢聖之君不作，學校之政不脩，教化陵夷，風俗頹敗。時則有若孔子之聖，而不得君師之位，以行其政教，於是獨取先王之法，誦而傳之，以詔後世。（《文集》，卷 76，頁 3826）

《語類》亦載：

> 孔子之時接乎三代，有許多〈典〉〈謨〉〈訓〉〈誥〉之文，有許多禮樂法度，名物度數，數聖人之典章皆在於是，取而續述，方做得這箇家具成。（《語類》，卷 137，頁 3255～3256）

朱子認爲《六經》乃經聖人之手，所傳爲先王之法，而其最重要性質是與禮樂法制、名物度數互相結合，並非純粹講述義理思想的典籍。孔子之時，禮樂雖已傾頹崩壞，但其大體細節仍存在這些鄒魯之士、搢紳先生的手中，故與禮樂文明結合的《六經》即使刪編於春秋戰國之亂世，因去聖未遠，習者仍多，故得以體現出以三代世界爲典範的義理思維。然而三代之後，禮樂退化爲制度，且後世的制度已不能體現道德價值的基礎，遂成爲人欲流行的時代。而《六經》雖是由禮樂與天理結合的產物，但在禮樂文明沒落之後，義理便與現實分離，後人受限於種種因素，已難以單純藉由探求《六經》內容

完成對義理的建構，朱子〈學校貢舉私議〉便云：

> 蓋天下之事，皆學者所當知，而其理之載於經者，則各有所主，而
> 不能相通也。……蓋經之所以爲教者，已不能備，而治之者，類皆
> 舍其所難而就其所易，僅窺其一而不及其餘，則於天下之事，宜有
> 不能盡通其理者矣。（《文集》，卷69，頁3480～3481）

〈書臨漳所刊四子後〉亦云：

> 然去聖既遠，講誦失傳，自其象數、名物、訓詁、凡例之間，老師
> 宿儒尚有不能知者，況於新學小生驟而讀之，是亦安能遽有以得其
> 大指要歸也哉？（《文集》，卷82，頁4079）

正因爲南宋距離理想中的三代世界太過遙遠，時空的阻隔，即使老師宿儒也
有不明白處。諸如此等皆使學者已不能盡通經書之理，〈齋居興感〉二十首之
十二便嘆云：「大《易》圖象隱，《詩》《書》簡編訛；《禮》《樂》矧交喪，《春
秋》魚魯多。」（《文集》，卷4，頁149）這也是爲什麼朱子會提出「《詩》《書》
是隔一重兩重說，《易》《春秋》是隔三重四重說」（《語類》，卷104，頁2614）
的原因。會產生這樣的差別，正是由於時代的隔閡造成禮樂文明的退化。而
自周末至南宋這千百年間的變化更爲巨大，朱子云：

> 自是以來，俗儒記誦詞章之習，其功倍於小學而無用；異端虛無寂
> 滅之教，其高過於大學而無實；其他權謀術數，一切以就功名之說，
> 與夫百家眾技之流，所以惑世誣民、充塞仁義者，又紛然雜出乎其
> 間，使其君子不幸而不得聞大道之要，其小人不幸而不得蒙至治之
> 澤，晦盲否塞，反覆沈痼，以至五季之衰，而壞亂極矣。（《文集》，
> 卷76，頁3827）

聖人之道不行於世，取而代之的是俗儒記誦詞章之學及釋老異端之教，甚至
於功名之說、百家之流，均是朱子意識中使仁義之道不得再顯於世的原因。
朱子正是在這種思維之中，明確認識到由於時代的隔閡變化使現存《五經》
義理已難單純透過經文文字而探明。另一方面，《五經》文字艱澀，殘缺不全，
又被歷代解說者歪曲聖人原意，因此要使南宋當時再度回復到三代以前的社
會，光研讀已隔上好幾重的經書，難以立竿見影，獲取太大成效。在這樣的
局限下，朱子不得不重新思考經學的價值，但他不像周敦頤、張載自作新論，
而是選擇重新詮釋這些上古流傳下來的經典，孟淑慧云：「他不自著作，可能
與嚮往孔子的述而不作有關，想要藉注釋聖賢的著作，闡發亙古不變的道理。」

〔註 18〕在朱子的天理價值系統中,聖人是義理完滿的模範,而經書則是最能體現聖賢思想的典籍,因此,他不自著作是因為聖人典籍仍在,並不需要代聖人立言。只是這些典籍的價值未被明確認識,因此述明這些經典價值比自作新論更為重要,朱子便舉孔子之例以明己志,《論語集注》云:

> 孔子刪《詩》、《書》,定《禮》、《樂》,贊《周易》,修《春秋》,皆傳先王之舊,而未嘗有所作也,故其自言如此。蓋不唯不敢當作者之聖,而亦不敢顯然自附於古之賢人。蓋其德愈盛而心愈下,不自知其辭之謙也。然當是時,作者略備,夫子蓋集羣聖之大成而折衷之。其事雖述,而功則倍於作矣,此又不可不知也。〔註 19〕

朱子大概亦有效法孔子之意,對於現傳經典無法顯明其義理價值深感憂慮,如《大學》、《中庸》在道統傳承脈絡中之地位不明,或如宋代尊孟派與貶孟派對孟子地位的爭論,使孟子之學遭到誤解等。因此他必須再由聖賢遺書之中撮取出更純粹的精華,排除制度限制,集中於義理價值的闡述,故順勢提出《四書》來取代《五經》的優先性。

　　北宋時,二程即對《四書》相當重視,二程有云:「學者先須讀《論》、《孟》。窮得《論》、《孟》,自有個要約處,以此觀他經,甚省力。」〔註 20〕「學者當以《論語》、《孟子》為本。《論語》、《孟子》既治,則《六經》可不治而明矣。」〔註 21〕「《大學》,孔子之遺言也。學者由是而學,則不迷於入德之門也。」〔註 22〕二程雖對《四書》有明顯看重的趨勢,但依舊只是一個模糊的概念。而張載亦特別注意到《論語》、《孟子》的義理功能,如「要見聖人,無如《論》《孟》為要。《論》《孟》二書於學者大足,只是須涵泳。」〔註 23〕「學者信書,且須信《論語》《孟子》。《詩》、《書》无舛雜。……如《中庸》、《大學》出於聖門,無可疑者。」〔註 24〕朱子受到這種思潮的影響,進而編集《四書》,並強調由《四書》入門的讀經次序,如此一來便抹除由於受制度改異及時代隔閡所造成隔好幾重的問題,可以直接藉由閱讀《四書》獲

〔註 18〕 孟淑慧:《朱熹及其門人的教化理念與實踐》(臺北:國立臺灣大學出版委員會,2003 年 8 月),頁 131。
〔註 19〕 朱熹:《朱子全書‧論語集注》,卷 4,頁 120。
〔註 20〕 王孝魚點校:《二程集‧河南程氏遺書》,卷 18,頁 205。
〔註 21〕 王孝魚點校:《二程集‧河南程氏遺書》,卷 25,頁 322。
〔註 22〕 王孝魚點校:《二程集‧河南程氏粹言》,卷 1,頁 1204。
〔註 23〕 張載:《張載集‧經學理窟》,頁 272。
〔註 24〕 張載:《張載集‧經學理窟》,頁 277。

致義理基礎，以立大本，〈與陳丞相別紙〉第二通云：

> 熹嘗聞之師友，《大學》一篇，乃入德之門戶，學者當先講習，知得
> 為學次第規模，乃可讀《語》、《孟》、《中庸》，究見義理根原、體用
> 之大略，然後徐考諸經，以極其趣，庶幾有得。蓋諸經條制不同，
> 功夫浩博，若不先讀《大學》、《論》、《孟》、《中庸》，令胸中開明，
> 自有主宰，未易可遽求也。（《文集》，卷26，頁1010）

〈答陳膚仲〉第一通則云：

> 大抵諸經文字，有古今之殊，又爲傳注障礙，若非理明義精，卒難
> 決擇。不如且讀《論》、《孟》、《大學》、《中庸》平易明白，而意自
> 深遠，只要人玩味尋繹，目下便可踐履也。（《文集》，卷49，頁2234）

《語類》亦云：

> 讀書，且從易曉易解處去讀。如《大學》《中庸》《語》《孟》四書，
> 道理粲然。人只是不去看。若理會得此四書，何書不可讀！不理不
> 可究！何事不可處！（《語類》，卷14，頁249）
>
> 某枉費許多年工夫，近來於《詩》《易》略得聖人之意。今學者不如
> 且看《大學》《語》《孟》《中庸》四書，且就見成道理精心細求，自
> 應有得。待讀此四書精透，然後去讀他經，却易爲力。（《語類》，卷
> 115，頁2778）

由於《四書》在義理上有優先性及基本性，可以作爲研讀經書乃至其他典籍
的基礎，故朱子盡極大心力於這一區塊的研究，錢穆〈朱子之四書學〉便分
析道：

> 朱子卒，其門人編集語類，亦《四書》在先，五經在後。《語類》一
> 百四十卷，《四書》部分共佔五十一卷，當全書篇幅三分一以上。《五
> 經》部分二十六卷，僅約《四書》部分篇幅之半。其他《語類》各
> 卷，涉及《四書》，亦遠勝其涉及《五經》。亦可謂宋代理學，本重
> 《四書》過於五經，及朱子而爲之發揮盡致。此後元明兩代，皆承
> 朱子此一學風。清儒雖號稱爲漢學，自擅以經學見長，然亦多以《四
> 書》在先，《五經》在後；以孔孟並稱，代替周孔並稱。〔註25〕

的確，由朱子開始，《四書》系統便取得與《五經》等同甚至超越的地位，以
《五經》和《四書》爲差別，代表著儒者對義理思索的不同觀點，朱漢民便

〔註25〕 錢穆：《朱子新學案》，頁189～190。

又分析：

> 由于「六經」的年代、體裁、內容等方面的原因，使儒生不得不用
> 很大的功夫去鑽研，「打禾為飯」，而其實際成效則不多。相反，「四
> 書」則是孔孟及後儒所撰，它已經是「熟飯」，與理學家們復興儒家
> 倫理、追求修己治人、探討「性與天道」的學術主題均有內在聯繫。
> 〔註26〕

北宋時，重要儒者普遍依據《易傳》闡述義理，周敦頤、張載、程頤均圍繞
《易傳》建構自己的義理體系，但朱子在反省《易經》的本質之後，認為《易》
之本經所反映的乃是周初的卜筮實況，雖然具有勸戒功用，但由於時代太過
久遠，今人已難以探知其實際真義，那麼圍繞在本經之下的傳說，自然也不
易為人所知，加上所論過高，難以作為初下手處，於是朱子捨棄由《易傳》
指引義理的道路，改為探究《四書》中的簡明義理。《四書》乃由經書延伸而
出，且多為聖人的言語記錄，依舊具有三代以上天理禮樂合一的特質，故在
朱子眼中，《四書》依舊為經，「今莫若且就正經上玩味，有未通處，參考《集
注》，更自思索為佳。」（《文集》，卷62，頁3068）稱《四書》為經，正是朱
子以經學為基礎的思維，意欲將《四書》上躋至經典行列。然朱子刊刻《四
書》時又稱其為四子，則表明雖有提高《四書》地位的動作，但並非凸出《四
書》於《五經》之上，而是視《四書》為《五經》的延續，這仍是對《五經》
的基本尊重心態。而就義理表現而言，《四書》並不著重於三代文明的紀錄，
其所展現出的是較為基本的義理型態，這麼一來，後人在閱讀之際，自然不
易再受限於制度上的隔閡而無法獲取其中的義理，這也是朱子之所以特別凸
出《四書》義理價值及閱讀次序的主要考量。

三、由《四書》再入《五經》的閱讀次序

　　《四書》雖然始終是朱子學術首要關懷，但朱子並非以為學習僅止於《四
書》便足夠，〈答曹元可〉云：

> 夫天下之物，莫不有理，而其精蘊，則已具於聖賢之書，故必由是
> 以求之。然欲其簡而易知，約而易守，則莫若《大學》、《論語》、《中
> 庸》、《孟子》之篇也。（《文集》，卷59，頁2861～2862）

〔註26〕 朱漢民、蕭永明著：《曠世大儒——朱熹》（石家莊：河北人民出版社，2001
　　　　年1月），頁159。

聖賢之書是天理具體呈現之載籍，其中《四書》又是「簡而易知，約而易守」的典籍，乃初學者入門之基礎。但聖賢之書是一較大範圍群組，包含《五經》、《四書》等儒家傳世經典。《四書》雖為朱子極力標舉的聖人典籍，但《五經》亦為朱子所看重，其本質亦為展現天理的聖賢之書，朱子〈徽州婺源縣學藏書閣記〉云：

> 道之在天下，其實原於天命之性，而行於君臣、父子、兄弟、夫婦、朋友之間，其文則出於聖人之手，而存於《易》、《書》、《詩》、《禮》、《樂》、《春秋》、孔、孟氏之籍，本末相須，人言相發，皆不可以一日而廢焉者也。蓋天理民彝，自然之物，則其大倫大法之所在，固有不依文字而立者。然古之聖人，欲明是道於天下，而垂之萬世，則其精微曲折之際，非託於文字，亦不能以自傳也。（《文集》，卷78，頁3892～3893）

〈建寧府建陽縣學藏書記〉亦云：

> 古之聖人，作為《六經》，以教後世，《易》以通幽明之故，《書》以紀政事之實，《詩》以導情性之正，《春秋》以示法戒之嚴，《禮》以正行，《樂》以和心，其於義理之精微，古今之得失，所以該貫發揮，究竟窮極，可謂盛矣。……若乃世之賢人君子，學《經》以探聖人之心，考史以驗時事之變，以至見聞感觸，有接於外而動乎中，則又或頗論著其說，以成一家之言，而簡冊所載，篋櫝所藏，始不勝其多矣，然學者不欲求道則已，誠欲求之，是豈可以舍此而不觀也哉？（《文集》，卷78，頁3905）

除《四書》外，古代聖賢義理亦存在於《六經》之中，故學者必須藉由學習整套經典以探聖人之心，進而充實本心義理，並能夠有所實踐。但朱子所建構的《四書》乃「簡而易知，約而易守」的部分，讀者若欲探討完整聖人天理，由《四書》入門是較簡捷的途徑。然而對《四書》中的基本義理若已有具體掌握之後，《五經》的閱讀依舊不可少。《五經》即使存在有與今人隔閡極大的禮樂儀式，但在義理已充實的狀況下，便能因時制宜，提出新的構想，不必專門墨守成規，而失去義理與文明結合的本質。因此，在這種思維下，《四書》與《五經》的閱讀次序便有了分別，〈書臨漳所刊四子後〉云：

> 河南程氏夫子之教人，必先使之用力乎《大學》、《論語》、《中庸》、《孟子》之書，然後及乎六經。蓋其難易、遠近、大小之序，固如

此而不可亂也。(《文集》,卷 82,頁 4079)

〈答呂伯恭〉第八通亦云:

> 蓋爲學之序,爲己而後可以及人,達理然後可以制事。故程夫子教
> 人先讀《論》、《孟》,次及諸經,然後看史,其序不可亂也。(《文集》,
> 卷 35,頁 1403)

朱子雖繼承二程次序而來,但二程對《四書》只約略談到自《論語》、《孟子》
而後治《五經》,至於《大學》與《中庸》則未清楚論及。而朱子則對《四書》
研讀次序有清楚界定,且其排列應該是朱子自己的發明,〔註27〕〈答郭希呂〉
第五通云:

> 更宜加功,專看《大學》,首尾通貫,都無所疑,然後可讀《語》、《孟》;
> 《語》、《孟》又所無疑,然後可讀《中庸》。(《文集》,卷 54,頁 2581)

《語類》亦云:

> 學問須以《大學》爲先,次《論語》,次《孟子》,次《中庸》。(《語
> 類》,卷 14,頁 249)

> 某要人先讀《大學》,以定其規模;次讀《論語》,以立其根本;次
> 讀《孟子》,以觀其發越;次讀《中庸》,以求古人之微妙處。《大學》
> 一篇有等級次第,總作一處,易曉,宜先看。《論語》却實,但言語
> 散見,初看亦難。《孟子》有感激興發人心處。《中庸》亦難讀,看
> 三書後,方宜讀之。(《語類》,卷 14,頁 249)

〔註27〕 朱子對《四書》排列的次序在不同時期有不同的組合,可參郭齊:《朱子學新
探》(成都:四川大學出版社,2008 年 7 月),頁 102。這些次序的安排並非
無意,高柏園即云:「《四書》原是由朱子所定,此中只是文獻,並無明確之
理論或閱讀之次序。即就時間次序而言,則《論語》、《孟子》、《中庸》、《大
學》應是合理之安排。然就學者閱讀研究之次序而言,則可有不同之立場與
次序之安排。即就理論性而言,《論語》當爲儒學思想之核心,而《孟子》則
是《論語》更進一步之開展,《中庸》重形上學應是以道德爲基礎的道德形上
學,因而亦是以《論》、《孟》爲基礎之開展。至於《大學》則只是就學問發
展程序上加以展示,理論義相對於實踐義而言較輕,因而可視爲是外王學的
展示。因此在閱讀次序上,應以如上之次序爲宜。然而如果我們乃是就個人
的閱讀學習而言,則可先讀《大學》做爲進學之始,而後再讀《論語》、《孟
子》,最後再讀內容較爲玄遠深奧之《中庸》。」見高柏園:〈論朱子對四書之
理解態度——以格物致知與盡心知性爲核心之討論〉,收錄於國立臺灣師範大
學國文學系主編:《經學論叢》(臺北:洪葉文化事業有限公司,2003 年 12
月),頁 489。

> 某說箇讀書之序，須是且著力去看《大學》，又著力去看《論語》，又著力去看《孟子》。看得三書了，這《中庸》半截都了，不用問人，只略略恁看過。不可掉了易底，却失去攻那難底。(《語類》，卷62，頁1479)

《四書》的閱讀次序應是先《大學》，次《論語》，再《孟子》，後《中庸》，但《四書》之後仍有傳統《五經》必須閱讀，《語類》云：「四子，《六經》之階梯。」(《語類》，卷105，頁2629)由《四書》再入《五經》會更得心應手，因此朱子排序的動作是重構經學的組成，在原本的《五經》之外再加入《四書》，成爲「四書——五經」這一經書群組，從而改變唐代《五經正義》注疏系統把持的局面。

然《五經》歷來一直也是儒者最重要的讀物，《四書》雖代表《五經》的義理精華，但《五經》所關注的領域較廣，因此朱子將《五經》排序於《四書》之後，當是由於義理表現的純粹度而言。不過朱子並非不重視《五經》的價值。《五經》在儒者的眼中，是聖人事業的文筆代言。朱陸鵝湖之會時，陸九淵曾有意向朱子提問：堯舜之前，有何書籍可讀？後雖爲子壽所止，但陸九淵的問題大概已經說出口，朱子在《文集》及《語類》中便曾談論堯舜之前無書可讀的情形，很明顯是針對陸九淵的問題答覆。但朱子的重點不在於回應堯舜之前該讀什麼書籍，而強調經典形成之後，便提供世人直接窮理的捷徑，〈答陳明仲〉第十六通云：

> 上古未有文字之時，學者固無書可讀，而中人以上，固有不待讀書而自得者，但自聖賢有作，則道之載於《經》者詳矣，雖孔子之聖，不能離是以爲學也。(《文集》，卷43，頁1867)

〈答吳晦叔〉第十三通亦云：

> 又況簡策之言，皆古先聖賢所以加惠後學，垂教無窮。所謂先得我心之同然者，將於是乎在，雖不可一向尋行數墨，然亦不可遽舍此而他求也。(《文集》，卷42，頁1831)

在朱子的概念中，經典是聖人所遺留下來指引後人探求義理的媒介，故又云：

> 聖人千言萬語，只是說箇當然之理。恐人不曉，又筆之於書。自書契以來，二典三謨伊尹武王箕子周公孔孟都只是如此，可謂盡矣。只就文字間求之，句句皆是。做得一分，便是一分工夫，非茫然不可測也，但患人不子細求索之耳。須要思量聖人之言是說箇甚麼，

要將何用。若只讀過便休，何必讀！（《語類》，卷 11，頁 187～188）

朱子強調經典乃聖人筆之於書的作品，其中文字盡是義理，目的是爲指引後人一條明確的讀書窮理之道路。在朱子理一分殊的架構下，萬物各自稟受的性理是相同的，之所以會有不同的表現，乃是因爲此理受到氣質的蒙蔽，而人心又易於受外物引誘，故難以呈現出內心本質中純粹的義理結構。而人心既受氣質所蔽，僅憑藉自身反求體驗，是難以排除這層障礙，因此朱子主張必須向外格物。每一種物所受氣質遮蔽不同，因此會各自顯示出不同的理，吾人可以透過格各種不同的外物之理，以期逐漸貫通本心的全體之理。於是堯舜之前雖無書可讀，仍可以透過不斷的格物方式而見理，但也由於如此，於義理較難探得，故上古之世普遍蒙昧無知；而聖人由於無氣質之蔽而明天地之理後，便陸續編寫經典，目的便是爲了指示世人一條闡釋義理、恢復本心的明確途徑，朱子曾說：「讀書已是第二義。」（《語類》，卷 10，頁 161）所謂「第二義」當非就重要性而言，而是指所閱讀之經典乃是聖人所得之後再形諸於文字。本來該是藉由自己格物而探得天地之理，但聖人已爲後人留下捷徑，後人只要閱讀聖人經典，便可探求義理，不需再經歷繁瑣的格物過程，故朱子繼云：「蓋人生道理合下完具，所以要讀書者，蓋是未曾經歷見許多。聖人是經歷見得許多，所以寫在冊上與人看。而今讀書，只是要見得許多道理。及理會得了，又皆是自家合下元有底，不是外面旋添得來。」（《語類》，卷 10，頁 161）聖人所寫下之義理，其實就是自身心中本有的性理，並非外求而得，是故自有經書之後，後人不須再盲目格物，專注研討經書，更能夠事半功倍，陳志信便云：

> 在朱熹的思維裡，人當然可以依憑己身的資質與能力，以體察、開發本有的仁心本性，乃至發揚至理、承繼道統。然在現實境況中，人所稟受的資質通常不甚美好，這便導致藉理會、品味經意以提升生命境地的經學事業，自然成爲朱熹倚重且身體力行的修身進路了。〔註28〕

然經過千百年之後，《五經》義理由於受到時隔勢移的限制，後人在理解上又再度產生許多隔閡，從而使得學者欲藉研讀《五經》而窮理致知又產生一定程度的困難，於是朱子在其效法聖賢意識的驅使之下，重新擔負起聖人述經的任務，再度編集聖人遺經中的精華成爲《四書》，並由此導引進德修業的路徑。

〔註28〕陳志信：《朱熹經學志業的形成與實踐》，頁 183。

　　《四書》、《五經》雖同爲聖人義理的典籍，但由於各經表述重點不同，故如何安排閱讀次序以獲取最佳效果，是朱子讀書窮理所必須關注的方法，〈答汪尚書〉第七通云：

> 聖門之教下學上達，自平易處講究討論，積慮潛心，優柔饜飫，久而漸有得焉，則日見其高深遠大而不可窮矣。程夫子所謂：「善學者，求言必自近；易於近者，非知言者也。」亦謂此耳。（《文集》，卷30，頁 1148～1149）

〈答石子重〉第一通云：

> 故學者必因先達之言，以求聖人之意，因聖人之意，以達天地之理，求之自淺以及深，至之自近以及遠，循循有序，而不可以欲速迫切之心求也。（《文集》，卷 42，頁 1832）

由近及遠，由易而深，這是朱子一再標明的爲學方法，而將整套方法落實在讀書上，便是將聖賢經典依其性質及難易度確立研讀次序。然《四書》只是進德修業的入門典籍，亦即此乃內聖基礎，若要將此內聖基礎加深加廣，《五經》乃至史書的研讀皆不可缺少，〈答羅參議〉云：

> 今於《六經》未能遍考，而止以《論》、《孟》、《中庸》、《大學》爲務，則已未爲博矣，況又從而忽略之，無乃太約乎？（《續集》，卷5，頁 5001）

學問的探求絕非僅止於《四書》而已，《四書》只是一個定規模、立大本的基礎，還必須再藉由廣泛的閱讀，以獲得更完整的義理。因此就朱子本身的學術研究路徑來說應該由《四書》入《五經》再到史籍，進而旁及其他學術，「理明後，便讀申韓書，亦有得。」（《語類》，卷 11，頁 190）如此方構成朱子讀書窮理的完整進程與體系。

第二節　朱子《五經》閱讀次序及其義理價值

　　朱子讀經次序由《四書》而《五經》代表著對傳統《五經》爲學術最高典範的一種改變，將《四書》提於《五經》之前，重點是期望在學習過程中建立一套能直接闡述義理思想，建構吾人義理基礎認知的價值系統。然而《四書》、《五經》分別是不同經書組成，各經所展現的義理重點亦有分別，因此就各群組而言亦必須有其研讀次序。關於《四書》閱讀的次序，朱子多次明

確提到應以《大學》──《論語》──《孟子》──《中庸》爲序，基本上並無問題。至於閱讀《五經》的先後，朱子雖未明確予以排序，但從對諸經的相關言論仍可推知其脈絡。

一、《詩》《書》的閱讀次序

朱子對《詩》、《書》讀書次序的排定有兩種類型：一是將《詩》、《書》與《禮》、樂排在一起，〈答黎季忱〉云：

> 與其虛費力心於此（《易》），不若且看《詩》、《書》、《禮》、《樂》之爲明白而易知也。然《大學》、《論》、《孟》、《中庸》，又在四者之先。（《文集》，卷62，頁3089）

《語類》亦云：

> 讀此《四書》，便知人之所以不可不學底道理，與其爲學之次序，然後更看《詩》《書》《禮》《樂》。（《語類》，卷67，頁1658）

另一種排序則是將《詩》、《書》與《論》、《孟》排在一起，如〈與陳丞相〉第二通云：

> 竊意莫若且讀《詩》、《書》、《論》、《孟》之屬，言近指遠而切於學者日用功夫也。（《文集》，卷27，頁1027）

又如〈答江德功〉第十一通云：

> 若要讀書，即且讀《語》、《孟》、《詩》、《書》之屬，就平易明白、有事迹可按據處，看取道理體面，涵養德性本原，久之漸次踏著實地，即此等說話，須自見得黑白，不須如此勞心費力矣。（《文集》，卷44，頁1983～1984）

第一種排序將《詩》、《書》設定在《禮》、《樂》之前，這可能是口語習慣，但朱子自己曾說：「如《書》《詩》，直是不可不先理會。」（《語類》，卷8，頁141）「公既理會《詩》了，只得且理會《書》；理會《書》了，便當理會《禮》。」（《語類》，卷120，頁2902）「學者須先讀《詩》、《書》、他經，有箇見處，及曾經歷過此等事，方可以讀之（伊川《易傳》）。」（《語類》，卷117，頁2814）那麼就朱子所提倡的爲學次序而言，《詩》、《書》優先性高於《禮》、《樂》。大概《詩》、《書》之中的制度不比《禮》、《春秋》難明，因此，對於同爲彙聚三代典範的經典而言，《詩》、《書》是較基本的入門讀物。由易而難，由淺而深一直是朱子所標榜的讀書要領，而朱子認爲經典之中《詩》、《書》較爲

淺易，自然成為《五經》的優先讀物。但此中仍有一個問題，《尚書》向來以難讀著稱，韓愈（768～824）〈進學解〉即有「周誥殷盤，詰屈聱牙」的感嘆，朱子〈答或人〉第四通亦曾道：「《尚書》頃嘗讀之，苦其難而不能竟也。」（《文集》，卷 64，頁 3232）那麼朱子何以會把《尚書》列為《五經》中的優先讀物？朱子對此亦有回應，他說：

> 又如《詩》之名數，《書》之〈盤〉〈誥〉，恐難理會，且先讀〈典〉〈謨〉之書，〈雅〉〈頌〉之詩，何嘗一言一句不說道理，何嘗深潛諦玩，無有滋味。只是人不曾子細看。若子細看，裡面有多少倫序，須是子細參研方得。此便是格物窮理。（《語類》，卷 8，頁 141）

朱子指出，《詩》、《書》雖為學者研讀《五經》的優先讀物，但《詩經》有些篇章牽涉到名物器數以及《尚書》中〈盤〉、〈誥〉之部的上古典籍，均過於艱深，難以理會，這部分可先暫時排除在閱讀之外。那麼朱子之所以會以《尚書》為優先閱讀讀物，主要是指其中義理鮮明，文詞較為簡易的〈典〉、〈謨〉、〈訓〉等篇章。朱子認為《詩》、《書》這類明白部分，一言一句皆有道理倫序，因此讀者必須仔細參研方可得其義理內涵，很明顯，這是朱子將探求《四書》義理的思維，繼續運用在《詩》、《書》之中。

　　但是我們必須再回頭看看朱子第二種將《詩》、《書》與《論》、《孟》混合的排序方式又代表什麼意義？朱子雖明確提示《大學》、《論語》、《孟子》、《中庸》再及《五經》的學習歷程，但偶爾亦會提及《四書》可與《詩》、《書》混看，如〈答包定之〉第一通云：

> 不審所讀何書，更能溫習《論語》，並觀《孟子》、《尚書》之屬，反復諷誦，於明白易曉處，直截理會為佳，切忌穿鑿屈曲纏繞也。（《文集》，卷 54，頁 2602）

《語類》亦載：

> 《語》《孟》用三二年工夫看，亦須兼看《大學》及《書》《詩》，所謂「興於詩」。（《語類》，卷 19，頁 428）

朱子曾強調一經看完再看一經，學習有著極為分明的次序，但一方面卻又認為《詩》、《書》之閱讀可與《四書》相混，探究其因，《四書》中引用《詩》、《書》資料極為廣泛，《論語》、《孟子》中載有許多孔子、孟子論《詩》、《書》或引《詩》、《書》的材料，混合《詩》、《書》與《論》、《孟》一同閱讀，當

可收相互參證之功效。〔註29〕而且《詩》、《書》部分思想及文字其實亦可以用來驗證《四書》義理，如《詩傳遺說》載：「《大學》、《中庸》有箇準則，讀著便令人識蹊徑。《詩》又能興起人意思，皆易看。」〔註30〕《語類》則載：「或問讀《尚書》。曰：『不如且讀《大學》。若《尚書》，卻只說治國平天下許多事較詳。如〈堯典〉『克明俊德，以親九族』，至『黎民於變』，這展開是多少！〈舜典〉又詳。』」（《語類》，卷78，頁1982）朱子相當重視《詩》的涵咏作用，而《大學》開展次序又與《尚書》所論有相通處，那麼朱子大概認為透過涵咏諷讀《學》、《庸》所引之《詩》、《書》文句及其思想，是可以興發對義理更深的領會，因此研讀《四書》時可以搭配《詩》、《書》某些篇章一同研究，如此一來，對於《四書》中的《詩》、《書》諸多引文將更能精確掌握，而這種思維更集中體現在《大學》、《中庸》的性質這兩部經典上。《大學》所講乃格物、致知、正心、誠意、修身、齊家、治國、平天下的為學次第，《中庸》則為闡述心性中和之理。就性質而言，這些義理內容頗為生澀，雖為入學之門，但透過較為生硬的文字，學者往往不能夠領會其意，因此朱子認為《學》、《庸》中所引《詩》、《書》的最大功用便在於幫助學者「明」這些義理。引《詩》可以興發對義理的感受，引《書》則是聖賢言論的直接印證，故《詩》、《書》不僅作為《四書》之後首要閱讀經典，甚至可提前其次序，與《四書》混看。

二、《禮》之閱讀次序

　　《詩》、《書》之後的閱讀剩下三經：《禮》、《易》及《春秋》，至於《樂經》，由於早已亡佚，並無單獨成書，學者論述時多與禮合併，朱子亦不例外。〔註31〕朱子在論述這三經時卻普遍傾向認為這些經典難讀，但對於《禮》的定位則較為寬鬆，如朱鑑《詩傳遺說》載：

〔註29〕　朱子雖主張在閱讀《四書》時可與《詩》、《書》混看，但這是指閱讀《四書》引用《詩》、《書》經文之處，可以檢閱原典，《語類》云：「且如讀《孟子》，其間援引《詩》《書》處甚多。今欲檢本文，但也只須看此一段，便依舊自看本來章句，庶幾此心純一。」（《語類》，卷115，頁2776）因此，《詩》、《書》在《四書》閱讀階段的介入，只是用來驗證《四書》引文，《詩》、《書》完整全書的閱讀次序仍應在《四書》之後。

〔註30〕　朱鑑：《詩傳遺說》，卷1，頁6上／5。

〔註31〕　亦有將《樂》與《詩》合併言者，但這種意義下的「樂」乃專指《詩經》的樂調而言，是否即為《樂經》？仍有疑問。

> 聖人教人自《詩》、《禮》起。如鯉趨過庭，曰：「學《詩》乎？學《禮》
> 乎？」《詩》是吟咏性情，感發人之善心。《禮》使人知得箇定分。
> 這都是切身工夫。如《書》亦易看，大綱亦似《詩》。〔註32〕
> 案〈內則〉十歲學幼儀，十三學樂誦詩，二十而後學禮。則此三者
> 非小學傳授之次，乃大學終身所得之難易先後淺深也。〔註33〕

由此來看，《禮》亦與《詩》、《書》相同，可為儒學基本教材。但朱子強調這
是聖人教人之次序，千百年後的南宋對《禮》之典章制度及其內涵已相當模
糊，變得較難入手，朱子〈答呂子約〉第三通便云：「聞子約教學者讀《禮》，
甚善。然此書無一綱領，無下手處。」（《文集》，卷48，頁2166）《語類》亦
云：「《三禮》《春秋》有制度之難明，本末之難見，且放下未要理會，亦得。」
（《語類》，卷8，頁140～141）《禮經》既較難學，那麼便應排序於《詩》《書》
之後，但《禮記》〈內則〉卻把幼儀排在學《詩》之前，幼儀也是禮，但卻是
較基本的童子之禮，故朱子於《論語或問》有云：

> 詩本於人之情性，有美刺諷喻之旨，其言近而易曉，而從容詠歎之
> 間，所以漸漬感動於人者，又為易入，故學之所得，必先於此，而
> 有以發起其仁義之良心也。至於禮，則有節文度數之詳，其經至於
> 三百，其儀至於三千，其初若甚難強者，故其未學詩也，已先學幼
> 儀矣。蓋禮之小者，自為童子而不可闕焉者也，至於成人，然後及
> 其大者，又必服習之，久而有得焉，然後內有以固其肌膚之會，筋
> 骸之束，而德性之守，得以堅定而不移。〔註34〕

禮之大者必須排序在《詩》之後，可知幼儀乃單純為訓練幼童之進退規矩，
並不需知道儀式的內涵。

然由此也可見，《禮》雖主要作為切身實用所應遵循的規則，但這並非單
純依循節度即可，必須進一步了解背後的義理內涵，《語類》有云：

> 問：「『立於禮』，禮尚可依禮經服行。《詩》、樂皆廢，不知興《詩》
> 成樂，何以致之。」曰：「豈特《詩》、樂無！禮也無。今只有義理
> 在，且就義理上講究。」（《語類》，卷35，頁932）

〔註32〕 朱鑑：《詩傳遺說》，卷1，頁6下／5。
〔註33〕 朱鑑：《詩傳遺說》，卷1，頁3上～3下／4。
〔註34〕 〔宋〕朱熹：《論語或問》，收錄於朱傑人編《朱子全書》第6冊，卷8，頁
762～763。

> 看《禮書》，見古文極有精密處，事無微細，各各有義理。然又須自
> 家工夫到，方看得古人意思出。若自家工夫未到，只見得度數文爲
> 之末，如此豈能識得深意！（《語類》，卷84，頁2186）

《禮》不僅是在禮儀節文上有相應方式，而且一舉一動皆有精密義理，故朱
子相當重視《禮》學，中年時曾編過《家禮》，晚年時更曾召集門人弟子編修
《儀禮經傳通解》，除欲使禮儀明世外，甚至還帶有政治上的意圖，〈答李季
章〉第三通云：

> 元來典禮淆訛處，古人都已說了，只是其書袞作一片，不成段落，
> 使人難看。故人不曾看，便爲憸人舞文弄法，迷國誤朝；若梳洗得
> 此書頭面出來，令人易看，則此輩先所匿其姦矣，於世亦非少助也。
> （《文集》，卷38，頁1594）

然而自古以來，《儀禮》之難讀便爲儒者著稱，韓愈〈讀儀禮〉曾感嘆道：

> 余嘗苦《儀禮》難讀，又其行于今者蓋寡，沿襲不同，復之無由。
> 考于今，誠無所用之。然文王、周公之法制粗在於是。孔子曰「吾
> 從周」，謂其文章之盛也。古書之存者希矣，百氏雜家，尚有可取，
> 況聖人之制度邪！於是撮其大要，奇辭奧旨著于篇，學者可觀焉。
> 惜乎！吾不及其時，進退揖讓于其間。嗚呼，盛哉！〔註35〕

韓愈深感《儀禮》難以理解。但朱子在制定《禮書》條目後發現，讀《禮》
並非如此困難之事，只要掌握住綱領，用對方法，使古禮再明並非難事，〈答
應仁仲〉第四通便云：

> 前賢常患《儀禮》難讀，以今觀之，只是《經》不分章，《記》不隨
> 《經》，而《注疏》各爲一書，故使讀者不能遽曉。今此定本，盡去
> 此諸弊，恨不得令韓文公見之也。（《文集》，卷54，頁2560）

那麼《禮》既有其修習的優先性，卻又有義理隔閡的模糊性，但在朱子的安
排下，學《禮》又非甚難之事，因此《禮》之修習便應排序在《詩》、《書》
之後，《易》及《春秋》之前。如此一來，在經過《四書》及《詩》、《書》對
本心義理建設已達一定程度的基礎下，進而讀《禮》，便容易識得禮儀節度背
後所蘊含的義理深意。

〔註35〕〔唐〕韓愈撰，〔清〕馬其昶校注：《韓昌黎文集校注》（臺北：頂淵文化事業
有限公司，2005年11月），卷1，頁22。

三、《易》及《春秋》的閱讀次序

《詩》、《書》、《禮》之後，便剩《易經》及《春秋》，然而這兩部經典之難讀較他經為尤甚，因此如何確認兩經的排序，必須仔細斟酌朱子的思維始能釐清。

（一）《易》與《春秋》均為難讀之經

先論朱子對《春秋》的評論文字，如〈答程可久〉第十通云：

> 大抵此經簡奧，立說雖易，而貫通為難，以故平日不敢措意其間，假以數年，未知其可學否爾！（《文集》，卷37，頁1526）

〈答柯國材〉第二通云：

> 《春秋》工夫，未及下手，而先生棄去，蓋亦以心志凋殘，不堪記憶。此書雖云本根天理，然實與人事貫通，若不稽考事迹，參以諸儒之說，亦未易明也。故未及請其說，然嘗略聞其一二，以為《春秋》一事，各是發明一例，如看風水，移步換形，但以今人之心，求聖人之意，未到聖人灑然處，不能無失耳，此亦可見先生發明之大旨也。（《文集》，卷39，頁1619）

〈答魏元履〉第一通則云：

> 欲為《春秋》學，甚善，但前輩以為，此乃學者最後一段事。蓋自非理明義精，則止是較得失、考同異，心緒轉雜，與讀史傳、摭故實無以異。（《文集》，卷39，頁1659）

《春秋》為孔子所修，照理講欲探求聖人義理思想，由此書入手該是最具效果，但《春秋》乃以編年史方式記載史事，彼此之間較難看出關連性。後世儒者雖以《春秋》筆法冠之，認為孔子褒貶均極富深意，但卻也造成許多深文周納的歧見。而朱子則從修養論的立場批評，認為孔子寫作《春秋》是在聖人本心義理充足的情況下進行筆削，雖以簡潔文字呈現，但卻趨於古奧，後人難以貫通。而後世學者若在本心義理未達到聖賢地位時便欲妄論此經，如此則與讀史傳、摭故實無異，完全是從自己未盡完善的私心考察，其弊端將淪於較得失，考同異而已，無法得知聖人義理之旨。

從另一方面來說，孔子筆削《春秋》，是根據完整史實判斷，利用史學發揚倫理道德觀念。但後人已無法得知《春秋》所載詳細史事，縱使《左傳》較為詳述此段歷史，但朱子認為《左傳》是從利字講《春秋》，《語類》厥云：

左氏之病，是以成敗論是非，而不本於義理之正。嘗謂左氏是箇猾頭熟事，趨炎附勢之人。（《語類》，卷83，頁2149）

《左氏傳》是箇博記人做，只是以世俗見識斷當它事，皆功利之說。（《語類》，卷83，頁2151）

左氏見識甚卑，如言趙盾弒君之事，卻云：「孔子聞之，曰：『惜哉！越境乃免。』」如此，則專是回避占便宜者得計，聖人豈有是意！聖人「作《春秋》而亂臣賊子懼」，豈反爲之解免耶！（《語類》，卷83，頁2150~2151）

左氏曾見國史，考事頗精，只是不知大義，專去小處理會，往往不曾講學。（《語類》，卷83，頁2151）

《左傳》雖詳於史事，但在義理擇取原則上，並不符合聖人之意，連帶也影響後人閱讀理解《春秋》的正確方法，故而在無法釐清《春秋》本意的種種限制下，《春秋》實非讀者該優先著意之經典。

朱子論《易經》難讀則有〈與陳丞相書〉第二通云：

井伯書云：「廉夫有學《易》之意」，甚善。然此書難讀，今之說者多是不得聖人本來作經立言之意，而緣文生義，硬說道理，故雖說得行，而揆以人情，終無意味。頃來蓋嘗極意探索，亦僅得其一二，而所未曉者尚多。 （《文集》，卷27，頁1027）

〈答陳明仲〉第八通云：

讀《易》亦佳，但經書難讀，而此書爲尤難。蓋未開卷時，已有一重象數大概工夫；開卷之後，經文本意又多被先儒硬說殺了，令人看得意思局促，不見本來開物成務活法。（《文集》，卷43，頁1861）

〔註36〕

〈答符復仲〉第二通云：

且讀《易傳》甚佳，但此書明白而精深，易讀而難曉，須兼《論》、《孟》及《詩》、《書》明白處讀之，乃有味耳。（《文集》，卷55，頁2642）

〈答方賓王〉第八通則云：

《易》於《六經》，最爲難讀，穿穴太深，附會太巧，恐轉失本指。（《文集》，卷64，頁2693）

〔註36〕 朱子此書內容與〈答趙履常〉完全相同。

《易經》難讀之因，朱子認爲是由後世儒者說壞，遂不見本義，故欲由傳統注疏進而理解《易經》，困難度極高；另一方面，《易經》本身尚有一重象數工夫，《易》乃占筮之書，自有其數學成分，但後人已不明此部分之理，更添閱讀《易經》的困難。

（二）《易》之閱讀應排序於《春秋》之前

從朱子對《春秋》及《易經》評論來看，《易經》與《春秋》之難讀大致相當，故〈答趙佐卿〉便云：

> 大抵聖經，惟《論》、《孟》文詞平易。而切於日用，讀之疑少而益多。若《易》、《春秋》，則尤爲隱奧而難知者，是以平日畏之，而不敢輕讀也。（《文集》，卷43，頁1880）

觀朱子對二經所下評論文字，《易經》「最爲難讀」、「此書爲尤難」，而《春秋》則是「簡奧」，難度似不及《易經》。那麼就難易度排序而言，應該先由《春秋》再入《易經》，但朱子對這兩經的排定恐怕並非純粹由難易度考量。《易經》是《五經》之中最爲難讀的經典，但朱子論《春秋》時卻引前輩言「乃學者最後一段事」，如此便與依難易度排序有所衝突，那麼這兩經的順序該如何安排？朱子所論亦有線索可尋，〈答黎季忱〉云：

> 與其虛費心力於此，不若且看《詩》、《書》、《禮》、《樂》之爲明白而易知也。然《大學》、《論》、《孟》、《中庸》，又在四者之先，須都理會得透徹，方可略看《易》之大指，亦未爲晚。（《文集》，卷62，頁3089）

〈滄洲精舍諭學者〉則云：

> 如此求師，徒費脚力，不如歸家杜門，依老蘇法，以二、三年爲期，正襟危坐，將《大學》、《論語》、《中庸》、《孟子》及《詩》、《書》、《禮記》、程、張諸書，分明易曉處反復讀之，更就自己身心上存養玩索，著實行履，有箇入處，方好求師證，其所得而訂其謬誤，是乃所謂「就有道而正焉」者，而學之成也可冀矣。（《文集》，卷74，頁3738～3739）

朱子答黎季忱時明確將《易經》排在《詩》、《書》、《禮》、樂之後，雖未提到《春秋》，但似代表朱子對《易經》的學習次序是有定見的。而〈滄洲精舍諭學者〉一文雖沒有排入《易》之次序，而朱子強調要閱讀程、張諸書，這除爲對二程、張載的推崇外，必須注意到的是，程、張的傳世著作如《易程傳》、

《正蒙》等，皆是依《易》立說，均與《易經》有著極為密切的關係，那麼要閱讀程、張之作，不先對《易經》有基本認識是不行的。這也顯示朱子對《易經》之閱讀仍是著重於從義理角度探求，而非其占筮本義的立場。而這兩封書函所論均不及《春秋》，那麼《春秋》的排序應該更在讀《易》之後。

（三）《春秋》具由經學過渡至史學之特殊價值

但朱子明明指出《易經》為最難讀，為何卻會在其意識中將《春秋》排於《易經》之後？《易經》是講形而上之理，而《春秋》則類似於讀史，那麼從朱子下學上達的性格來看，《春秋》更切於日常實用，何以會排在講求形上天理的《易經》之後？欲解答此問題，必須關連到朱子對史學的看法來談。朱子對史學的態度可分為三方面說明，分別是他對中國歷史的解釋、對《左傳》以下史書的看法，以及他自己心目中義理史學的特質。首先，朱子對中國歷代王朝及文化變遷提出一套自己的看法，黃俊傑歸納為「退化的歷史觀」，其〈朱子對中國歷史的解釋〉一文云：

> 朱子對中國歷史提出一套系統化的解釋，這一套解釋可以稱之為「退化的歷史觀」，其要點包括以下幾點：
>
> 1. 中國歷史的發展以秦始皇（在位於 246～210 B.C.）統一中國為其分水嶺；
>
> 2. 在秦漢大一統帝國出現以前的「三代」（夏、商、周）是中國歷史的黃金時代；秦以後則政治與文化均日趨隨落。
>
> 3. 這兩大歷史段落的差別在於「道」（或「理」）之有無；二代時「天理」流行，秦漢以後則「人欲」橫流，文化墮落。〔註37〕

朱子大致以三代作為標準，三代以上為天理流行，以下則人欲橫流，影響所及，他極不認同三代以下之歷史發展，認為秦漢以下憑私心爭奪天下，心術不正，連帶使禮樂制度亦運轉不得。

朱子對三代以下歷史的看法主要多從帝王心術層面分析，認為這些帝王義理認知不足，與三代聖王差距極大。而對於三代以下史書，亦基於這種思維繼續發表他的輕視態度，如他認為《左傳》及《史記》義理不純：「左氏乃一箇趨利避害之人，要置身於穩地，而不識道理，於大倫處皆錯。」（《語類》，

〔註37〕　見黃俊傑：〈朱子對中國歷史的解釋〉，收錄於鍾彩鈞主編：《國際朱子學會議論文集》下冊（臺北：中央研究院中國文哲研究所籌備處，1993 年 5 月），頁 4／1086。

卷 123，頁 2959）「遷之學，也說仁義，也說詐力，也用權謀，也用功利。然其本意却只在於權謀功利。」（《語類》，卷 122，頁 2952）又指出宋人論史尚有缺失，如「范淳夫論治道處極善，到說義理處，却有未精。」（《語類》，卷130，頁 3105）批評陳亮治史即云：「看史只如看人相打，相打有甚好看處？陳同父一生被史壞了。」（《語類》，卷 123，頁 2965）朱子更指出秦漢以後史冊可讀者僅蘇轍之《古史》而已，但依舊具有瑕疵，〈古史餘論・本紀〉云：

> 蘇子曰：「古之帝王，皆聖人也。其道以無爲宗，萬物莫能嬰之。」予竊以爲此特以老子、浮屠之說論聖人，非能知聖人之所以爲聖者也，故其爲說空虛無實，而中外首尾不相爲用。若削其「其道」以下，而更之曰「其心渾然，天德完具，萬事之理，無一不備，而無有一毫人欲之私焉」，則庶乎其本正而體用可全矣。至其所謂「其積之中者有餘，故推以治天下，有不可得而知者」，則雖非大失，而「積」與「推」者，終非所以言聖人。不若易之曰：「默而該之者，既溥博而淵泉，故其揮而散之者，自以時出而無不當。」則庶乎輕重淺深之間，亦無可得而議也。其曰「管仲、子產、叔向之流，皆不足以知者」，是則然矣。至謂孔子知之至而未嘗言，孟子知其一二而人不信，則是以夫子之言爲有隱，孟子之言爲未盡也。且其謂數子之所未知，孟子之所未盡，與孔子之所知者，皆果爲何事耶？若但曰「以無爲宗，萬物莫能嬰之」而已，則數子之未知也不足恨，而孔、孟之所知，吾恐其非此之謂也。……嗚呼！秦漢以來，史冊之言，近理而可觀者，莫若此書。而其所以未合猶若此，又皆義理之本原而不可失者。……聖學不傳，其害可勝言哉！（《文集》，卷 72，頁 3634～3635）

從這段討論可知，朱子對史書的要求是必須能夠申明義理價值所在，而這並不能顯現在秦漢以後之史書，故他對秦漢以下史冊頗有非議。

然而朱子既認爲秦漢以後史冊未能發揮義理判斷功能，於是他對史學的態度便著重於必須能表現出義理價值的要求。朱子亦強調治史，《語類》有載：

> 浩曰：「趙書記云：『自有見後，只是看《六經》《語》《孟》，其他史書雜學皆不必看。』其說謂買金須問賣金人，雜賣店中那得金銀。不必問也。」曰：「如此，即不見古今成敗，便是荊公之學。」（《語類》，卷 11，頁 189～190）

且其治史必須由經及史，錢穆〈朱子之史學〉云：「尊德性則必道問學，博文則必多讀經史，博通古今。其主先經後史，乃一般理學家見解。其主治經而必及於史，則是朱子獨有精神也。」〔註38〕朱子雖曾斥史學，但這是特別針對就史說史，而不賦予義理判斷的史學而論。朱子自己則相當強調史學亦必須承襲經學的義理特點，蔣年豐云：

> 依朱子，一部史書或史論一定要實現出「正其誼而不謀其利，明其道而不計其功」的道德精神。這並不是說，論史書要全不顧利害，而是「得道義則功利自至」。這個史學精神與他的心性論中「理先氣後」，且「有此理，便有此氣發育流行」的思想連貫一致。朱子親手編定的《通鑑綱目》也正是這種思想在史學上的表現。依此論析，我們可以說，朱子是以其特有的理學思想將史學經學化了。〔註39〕

朱子確有將史學經學化的作法，他曾道《春秋》也就是史，其云：

> 問：「《春秋》當如何看？」曰：「只如看史樣看。」（《語類》，卷83，頁2148）

> 問《春秋》。曰：「此是聖人據魯史以書其事，使人自觀之以爲鑒戒爾。其事則齊威〔註40〕晉文有足稱，其義則誅亂臣賊子。若欲推求一字之間，以爲聖人褒善貶惡專在於是，竊恐不是聖人之意。」（《語類》，卷83，頁2145）

朱子將《春秋》視爲史，這絕非對《春秋》的貶斥，而是將史學的價值提昇至可與《春秋》經典相同的地位。《春秋》乃聖人所刪修之史，而聖人是義理完整的形象代表，故其所編之《春秋》必存在有聖人之義理。但後人不明，於是便將《春秋》解釋成爲如同秦漢以下之史冊一般，朱子云：

> 《春秋》本是明道正誼之書，今人只較齊晉伯業優劣，反成謀利，大義都晦了。今人做義，且做得齊威晉文優劣論。（《語類》，卷83，頁2173）

> 「今之做《春秋》義，都是一般巧說，專是計較利害，將聖人之經做一箇權謀機變之書。如此，不是聖經，卻成一箇百將傳。」因說：「前輩做《春秋》義，言辭雖粗率，卻說得聖人大意出。年來一味

〔註38〕　錢穆：《朱子新學案》第5冊，頁114。

〔註39〕　見蔣年豐：〈從朱子與劉蕺山的心性論分析其史學精神〉，收錄於鍾彩鈞主編：《國際朱子學會議論文集》下冊，頁15～16／1129～1130。

〔註40〕　宋欽宗名趙桓，故諱齊桓公爲齊威公。

> 巧曲，但將《孟子》『何以利吾國』句說盡一部《春秋》。……《春
> 秋》本是嚴底文字，聖人此書之作，遏人欲於橫流，遂以二百四十
> 二年行事寓其褒貶。」（《語類》，卷83，頁2174）

《春秋》乃聖人之經，亦遭後人說壞，因此對於《春秋》大義必須有恢復作
法，這便須連結到朱子的讀書次序。

　　從朱子對史學的批評來看，可知他相當強調義理的價值，經書之所以神
聖，因為這是聖人本心義理的闡揚。但史書並非聖人所作，故會流於不識道
理，強調功利的弊病，那麼學者在閱讀史書之時，若無任何義理自覺，將會
流於俗人之論，徒識其事而已。基於這種態度，朱子甚至認為《尚書》中某
些篇章不是本領：「如讀虞、夏、商、周之書，許多聖人亦有說賞罰，亦有說
兵刑，只是這箇不是本領。」（《語類》，卷84，頁2181）《尚書》除多為儒家
聖王言行的記載外，亦有部分當時史事及制度的記錄，但朱子並不重視這些
部分，認為真正的本領該是那些闡述聖人義理思維的言行部分。故朱子強調
讀史必須以經為本，先識義理，始能讀史，〈答梁文叔〉第一通云：

> 昨日有人問看史之法，熹告以當且治經，求聖賢脩己治人之要，然
> 後可以及此。想見傳聞又說不教人看史矣！（《文集》，卷44，頁1954）

〈答張敬夫〉第二通云：

> 大率學者須更令廣讀經史，乃有可據之地，然又非先識得一箇義理
> 蹊徑，則亦不能讀，正惟此處為難耳。（《文集》，卷32，頁1239～
> 1240）

〈答呂伯恭〉第四十七通云：

> 示諭令學者兼看經史，甚善，甚善。此間來學者少，亦欲放此接之，
> 但少通敏之姿，只看得一經，或《論》、《孟》，已無餘力矣。所抄切
> 己處，便中得數段見寄幸甚。然恐亦當令多就經中留意為佳。蓋史
> 書鬧熱，經書冷淡，後生心志未定，少有不偏向外去者，此當預防
> 也，如何？（《文集》，卷33，頁1327）

由讀經而觀史，這是朱子標準的讀書次序，而且也是必然的程序。但朱子也
一再強調，觀史之前必須先熟悉經書中的義理，否則讀史便會只是讀史傳，
說世變。然史書既非聖人之作，多無義理，那麼觀史的重點何在？

　　朱子雖主張理解《四書》、《五經》義理之後再觀史，但究竟該如何運用
經書的義理觀史？《語類》記有朱子讀史之重點：「須當看人物是如何，治體

是如何，國勢是如何，皆當子細。」（《語類》，卷94，頁2404）不過這些都
是制度層面的資料，朱子認爲讀史的意義不僅於此，更重要者是在於要能判
斷歷史的某些特殊狀況，如〈與趙尙書書〉第二通云：

> 信乎義理之難窮，而學問之不可已也！病中信手亂抽得《通鑑》一
> 兩卷看，正值難處置處，不覺骨寒毛聳，心膽墮地。向來只作文字
> 看過，卻全不自覺，眞是枉讀了他古人書也。（《文集》，卷29，頁
> 1096）

朱子指出觀史須在「難處置處」仔細斟酌，何謂「難處置處」？朱子注《論
語》〈泰伯〉「泰伯其可謂至德也已矣。三以天下讓，民無得而稱焉。」時
云：

> 蓋大王三子：長泰伯，次仲雍，次季歷。大王之時，商道寖衰，而
> 周日彊大。季歷又生子昌，有聖德，大王因有剪商之志，而泰伯不
> 從，大王遂欲傳位季歷以及昌。泰伯知之，即與仲雍逃之荊蠻。於
> 是大王乃立季歷，傳國至昌，而三分天下有其二，是爲文王。文王
> 崩，子發立，遂克商而有天下，是爲武王。夫以泰伯之德，當商、
> 周之際，固足以朝諸侯有天下矣。乃棄不取而又泯其迹焉，則其德
> 之至極爲何如哉！蓋其心即夷、齊扣馬之心，而事之難處有甚焉者，
> 宜夫子之歎息而贊美之也。泰伯不從，事見《春秋傳》。[註41]

此段論泰伯之德爲事之難處，難處之事便需用經權原則處理，又如〈答黃直
翁〉載黃寅以爲泰伯讓文王有三權，一是不奔父喪，非其本心，若奔喪則王
季必辭立；一是逃而之他國；一是斷髮文身乃示其必讓之意，以定王季不安
之心。朱子同意其說，又指出：「泰伯三讓權而不失其正，是乃所以爲時中也，
故夫子以『至德』稱之。」（《文集》，卷44，頁1987）泰伯爲讓文王，做出
三項看似違經不道之事：不奔父喪、逃離故國、斷髮文身。但朱子〈答呂伯
恭〉第五通則認爲「蓋逃父非正，但事須如此，必用權，然後得中，故雖變
而不失其正也。」（《文集》，卷35，頁1394）認爲泰伯逃父是因爲欲達成更
崇高之義理價值，故需用權而後得中。因此，讀史並非泛泛讀之，亦不單是
觀其成敗以爲警惕，更深刻意涵在於須以義理衡斷處事者面對事變時的措
置，也就是分析歷史人物處理事情時的義理取捨，以作爲自己將來可能遭遇
相同處境預先準備。

[註41]　朱熹：《朱子全書・論語集注》，卷4，頁130～131。

　　然而治史並非初學者所能之事，而是必須在義理修養達到一定高度之後才能達成的目標，學者必須循序而進，在讀書窮理的途徑上便是要求先建構完成經典之義理價值後，始可運用義理之心以觀其他書籍，評論其中的義理得失。就此而言，《春秋》與史冊的性質便很雷同。朱子基本上認為《春秋》同時具有經與史的性質，而其差異便在《春秋》乃聖人觀史的示範作品，學習者在閱讀《春秋》之時可以憑聖人之意作為講究義理的標準，而史冊作者之心非聖人之心，取捨之間亦非用義理作為依據，故讀史時對於其所載事跡則需由自己進行義理價值的判斷，不可依史冊作者的論說為準則。否則若自身義理修養不夠充足，便很容易隨著史傳作者的意見而迷失價值標準，因此，由《春秋》再入史冊，其意義便在於藉由聖人的示範導引出正確的觀史方法及態度，但這必須是義理之心透過經學的試鍊之後達致接近義理分明的狀態始得進行，〈答陳師德〉第一通云：「所謂致知者，又不過讀書史、應事物之間，求其理之所在而已，皆非如近世荒誕怪譎、不近人情之說也。」（《文集》，卷56，頁2702）因此讀史及《春秋》乃義理致知之後進而表現在紙本上的實踐階段。而《易經》所談乃形而上之理，推人以知天，即近以明遠，雖然《大學》的開展雖未論及此一層面，但朱子乃藉由《孟子》到《中庸》的程序來補足。故《五經》之中，《易》所扮演角色正類同於《中庸》，並且更是更深刻討論儒家的形上思想，是下學上達中的「上達」部分，故依舊屬於義理修養的層次，因此其排序應在以體認實踐義理為主的《春秋》之前，朱子〈答或人〉第七通云：

> 程子曰：「窮經將以致用也」，則其本末先後，固有在矣。今以致用
> 為窮經之本，恐未安也。若曰：「求實用者，窮經之本」，其庶幾乎。
> （《文集》，卷64，頁3237）

窮經之本在其求實用，而義理價值由萬物殊別之理上窺形上完整之一理是研讀《四書》、《五經》所帶出的效果，但目標仍在期望能夠將義理完滿落實在應用階段，讀史便是義理應用的試鍊，能夠靈活觀察史書中的義理得失，那麼便更能夠落實在實際處事之中。

第三節　由《四書》而《詩》《書》的詮釋定位

　　經由上述分析，朱子由經書擴展而成的讀書次序便為《大學》——《論

語》──《孟子》──《中庸》──《詩》──《書》──《禮》──《易》
──《春秋》──史籍，史籍之後自然無書不可讀。因此《四書》、《五經》
這兩項群組是義理修養的必然閱讀典籍。而從這道次序也可看出，朱子的讀
書窮理應該可以分爲三個階段：《四書》階段、《五經》階段及史籍等其他書
籍階段。朱子這樣的建構是立足於義理功夫修養的循序漸進而畫分，但就閱
讀者義理理解及運用層面來看，各階段表現出不同的價值內涵。《四書》乃義
理建構的基礎，《五經》則是義理深化的階段，史冊及其他書籍則是義理實踐
的運用階段。而《詩》、《書》處於這套次序的中間點，《詩》、《書》之前有《四
書》，《詩》、《書》之後則有群經等書籍，那麼《詩》、《書》所處地位之內涵
及價值爲何？是研究朱子《詩》、《書》學時所必需釐清的問題。以下試繼續
分析朱子讀書次序三個階段所突顯的意義，由此以了解《詩》、《書》在朱子
學術思想中正確定位及研究方向。

一、《四書》：義理建構的基礎

朱子以《四書》爲首要讀書典籍，是建構此心義理的基本讀物，而《四
書》所表現對本心義理的探求雖是基礎建設，但它仍具體而微開展出一個
義理探知的完整過程。《大學》乃爲學的總規模，《論語》是孔子日常行事
中的指點，《孟子》已涉及心性的探求，而《中庸》則著重於闡述性理天道
等形上思想，並強調天人合一的最高道德境界，郭齊對這一次序內涵有較
詳盡說明：

> 朱熹對「四書」先後次序的這種規定，是從他對各書的認識出發的。
> 他認爲，《大學》是爲學綱領，相當於概論的性質，且語言平易，淺
> 顯易懂，因此初學者宜先讀，以掌握一個學問梗概。……《論語》
> 又是一件一件事實實在在地說應該怎樣做，指明日常生活中的行爲
> 規範，且節章短小，語言明白如話，容易身體力行，便於初學。……
> 《孟子》則往往就事論理，窮究推導，發揮演繹，說得較深入，較
> 抽象，且篇幅較長，不容易一下子掌握，因此宜次《論語》。……至
> 於《中庸》，則是直接論述性理天道鬼神等命題，純粹說理，內容深
> 奧，議論抽象，較難領會，因此應該放在最後。〔註42〕

〔註42〕郭齊：〈朱熹「四書」次序考論〉，《朱子學新探》，頁 103～105。

郭齊認爲朱子這樣安排次序是著眼於由淺入深，循序漸進的教學次序，[註43]
但仔細分析，可以發現，朱子之所以如此安排，除難易深淺的考量外，由形
下生命逐步上推形上義理也是朱子的關懷意識。朱子對形上天理的認知是繼
承周敦頤《太極圖說》所呈現由形上向形下開展的歷程而來，《太極圖說》云：

> 無極而太極，太極動而生陽，動極而靜，靜而生陰，靜極復動。一
> 動一動，互爲其根，分陰分陽，兩儀立焉。陽變陰合，而生水、火、
> 木、金、土，五氣順布，四時行焉。……無極之眞，二五之精，妙
> 合而凝。「乾道成男，坤道成女」，二氣交感，化生萬物。萬物生生，
> 而變化無窮焉。[註44]

周敦頤這道由太極到萬物的化生順序是朱子所認可的，但落實在朱子自身讀
書窮理、格物致知的理論中，則是一反其順序，表現爲由形下日用之理向上
反求至整體之天道的過程。

　　牟宗三對於宋明理學分系提出著名的三系說，他依宋儒對《四書》的價值
取向爲準，認爲周敦頤、張載、程顥等人乃是由《易傳》、《中庸》回歸《論語》、
《孟子》，而這一支系乃是儒學之正宗；陸九淵則直接以《論語》、《孟子》爲
本，統攝《易傳》及《中庸》，基本上也是正統儒學思維；而程頤、朱子這一
系則是以《大學》爲綱領，主張對《大學》有充足掌握之後，再進入《論語》、
《孟子》、《中庸》，朱子云：「先讀《大學》，以定其規模；次讀《論語》，以立
其根本；次讀《孟子》，以觀其發越；次讀《中庸》，以求古人之微妙處。」（《語
類》，卷 14，頁 249）此順序乃以《大學》爲綱領，再從《論語》切近己身之
理開始，以奠定根本。《孟子》是個轉折，主要講生命的超越，已由形下涉及
天、心、性等形上義理問題的探討，〈語孟集義序〉云：「《論語》之言，無所
不包，而其所以示人者，莫非操存涵養之要。《七篇》之指，無所不究，而其
所以示人者，類多體驗充擴之端。」（《文集》，卷 75，頁 3781）到了《中庸》
之後便進一步談生命的精微表現，並上契形上之天道，蔣國保即認爲朱子這樣
的次序並不專在考量經文的淺易明白，而有更深刻的爲學次序的內涵，其云：

[註43] 朱子〈答黃直卿〉第六通曾云：「《大學》諸生看者，多無入處，不如看《語》、
　　　《孟》者漸見次第，不知病在甚處？似是規模太廣，令人心量包羅不得也。」
　　　（《文集》，卷 46，頁 2108）朱子自己在親身教學實踐中，發現到學生對《大
　　　學》的接受度並不高，多無入處。朱子自己歸納大概是由於《大學》所包涵
　　　規模太廣，令學生無所適從，而《論》、《孟》則較切實，入手較易，但朱子
　　　對《大學》功效之疑僅此一見，似未改變朱子對《四書》次序的排定。
[註44] 周敦頤：《周敦頤集》，頁 4～5。

為學生規定那樣的讀「四書」次第，並不是僅僅考慮效率上是否經濟，而是著眼於人如何循序確立自己的生命學問。在他看來，做人要先確定修身治人的規模，其次要確定修身治人的根本，再次要以外在超越的方式提升生命境界，最後要以內在超越的方式落實提升了的生命境界。要遵循這個次序，就必須確立那樣的「四書」研讀秩序，因為《大學》講的是「修身治人底規模」，《論語》講的是做人的根本；《孟子》講生命的超越，《中庸》講生命的精微，恰好揭示了這個次序。〔註45〕

從這個觀點來看，《四書》確實指示了理學家由日用行事窮究形上天理的方法，因此朱子並不認同一開始就直接去體認那形上道體，如朱子與呂祖謙編輯《近思錄》時便曾反對將第一章設定為談論道體，認為這樣並無下手處，黃榦〈復李公晦書〉第二通回憶云：「至於卷首，則嘗見先生說，某初本不欲立此一卷。後來得無頭，只得存之。今近思反成遠思也。」〔註46〕另外朱子自己也多次提到：

> 君子之道，非以其末為先而傳之，非以本為後而倦教，但學者所至，自有淺深，如草木之有大小，其類固有別矣。若不量其淺深，不問其生熟，而概以高且遠者強而語之，則是誣之而已。君子之道，豈可如此？〔註47〕

《語類》亦載：

> 道學不明，元來不是上面欠却工夫，乃是下面元無根脚。若信得及，脚踏實地，如此做去，良心自然不放，踐履自然純熟。（《語類》，卷14，頁250）

> 問：「欲專看一書，以何為先？」曰：「先讀《大學》，可見古人為學首末次第。且就實處理會却好，不消得專去無形影處理會。」（《語類》，卷14，頁250）

「高且遠者」即「無形影處」亦是「上面工夫」，也就是指對形而上實理的體認，與湖湘學派相比，朱子雖然更著重對形上天理的闡述，但受到胡宏（1105

〔註45〕 蔣國保：〈朱熹《大學》研究之創見與迷失〉，收錄於蔡方鹿主編：《新視野新詮釋——朱熹思想與現代社會》上冊（成都：四川大學出版社，2007 年 12 月），頁120。

〔註46〕 黃榦：《黃勉齋先生文集》，卷2，頁24。

〔註47〕 朱熹：《朱子全書・論語集注》，卷10，頁235。

～1161）、張栻之影響，朱子亦強調日常踐履功夫，尤其對修養層次，朱子更主張下學上達的過程。而透過《四書》的開展，朱子認爲先曉得《大學》綱領之後，即可由《論語》所提示日常行事之重點入手，再透過《孟子》逐步反推以識得《中庸》天理之全，《論語》〈公冶長〉載子貢贊孔子云：「夫子之文章，可得而聞也；夫子之言性與天道，不可得而聞也。」傳統解釋者均認爲這是子貢感嘆孔子不喜談論形上思想的證據，如《論語注疏》云：「子貢言若夫子言天命之性及元亨日新之道，其理深微，故不可得而聞也。」〔註48〕《論語筆解》載李翱（772～841）之言曰：「蓋門人只知仲尼文章，而尠克知仲尼之性與天道合也。」〔註49〕陳祥道《論語全解》則云：「夫子之道，出而致廣大則爲文章，入而極高明則爲性與天道。子貢得其言，故於文章可得而聞，未得其所以言，故於性與天道不可得而聞。」〔註50〕但朱子爲完成自己下學上達的學習途徑，卻將之解釋爲：「蓋聖門教不躐等，子貢至是始得之聞，而歎其美也。」〔註51〕如此一來，孔門之教亦被朱子轉化而符合他所開創的讀書次序，將原本不可得聞的性與天道列入孔門的教學之中，並置於後期的教學重點。因此，形上之道雖是朱子義理體系的根源，但朱子較爲關心的是萬物已經存在的狀態，而非事物尚未生成前的本體階段，落實在求學方法上，即是必須注重其次序，不可躐越，由《大學》而《論語》再《孟子》後《中庸》的閱讀過程便是這一程序的標準示範。

二、《五經》：義理建構的再深化

《四書》、《五經》乃聖人所傳下之典籍，其中蘊涵著聖人之意，因此研讀經書，目的即是以經典文本爲媒介，透過文字而獲取聖人本意。雖然從詮釋學的角度而言，文本自作者之手獨立而出之後，便具有屬於自己的生命力，文本所能承載的意圖基本上已與原作者產生隔離，並且會與讀者自身理解結合，進而產生不同的閱讀詮釋。然而這種西方式的詮釋學觀念並不符合中國傳統的詮釋認知，以朱子爲例，在朱子讀書窮理的體系中，聖人遺傳的經典

〔註48〕〔魏〕何晏集解，〔宋〕邢昺疏，〔清〕阮元校勘：《論語注疏》，卷5，頁6下／5371。

〔註49〕〔唐〕韓愈、李翱撰：《論語筆解》，影印〔清〕嘉慶十四年張海鵬刻《墨海金壺》本，卷上，頁7下。

〔註50〕〔宋〕陳祥道：《論語全解》，收入《景印文淵閣四庫全書》第196冊，卷3，頁8下／99。

〔註51〕朱熹：《朱子全書·論語集注》，卷3，頁103。

文本是可以代表著聖人本意的，因此就朱子的認知而言，文本意圖便等於作者意圖，也就是聖人意圖。但若仔細分析朱子的讀經原則，卻會發現朱子並不是如此單純地硬把經典與聖賢道理畫上等號。雖然朱子認爲透過經典文本的閱讀可以直達聖人之意乃至通達天地之理，但並不是某個單一的經典文本便能夠達成這個目標，在朱子的觀念中，經典文本是一個群組的體系，《五經》自漢以來便一直作爲儒家典範而存在，朱子雖認爲《五經》乃經聖人之手而編修，但卻已無法完整表現聖人之意，故就《五經》文本而言，已不能探知完整的作者意圖，故《五經》之意已無法等同聖人本意。而朱子雖獨立標榜《四書》，但亦絕不認爲讀書窮理只須鑽研《四書》即已足夠，《四書》的義理價值雖高於《五經》，但《四書》只是整套經典群組中首要的入門讀物，鑽研《四書》可架構起本心義理基礎，而《四書》之後仍必須繼續閱讀，由《五經》再讀史書，之後則無書不可讀，但順序不可亂，否則失了節奏，義理的培養及運用便可能事倍功半，甚至於走入歧路。因此，就朱子的經典詮釋學概念而言，作爲聖人的作者，其本意等同天理，故爲義理價值的最高標準，而經典文本透過聖人之手而形成，雖蘊載聖人之意，但單一經典只能是聖人完滿價值的部分呈現。然而也由於聖人義理已散在經典這一群組之中，因此閱讀經書並非集中於某一系列或某一本典籍便可完成，而是必須統合分散的經書而爲整體，也就是說必須依照義理次序將經書輪番完整鑽研完畢，如此始得以完成由部分以達整體的過程，並獲取最完整的聖人本意。

在這樣的思維下，《四書》牽涉到的範圍只是初步架構，在《四書》之後的閱讀必須再度深化這一倫序，故而就朱子閱讀《五經》的過程來看，這又是一次《四書》閱讀內涵的循環及擴展。《五經》的閱讀由《詩》、《書》入手，這是因爲《詩》、《書》涵蓋的人倫秩序範圍較《四書》更廣闊，朱子認爲《詩》是人倫秩序的總和，而《書》則是政事的典範。然《詩》、《書》雖同爲《五經》中初步閱讀的經典，但這兩經之間無論就形式或內容均有極大差異，《詩經》乃詩歌總集，絕大多數爲情性的反映；而《尚書》則多爲古史記載，尤其集中於言行部分，朱子注《論語》〈述而〉「子所雅言，《詩》、《書》、執《禮》，皆雅言也。」便云：「《詩》以理情性，《書》以道政事。」〔註52〕情性、政事的分別，明確道出這兩部經典的差異。雖然朱子主要著眼於難易度而將《詩》、《書》列爲《五經》優先讀物，但若深入探討朱子對這兩部經典的認識，仍可歸納出由

〔註52〕　朱熹：《朱子全書・論語集注》，卷4，頁125。

《詩》而《書》的內在義理思路。朱子《論語集注》注〈子路〉「誦《詩》三百，
授之以政，不達。使於四方，不能專對。雖多，亦奚以爲」時，有云：

> 《詩》本人情，該物理，可以驗風俗之盛衰，見政治之得失。其言
> 溫厚和平，長於風喻。故誦之者，必達於政而能言也。程子曰：「窮
> 經將以致用也。世之誦《詩》者，果能從政而專對乎？然則其學者，
> 章句之末耳。此學者之大患也。」〔註53〕

此段文字雖集中於詳述《詩經》的性質，認爲《詩》本於人情，可賅含物理，
並能夠藉由《詩》之內容以觀風俗得失，但朱子此段文字最重要之處在於「故
誦之者，必達於政而能言也。」先秦時代，《詩經》多用於政治、外交場合，
賓主之間往往藉由賦《詩》以明志向，故孔子所言有明顯的時代針對性。但
由孔子發出此論後，後人註解此段文字便往往將《詩》與政治亦連結上關係，
皇侃《論語集解義疏》云：

> 《詩》有六義、〈國風〉、二〈雅〉，竝是爲政之法。今授政與此誦《詩》
> 之人，不能曉解也。……誦《詩》宜曉政而今不達，又應專對而今
> 不能，雖復誦詠之多，亦何所爲用哉？〔註54〕

《論語注疏》則云：

> 此章言人之才學貴於適用，若多學而不能用，則如不學也。〔註55〕

邢昺雖然有意將此章所指擴大，指向人之才學，但仍不得不依繞在文本語句
之中，作出《詩經》所載乃爲政之法的結論。但如此一來，便也導出疑問，
在後世已失去賦《詩》的政治語境後，精於《詩》又如何能必達於政？這兩
者之間的連結是否過於快速？朱子弟子亦有此問，《語類》載：

> 亞夫問：「『誦《詩》三百』，何以見其必達於政？」曰：「其中所載
> 可見。如小夫賤隸閭黨之間，至鄙俚之事，君子平日耳目所不曾聞
> 見者，其情狀皆可因此而知之。而聖人所以修德於己，施於事業者，
> 莫不悉備。於其間所載之美惡，讀誦而諷詠之，如是而爲善，如是
> 而爲惡；吾之所以自修於身者，如是是合做底事，如是是不合做底
> 事。待得施以治人，如是而當賞，如是而當罰，莫不備見，如何於

〔註53〕 朱熹：《朱子全書·論語集注》，卷7，頁180。

〔註54〕 〔南朝·梁〕皇侃疏：《論語集解義疏》（臺北：廣文書局，1991年9月，
影印〔清〕乾隆嘉慶間鮑廷博刻《知不足齋叢書》本。），卷7，頁6上／
451。

〔註55〕 阮元校勘：《論語注疏》，卷13，頁4上／5444。

政不達。若讀《詩》而不達於政，則是不曾讀也。」(《語類》，卷
43，頁 1102)

朱子認為《詩》中所載可讓君子下至於平時難以得聞之鄙夫鄙婦至俚之事皆
能明曉，上又可取法於聖人修德治世之事業。釐清《詩》之美惡後，有助於
從自修其身到施以治人，最終便可達於政。朱子在此是將《大學》的修身進
程落實在對《詩經》的研讀之中，故朱子雖認為《詩經》包括廣泛人倫之道，
但由此也可看出，朱子相當重視政治的開展，遠大於其他人際關係。那麼再
從由《詩》而《書》的閱讀次序來看，《尚書》亦為從政之本，與《詩》雖有
重疊處，但《尚書》所記載者乃聖賢處事治政之法，較《詩經》而言，更是
為政之道的純粹展示。

　　經由以上所論，朱子由《四書》而《詩》、《書》的次序，所代表的正是
本心義理建構基礎之後，開始將之置於人倫關係中體察，並歸納總結於為政
之道上。《詩經》所涉及的範圍特別廣泛，正是體認義理的最佳處；而《尚書》
記載聖賢處理政事的方法，但對於朱子這一群士大夫階層的知識分子而言，
政治是他們重要的關懷，余英時即相當強調朱子的這一身分：

> 朱熹生前的基本身分首先是士大夫，無論從政治的、文化的、或社
> 會的觀點說，都是如此。今天我們可以用種種不同的範疇去凸顯他
> 在歷史上的地位，譬如道學家、經典學家、教育家之類，但卻不能
> 因此而忽視他作為士大夫之一員的基本身分。豈徒不能忽視而已！
> 他之所以能夠從容發明義理、註釋經典、興建書院，或由於得奉祠
> 祿，或由於出任郡守，無一不是憑藉著士大夫的身分。〔註56〕

士大夫的這個身分使朱子等人隱然以政治主體自待，故政事對於他們而言，
亦屬於切身日用問題，因此《尚書》便作為士大夫必須精心潛研之經。《論語》
〈泰伯〉「曾有子疾」篇言君子所貴乎道者三，朱子便注云：

> 君子所重者，在此三事而已。是皆脩身之要，為政之本。……曾子
> 蓋以脩己為為政之本。〔註57〕

朱子將修身之要與為政之本連結，表示兩者價值根源相同，《尚書》中聖賢的言
行是為政之本的典範，也是經由《詩》之廣博而後再歸約於為政的閱讀。但《五
經》詮釋進程與《四書》的差異在於：《五經》中並沒有一如同《大學》的綱領，

〔註56〕　余英時：《朱熹的歷史世界》，頁 29。
〔註57〕　朱熹：《朱子全書·論語集注》，卷 4，頁 132。

故只得由《詩》、《書》開始深化這一詮釋迴圈，但反過來說，《大學》便不僅只是作爲《四書》之綱領，亦是《五經》之綱領，《大學》修齊治平的工夫過程，不僅是《四書》的基本架構，亦是《五經》重新排序的重要參考。朱子云：

> 《大學》是爲學綱目。先通《大學》，立定綱領，其他經皆雜說在裡許。通得《大學》了，去看他經，方見得此是格物、致知事；此是正心、誠意事；此是修身事；此是齊家、治國、平天下事。（《語類》，卷 14，頁 252）

《詩》以二〈南〉爲本，並且特別著重於《大學》綱領中修身、齊家的部分，《論語或問》曰：「〈周南〉之詩，言文王后妃閨門之化；〈召南〉之詩，言諸侯之國夫人、大夫妻，被文王后妃之化而成德之事。」〔註58〕故而由讀《詩》再到讀《書》，便符合《大學》自修身、齊家開展到治國、平天下的過程，另外也是由廣泛的人倫結構歸約至儒者重視的爲政之本。因此，欲研究朱子的《詩》、《書》之學，以《大學》爲綱領的《四書》義理，自然會成爲朱子詮釋《詩》、《書》的主要價值。

《詩》、《書》之後由《禮》、《樂》再到《易》的閱讀次序，其實亦類似於《論語》、《孟子》再到《中庸》的過程，逐步由近身事物的格局開展到對形上天理的體認，《論語集注》注〈述而〉：「子所雅言，《詩》、《書》，執《禮》，皆雅言也。」云：

> 《詩》以理情性，《書》以道政事，禮以謹節文，皆切於日用之實，故常言之。禮獨言執者，以人所執守而言，非徒誦說而已也。〔註59〕

《詩》、《書》、《禮》切於日用之實，而《易》的性質則不同，〈答江元適〉第一通云：

> 夫《易》之象其機，《詩》、《書》、《禮》、《樂》之陳其用，皆其實然而不可易者，豈且然而非實之云乎？（《文集》，卷 38，頁 1586）

《語類》亦云：

> 若《易》，只則是箇空底物事，未有是事，預先說是理，故包括得盡許多道理，看人做甚事，皆撞著他。（《語類》，卷 66，頁 1631）
>
> 《詩》《書》《禮》《樂》皆是說那已有底事，惟是《易》說那未有這事。（《語類》，卷 75，頁 1922）

〔註58〕 朱熹：《朱子全書·論語或問》，卷 17，頁 880。
〔註59〕 朱熹：《朱子全書·論語集注》，卷 4，頁 125。

《易經》除爲卜筮之書外，更是天道的直接展現，象徵天理微妙之處，因此由《詩》、《書》、《禮》再到《易》的閱讀過程便符合朱子對《四書》閱讀次序的建構，是下學上達的完成。

　　然《五經》特殊之處在於《春秋》這一經，《春秋》雖爲孔子所作，充滿孔子義理衡量的處理取捨，但這必須是在藉由前面兩次對義理詮釋迴圈探求之後始能從事的工作。《春秋》之難讀除史實的湮沒外，詮釋者的義理要求若未達致聖人之心，是不能夠作出正確的詮釋，並進而運用於日常之中，因此，閱讀《春秋》的基本條件必須是讀者之心已趨近於聖人之心，在義理價值取得極高成就的狀態下，方有可能認知孔子的本意，《語類》即云：

> 《春秋》是學者末後事，惟是理明義精，方見得。（《語類》，卷116，
> 頁 2790）
> 須是己之心果與聖人之心神交心契，始可斷他所書之旨；不然，則
> 未易言也。（《語類》，卷83，頁 2154）

但《春秋》的閱讀畢竟仍是以聖人之心作爲標準，因此基本上是經學義理的最後修鍊階段。當結束《春秋》的閱讀後，對於經書體系的閱讀已告完畢，那麼閱讀者的心理狀態應該已趨近於義理分明的聖人之心，如此一來，對於各種書籍的閱讀便可由自己的義理價值作出判斷。

三、讀史：義理的實踐階段

　　朱漢民曾分析朱子詮釋學有兩條進路：「文獻──語言」及「實踐──體驗」。〔註60〕「文獻──語言」的詮釋方法即是讀書窮理，但這並非指依序研讀完經書之後便可完整獲致天理，而是必須再藉由實踐的過程，使義理與本心印證。單純就讀書次序而言，《四書》是透過考察孔孟聖人思想以奠定義理基礎，而《五經》則是考察三代以上聖賢在義理及禮樂文明上的純熟運用，這是對吾心已以《四書》義理爲基礎的再深化。而閱讀史書的階段，則是完整的本心義理之實踐。史書乃記錄古人行事之精華，因此可以作爲一種借鑒以培養吾人正確生活態度，故朱子主張透過讀史，觀古人處事義理之得失。然而由於此時已沒有聖人作者的典範作爲引導，純是自己的發揮闡述，若沒有經過前面階段的閱讀以厚植義理修養，則無法掌握到讀史乃至其他書籍的義理價值。

〔註60〕 朱漢民、蕭永明：《宋代《四書》學與理學》，頁 258～279。

　　因此，就詮釋者的角度來分析，朱子在《五經》之前的閱讀乃採探求作者本意的態度，藉由對聖人本意的探索，開拓自己的義理認知。當透過循序漸進的為學次序之後，讀者之心可與聖人之意相合，這時便是讀書窮理所欲達致的本心義理完滿的真實呈現。但若僅止於此尚不足，格物致知是修齊治平的基礎，因此，若讀者在本心已趨近聖人之心的狀態下便停止應用，如此便與佛老相同，只是一己之學，重點必須在於將此已近圓滿的本心應用出來，因此《五經》之後的閱讀，則回到讀者詮釋論的立場，是由自己的義理思維去評價論斷其他書籍中的義理是否正確，如此一來，不只史冊，任何書籍皆可閱讀，《語類》云：「三代以下文字有得失，然而天理却在這邊自若也。要有主，覷得破，皆是學。」（《語類》，卷 11，頁 190）在理一分殊的架構中，任何書籍都有其所稟賦之義理存在，或顯或晦，顯者如經典，晦者如三代以下文字。而學習並無止境，經書閱讀階段可建立本心完備義理基礎，所謂「要有主」，便是強調必須要具備經書所顯示之義理，如此在閱讀其他書籍時，方能看破其不合義理之處，進而強化對義理價值的判斷。

　　分析朱子讀書三階段的重點及意涵之後，對於朱子《詩》、《書》學的定位便有更清楚的認識。但此處仍有一個問題必須釐清，當此讀書脈絡落實在朱子學術的研究上則會產生如此疑慮：上述脈絡是朱子在窮盡自己一生的研讀探討之後，所得出的結論，但回歸朱子自己的研究歷程時是否也符合這條脈絡？這個疑慮將導致最現實的問題，朱子雖然強調讀書的次序，但這不太可能是朱子自少年求學時便已秉持的想法，故朱子早年的著作未必是在《四書》的基礎上進行義理闡發的，那麼若以《四書》義理思想貫穿朱子《詩》、《書》義理時，便必須先釐清兩者成書時的順序。王懋竑（1668～1741）《朱熹年譜》錄《詩集傳》與《論語集注》、《孟子集注》同成於淳熙四年，而〈大學章句序〉及〈中庸章句序〉則寫定於淳熙十六年。依此看來，《詩集傳》的寫作當是與《四書章句集注》同時甚至更早，如此一來，對於朱子本身強調先《四書》後《詩》、《書》的為學路逕便不相符。但前文已指出，淳熙四年之《詩集傳》乃朱子早年從《序》之作，今本傳世之《詩集傳》至少是在朱子五十六歲左右撰成，而束景南則推斷《大學章句》及《中庸章句》可能在乾道八年便已完成草稿，淳熙四年則已具完稿，如此便與《論語集注》、《孟子集注》成於同時，後來雖陸續修改，但大體已成。至於《詩集傳》的成書，現今學者一般都已認為淳熙四年的《詩集傳》乃朱子早年解《詩》作品，並

非今本《詩集傳》。另外《文集》卷六十五所載訂定蔡沈之《書》稿改本，則多是慶元四年之後的著作，因此，就朱子這些著作的成書時間來看，《詩》、《書》著作均晚於《四書章句集注》，因此在思想形成上確實有可能受到《四書》中相關論《詩》、《書》觀點的啟發。故而無論是朱子自身所訂定爲學路徑或實際註解成書的歷程來看，朱子的《四書》學的成型確實先於《詩》、《書》學，因此欲討論朱子《詩》、《書》思想，以《四書》所論爲基礎，大致上並無問題，王步青（1672～1751）〈四書朱子本義匯參序〉便云：

> 朱子書之本義，則必折衷於《章句》、《集注》以爲斷。蓋朱子於《章句》嘗引溫公之言，謂平生精力盡在此書；於《集注》則謂某曾等稱過來，增減一字不得。此其於孔、曾、思、孟之微言大義，提要鈞元，精審愨實，蓋不復稍留毫髮憾矣。〔註61〕

將《四書》定位爲朱子學術的基礎，這是無庸置疑的，但回歸朱子讀書次序而言，朱子的《詩》、《書》學便成爲內聖之學建立基礎之後再延伸而出的閱讀，是將義理與現實展開磨合的閱讀首要過程，故而在此便形成一種探求義理的回溯模式：本是禮樂與義理合一的經書系統，由於受到時代的限制，制度的隔閡後，後人難以憑藉《五經》便可求得全體大用之理，因此朱子特揀選出表現義理較爲純粹的《四書》，以指示學者研讀立本的門徑。但在《四書》義理基礎建構之後，必須再返求《五經》乃至史書，探得其中義理與文明結合的本質，再落實在實際作爲中，以圖改造社會，再現三代世界。因此可以說，《四書》之後的閱讀，一方面是在擴充以《四書》爲基礎的義理，一方面也在於能夠透過這些已作爲基礎的義理，再藉由對經史制度的探討，進而應用到現實之中。因此，朱子的《詩》、《書》便成爲他藉《四書》奠定內聖基礎後，繼續擴充的首要經典，也是將義理落實在現實的吸收與試驗。故本論文便擬藉由這種回溯的讀書方法，考察朱子在《四書》及《詩》、《書》中所反映的義理思想，並透過義理這一範疇重新檢視朱子在《詩》、《書》學方面所開出的各種議題。

〔註61〕　〔清〕王步青：〈西書朱子本義匯參序〉，收錄於朱傑人編：《朱子全書》第27冊，頁702。

第三章　朱子《四書》學中的
《詩》《書》義理思想

第一節　朱子《四書》學的基本義理概念

　　朱子集結《四書》之目的主要在於提供研讀經學、探求義理的入門方法，而朱子之所以認為《四書》能夠具有這樣的性質，原因在於他強調此乃孔門弟子及其再傳弟子為延續道統的重要著作。《四書》雖是四本性質頗不相同的書籍，其中所探討的內容亦有差異，但均與孔孟等聖賢有密切關連，《論語》為孔門弟子記載孔子言行的直接記錄，其書基本提示了孔子對於仁、禮、德的價值規範，從而建立儒學範疇的基本關懷；《孟子》對心性問題的探討將儒學思想提昇到哲理研究的高度；《大學》則指示儒家由個人修身到治理天下的成德途徑，奠定儒學修身治世的規模；《中庸》則建構精微形上思想，使儒學天理觀得以具備基礎，故《四書》實具體而微地展示儒學下學上達價值的基本脈絡。朱子選擇為這四本書重作註解，目的即在於提供一條讀書窮理的標準程序：由《四書》而《五經》，再旁及史冊以至於無書不讀，從經書之理以擴展為聖人之理，完成內聖基礎之後，便能將格物所得之理進而運用於處理世間人倫秩序，從而再度建立理想社會。但《四書》之外，朱子對《五經》的重視亦不容忽視，《四書》乃孔門教學的直接記錄，而《五經》又經過孔子的刪削而確認其崇高地位，因此均是構成朱子讀書致知的基本讀物，朱子雖曾說《五經》得益較少，但得益少不等於毫無益處，《五經》至少是聖人傳世之作，是三代以前義理流行的結晶，不容小覷，只要能把握住從《四書》入

《五經》的探索次序，那麼《五經》亦將爲吾人所用。因此，欲探討朱子經學義理思想，《四書》中的基本義理概念便不容省略，尤其《詩》、《書》二經是直接接續在《四書》之後，脈絡之間更形密切。釐清朱子《四書》學所架構的基本義理思想，便可進而分析《詩》、《書》義理關懷，這是依循朱子讀書次序所建立的關連，故以下茲分六項目論述朱子《四書》學中所關注並開展的義理思想，以掌握朱子開展於其學術中的基本重點。

一、理同氣異

　　先秦儒家已建立儒學的基本關懷，但對於義理價值所出之根源的探討則明顯不足，孟子雖將天視爲心性義理所出，但僅爲泛論，未能成爲儒學討論重點；而接續其後的荀子卻視天爲自然之意，從根本上否定對形上思想的探究，再加上子貢曾稱孔子少言性與天道，在儒學最高聖人亦如是說的限制下，後世儒者多延續天道之人格形象，如董仲舒以天人意志詮釋上天之神格形象，此乃就原始思維的意志天形象所開展的論述，基本上未能就哲學內涵有更進一步的突破。然而宋儒在受到釋道的強大挑戰後，欲建構完整儒學思想體系，便不得不致力於完成形上天道思想，周敦頤《太極圖說》便以太極作爲世界的本源，而程顥則暢言「天理」二字爲自家體貼而出，並爲伊川接受發揚。到了朱子，在前賢的基礎之上更將性與天道的關係作出完整論述，朱子認爲天理是義理價值的最高根據及標準，世間一切理皆由天理而出。理的概念，乃宋儒逐步建立並開展而出，而朱子更將之貫徹於學說體系之中，以《四書章句集注》爲例，理即朱子解經的重要依據，朱子首先界定道即是理，《論語集注》〈里仁〉有云：「道者，事物當然之理。」〔註1〕《孟子集注》〈公孫丑上〉云：「道者，天理之自然。」〔註2〕《中庸章句》亦云：「道者，天理之當然，中而已矣。」〔註3〕在朱子所界定的名詞中，道是總體之理的代稱，而理則有時可指全體，有時又可指分殊，因爲理既可爲道之理一，又可分散賦於事物之中而爲理之分殊，故以理稱呼，更可顯示朱子之理的廣泛涵蓋及流通意義。除了以理指定道外，朱子亦將理擴大其範圍，如《大學章句》云：「至善，則事理當然之極也。」〔註4〕將至善設定爲理的最高表現。《中庸章

〔註 1〕　朱熹：《朱子全書・論語集注》，卷 3，頁 94。
〔註 2〕　〔宋〕朱熹：《孟子集注》，收錄於朱傑人編：《朱子全書》第 6 冊，卷 3，頁 282。
〔註 3〕　朱熹：《朱子全書・中庸章句》，頁 34。
〔註 4〕　〔宋〕朱熹：《大學章句》，收錄於朱傑人編：《朱子全書》第 6 冊，頁 16。

句》云：「聖人之德，渾然天理，眞實無妄，不待思勉而從容中道，則亦天之道也。」〔註5〕聖人是理的完滿呈現者，故即天道之代表。《論語集注》〈學而〉云：「仁者，愛之理，心之德也。」〔註6〕注〈爲政〉云：「禮，即理之節文也。」〔註7〕注〈里仁〉云：「義者，天理之所宜。」〔註8〕注〈衛靈公〉云：「德，謂義理之得於己者。」〔註9〕《孟子集注》〈盡心下〉云：「法者，天理之當然者也。」〔註10〕朱子將諸德與理連結，由此建構其理一分殊的理論架構。

朱子將理納入自己的學說體系，並使之作爲人性根源的依據，他說：「性，即理也。」〔註11〕「性者，人所受之天理。」〔註12〕朱子以性指萬物的本質，而其來源便是天理。天理原本流行於形上界，但可以下貫於萬物之中而成爲萬物之性。由於這是一直接的賦予過程，未再經過轉化，故天理與性理本質上是等同的，均爲純粹至善的代表。而人既得此性，便可作爲善行的根源及修養之依據，《中庸章句》即云：

> 首明道之本原出於天而不可易，其實體備於己而不可離，次言存養
> 省察之要，終言聖神功化之極。蓋欲學者於此反求諸身而自得之，
> 以去夫外誘之私，而充其本然之善。〔註13〕

道即天理，乃爲性的根源，而人類既有此稟賦，便可依之反求諸身而得其本然之善，進而上探天道，實現天人合一的理想。

朱子在確認天命之性作爲人所共有且普遍的本質之後，緊接著的工作是必須在經典之中找到根據。《孟子》對性與天的討論自然是此說最強而有力的支持，但問題卻出在《論語》載有「子曰：性相近，習相遠也」的一段對話作爲干擾。天命之性明明只有一種，人人所稟受者皆爲此義理之性，那麼便應是人同此心，心同此理，但孔子卻說性有相近，如此便表示每個人之本性仍有差異可言。那麼以天理爲人性共同根源的理論便有崩解之危險。而且就

〔註 5〕　朱熹：《朱子全書・中庸章句》，頁 48。
〔註 6〕　朱熹：《朱子全書・論語集注》，卷 1，頁 68。
〔註 7〕　朱熹：《朱子全書・論語集注》，卷 1，頁 76。
〔註 8〕　朱熹：《朱子全書・論語集注》，卷 2，頁 96。
〔註 9〕　朱熹：《朱子全書・論語集注》，卷 8，頁 203。
〔註 10〕　朱熹：《朱子全書・孟子集注》，卷 14，頁 454。
〔註 11〕　朱熹：《朱子全書・中庸章句》，頁 32。
〔註 12〕　朱熹：《朱子全書・論語集注》，卷 3，頁 103。
〔註 13〕　朱熹：《朱子全書・中庸章句》，頁 33～34。

義理之性內賦於人心而言，亦無法解釋本爲純粹至善的性，何以會在現實情境中導引出各種不同的偏差行爲，甚至於惡的產生。朱子爲兼顧聖人之言與現實狀況，提出氣質之性以解釋這些情形。氣質之性的說法主要由張載所提出，而朱子對氣質觀念的建立則來自於李侗（1088～1158）的教學，李侗教導朱子時，便特別強調人物之異在於氣質：「人得其秀而其靈，五常中和之氣所聚，禽獸得其偏而已，此其所以異也。」〔註14〕朱子接受李侗的說法，亦相當強調氣質的影響，因此，氣質之性便成爲朱子思想體系中爲孔子「性相近」之說所尋得的合理解釋，〔註15〕《論語集注》云：

> 此所謂性，兼氣質而言者也。氣質之性，固有美惡之不同矣。然以其初而言，則皆不甚相遠也，但習於善則善，習於惡則惡，於是始相遠耳。程子曰：「此言氣質之性，非言性之本也。若言其本，則性即是理，理無不善，孟子之言性善是也。何相近之有哉？」
> 〔註16〕

《孟子或問》亦云：

> 性之本體，理而已矣。情則性之動而有爲，才則性之具而能爲者也。性無形象聲臭之可形容也，故以二者言之，誠知二者之本善，則性之爲善必矣。曰：然則程子何以言才之有不善也？曰：此以其稟於氣者言之也。蓋性不自立，依氣而形，故形生質具，則性之在是者，爲氣所拘，而其理之爲善者，終不可得而變。但氣之不美者，則其情多流於不善，才亦有時而偏於不善，若其所以爲情與才之本然者，則初亦未嘗不善也。孟子、程子之說，所以小異而不害其爲同也。曰：孟子初未嘗有氣質之說也，孔子雖以性之相近而言，然亦不明言其爲氣質也。程、張之說，亦何所據而云乎？曰：孔子雖不言相近之爲氣質，然其於《易大傳》之言性，則皆與相近之云者不類，

〔註14〕　〔宋〕朱熹編：《延平答問》，收錄於朱傑人編：《朱子全書》第 13 冊，頁332。

〔註15〕　周天令認爲朱子提出氣質之性有調和孟荀的意味，其云：「朱子以『氣質之性』來界定人性，顯然有綜合孟荀之意。」見周天令：《朱子道德哲學研究》（臺北：文津出版社，1999 年 11 月），頁 29。但荀子非朱子學術思想關懷的主體，朱子更在意的是如何能夠使孔子的原意與其思想互相調和，孟子之性善論自然爲朱子所接受，卻無法解釋孔子「性相近」的說法，因此與其說朱子意在調和孟荀，未若說是在調和孔孟。

〔註16〕　朱熹：《朱子全書·論語集注》，卷 9，頁 219。

是固不無二者之分矣。但聖人於此，蓋罕言之，而弟子有不得而聞
者，故其傳止是，而無以互相發明耳。〔註17〕

性既是直承天理而來，當不可能有所謂惡性的轉化，故朱子另提出氣質之性
以作爲人欲形成的原因。朱子認爲宇宙之中同時存在理與氣，理爲形而上，
圓滿至善；氣則爲形而下，可結聚而成形體。當氣凝聚成形時，便會形成萬
物之殊別。然而就在氣成形之時，理亦隨之內賦於氣之中，但由於氣的性質
有清明昏濁參差不齊之差異，於是本爲至善的理，便會受到氣質遮蔽而無法
展現其完整價值。

　　從天賦人性的過程來看，義理之性是本源，受到氣質遮蔽從而蒙蔽本性
之完美便成爲氣質之性。氣質是人欲的來源，人欲一旦勝過義理之性，便會
流於惡。因此變化氣質的目的就是澄清受氣質蒙蔽的義理之性，使其完全朗
現並發揮出至善本質，《孟子集注》云：

> 仁義根於人心之固有，天理之公也。利心生於物我之相形，人欲之
> 私也。循天理，則不求利而自無不利；殉人欲，則求利未得而害已
> 隨之。〔註18〕

《語類》亦有云：

> 性只是理。然無那天氣地質，則此理沒安頓處。但得氣之清明則不
> 蔽錮，此理順發出來。蔽錮少者，發出來天理勝；蔽錮多者，則私
> 欲勝，便見得本原之性無有不善。孟子所謂性善，周子所謂純粹至
> 善，程子所謂性之本，與夫反本窮源之性，是也。只被氣質有昏濁，
> 則隔了。（《語類》，卷4，頁66）

由於氣質人欲的影響，內賦於人的義理之性便無法完整顯現，那麼克服人欲
便成爲反求天理的必要功夫，《中庸章句》云：

> 誠者，眞實無妄之謂，天理之本然也。誠之者，未能眞實無妄，而
> 欲其眞實無妄之謂，人事之當然也。聖人之德，渾然天理，眞實無
> 妄，不待思勉而從容中道，則亦天之道也。未至於聖，則不能無人
> 欲之私，而其爲德不能皆實。故未能不思而得，則必擇善，然後可
> 以明善；未能不勉而中，則必固執，然後可以誠身，此則所謂人之

〔註17〕　〔宋〕朱熹：《孟子或問》，收錄於朱傑人編：《朱子全書》第6冊，卷11，頁
　　　　　981～982。
〔註18〕　朱熹：《朱子全書‧孟子集注》，卷1，頁247。

道也。〔註19〕

氣質之性說法的形成，調整了孔子與孟子之間的歧異，朱子以爲孔子所言「性相近」乃就氣質之性而言，是著眼於現實情境中人性在表現上的不同。但從另一方面來看，義理之性雖受氣質遮蔽，但氣質有清明混濁之異，稟得氣清者，義理本性便可有鮮明的闡發，稟得氣濁者，甚至會讓義理之性幾乎無法產生作用，而以人欲作主，《論語集注》便云：「蓋心之全德，莫非天理，而亦不能不壞於人欲。」〔註20〕那麼氣質人欲的形成，便也使變化氣質之修養功夫成爲必要。而性理雖是完整的一，但實際表現在事物之上卻因氣質人欲的影響而有著分殊的不同，由此又可導出朱子「理一分殊」的思想。

二、理一分殊

「理一分殊」亦爲李侗教學時指示朱子必須關注的觀念。「理一分殊」一詞首先見於程伊川與楊時（1053～1135）的問答，《近思錄》本註有記云：

> 楊中立問曰：「〈西銘〉言體而不及用，恐其流遂至於兼愛，何如？」
> 伊川先生曰：「橫渠立言，誠有過者，乃在《正蒙》。〈西銘〉之書，推理以存義，擴前聖所未發，與孟子性善養氣之論同功，豈墨氏之比哉？〈西銘〉明理一而分殊，墨氏則二本而無分。分殊之蔽，私勝而失仁。無分之罪，兼愛而無義。分立而推理一，以止私勝之流，仁之方也。無別而迷兼愛，以至於無父之極，義之賊也。子（子）比而同之，過矣！且彼欲使人推而行之，本爲用也，反謂不及，不亦異乎！」〔註21〕

伊川此處所論之理一分殊，其概念與朱子實有差異。據陳榮捷所言，伊川「理一分殊」之分應讀去聲，乃責任之意。〔註22〕其理一分殊指分殊之物各有其責任，與朱子天理分散之說不同。在朱子理一分殊的體系中，作爲最高指導原則的天理是一，代表人倫秩序的總體意涵，而此天理又分散於眾物之中而成爲性理。分散於具體事實之中的理並非瓜分天理之部分，而是完全承襲天

〔註19〕 朱熹：《朱子全書·中庸章句》，頁 48。
〔註20〕 朱熹：《朱子全書·論語集注》，卷 6，頁 167。
〔註21〕 陳榮捷注：《近思錄詳註集評》（臺北：臺灣學生書局，1992 年 8 月），卷 2，頁 152～153。
〔註22〕 陳榮捷云：「然理一分殊觀念，實爲程子所新創。……無分指墨子兼愛，不承認於君於父有特殊之關係也。故『分』字讀『附問切』，如職分之分，非分別之分。通常理一分殊之論，指倫理而言。」參陳榮捷：《朱熹》，頁 62～63。

理的整體性。天理既無分別地下貫於人與物之中，那麼人物之性便不應有異，但就現實關係層面而言，性由於受到氣質的遮蔽，故每個人乃至於每種事物對於其所稟賦之理會有不同的呈現，《孟子集注》云：

> 性者，人之所得於天之理也；生者，人之所得於天之氣也。性，形而上者也；氣，形之下者也。人物之生，莫不有是性，亦莫不有是氣。然以氣言之，則知覺運動，人與物若不異也；以理言之，則仁義禮智之稟，豈物之所得而全哉？此人之性所以無不善，而為萬物之靈也。〔註23〕

朱子認為人為最靈，故所稟受之理最齊全，而物則是得其偏，《語類》云：「如牛之性順，馬之性健，即健順之性。虎狼之仁，螻蟻之義，即五常之性。但只稟得來少，不似人稟得來全耳。」（《語類》，卷 62，頁 1490）但所謂偏全之異並非指稟受之性理有異，而是就表現層面而言，陳來便分析：

> 按照朱熹的理稟有偏全思想，仁義禮智仍然普遍內在於一切品物，只是性理似應有質和量的雙重規定。就是說，人與物都無例外地稟有仁義禮智四德，但物因氣稟之偏，故所稟受的仁義禮智有偏少，或仁少，或義少，或禮少，或智少，或其中二德少，或其中三德少，或四德皆少。然雖偏或少、仁義禮智四種德性總還是有的。〔註24〕

性理乃萬物畢同，然氣質若遮蔽了某種義理，便會造成該種義理實現困難，故萬物之理才會在現實層面上有差別可言。

人為萬物之靈，氣質相較於他物而言更為清明，也更有顯現性理的可能。但單就人類而言，亦有聖人及愚人之差別，即使所稟受性理相同，但不同的人受限於各自的氣質，對於義理之性的顯現亦有不同的偏重，〈玉山講義〉云：

> 氣之為物，有清濁昏明之不同。稟其清明之氣而無物慾之累，則為聖；稟其清明而未純全，則未免微有物慾之累，而能克以去之，則為賢；稟其昏濁之氣，又為物慾之所蔽而不能去，則為愚，為不肖。
> （《文集》，卷 74，頁 3735）

《語類》亦有云：

> 稟得氣清者，性便在清氣之中，這清氣不隔蔽那善；稟得氣濁者，性在濁氣之中，為濁氣所蔽。（《語類》，卷 94，頁 2381）

〔註23〕 朱熹：《朱子全書‧孟子集注》，卷 11，頁 396。
〔註24〕 陳來：《朱子哲學研究》（上海華東師範大學出版社，2008 年 5 月），頁 135。

因此，人物所稟賦之性理雖相同，但並非在表現上能夠完全無限制的傳達出義理之性的本然狀態。而且當義理運用在實際人倫關係中亦會表現出不同的理式及作用，如父子有親、君臣有義、夫婦有別、長幼有序、朋友有信等，《語類》便云：「理只是這一箇。道理則同，其分不同。君臣有君臣之理，父子有父子之理。」（《語類》，卷 6，頁 99）又云：「所居之位不同，則其理之用不一。如為君須仁，為臣須敬，為子須孝，為父須慈。」（《語類》，卷 18，頁 398）在社會關係脈絡中，每個人各有不同的相對地位，所面對的義務各自不同，故體現為不同的行為規範，這是從倫理學所推展出的分殊之理。

朱子總括各種義理類型之後，依孟子之分以仁、義、禮、智四種元德概括性理之體用，〈答鄭子上〉第十五通云：

> 理一也，以其實有，故謂之誠。以其體言，則有仁、義、禮、智之實；以其用言，則有惻隱、羞惡、恭敬、是非之實。（《文集》，卷56，頁 2725）

〈答方賓王〉第三通亦云：

> 仁、義、禮、智，同具於性，而其體渾然，莫得而見；至於感物而動，然後見其惻隱、羞惡、辭遜、是非之用，而仁、義、禮、智之端，於此形焉，乃所謂情。（《文集》，卷 56，頁 2688～2689）

仁、義、禮、智雖為四種不同德目，但全部都為性理之內容，如此，多與一乃有其統攝與分殊的關連，林維杰云：

> 從倫理向度切入，理可以為多，多理並非虛言。不過，對多理之職分終究必須考慮：不同的倫理規範與要求之間，是否存在著統一的、最高的與最終的原則？如果倫理學應照形上學標準來釐訂，則倫理的諸多職分或義務也可以收攝到最高的一理，由朱子所言「理只是這一箇。道理則同，其分不同」以及「合天地萬物而言，只是一箇理」來看，這個打通兩進路的最終原則是存在的。因而多理雖非虛說（就職分義務而言），但仍是權表，因為所有的「多」最終在倫理與存有涵上仍提煉收縮於「一」。〔註25〕

所有的多必須提煉收縮於一，意即所有的分殊之理必須統攝於理一的整體觀照之下進行掌握，如此方能確立理一與分殊的連結。

然而理一與分殊之間雖有分散與統攝的理論關係，但朱子認為真正該關

〔註25〕 林維杰：《朱熹與經典詮釋》，頁 10。

注者應在於分殊之處，《語類》載：「或問『理一分殊』。曰：『聖人未嘗言理一，多只言分殊，蓋能於分殊中事事物物，頭頭項項，理會得其當然，然後方知理本一貫。』」（《語類》，卷 27，頁 677～678）藉由關注分散之理，目的在於回復一貫之理。但分散之後的眾理該如何統攝才能復達致理一之全？理一畢竟是形上之理，雖可爲形下依據，但以天道名之卻總有飄渺難於掌握之感，因此朱子又特別提出「仁」以概括諸德，《論語集注》曾用「愛之理，心之德」〔註 26〕作爲仁之性質的描述。但仁的作用不僅於此，更是唯一足以代表性理，而爲天道具體而微之元德，《語類》云：「仁未能盡得道體，道則平鋪地散在裏，仁固未能盡得。然仁卻是足以該道之體。」（《語類》，卷 6，頁 122）仁雖是理一下的分殊之理，不能盡得道體，但卻是最足以體現、概括整體之道的元德。也就是說，在仁義禮智四元德中，仁是最具有整體性的意涵，是指導義、禮、智的最主要元德，〈答江元適〉第三通云：

> 熹嘗謂天命之性，流行發用，見於日用之間，無一息之不然，無一物之不體，其大端全體，即所謂仁。（《文集》，卷 38，頁 1589）

《語類》亦云：

> 當來得於天者只是箇仁，所以爲心之全體。卻自仁中分四界子：一界子上是仁之仁，一界子是仁之義，一界子是仁之禮，一界子是仁之智。一箇物事，四腳撐在裡面，唯仁兼統之。心裏只有此四物，萬事萬物皆自此出。（《語類》，卷 6，頁 115）

> 「仁」字須兼義禮智看，方看得出。仁者，仁之本體；禮者，仁之節文；義者，仁之斷制；知者，仁之分別。……自四而兩，兩而一，則統之有宗，會之有元。（《語類》，卷 6，頁 109）

朱子認爲仁之爲德，足以賅含義禮智而爲其本體，他並喜歡舉春夏秋冬來說明仁義禮智的性質，《語類》載：

> 仁是箇生底意思，如四時之有春。彼其長於夏，遂於秋，成於冬，雖各具氣候，然春生之氣皆通貫於其中。仁便有箇動而善之意。如動而有禮，凡其辭遜皆禮也；然動而禮之善者，則仁也。曰義，曰智，莫不皆然。（《語類》，卷 20，頁 474）

義禮智的實行必須以仁爲準。因此，仁之達成便成爲「分殊」之理得以復求完整性理的途徑。

〔註 26〕 朱熹：《朱子全書・論語集注》，卷 1，頁 68。

　　仁既可涵括義禮智，那麼義禮智之定義就必須置於仁的領域中探討。義者，宜也，這是自古以來的解釋，著重於行爲層面而言，行爲合宜即是義，故朱子注《孟子》〈告子上〉「義，人路也」便云：「義者，行事之宜。」〔註27〕但行事之宜的解釋不容易看出與仁的關係，故朱子在《論語集注》又補充另一種說法，指義爲「天理之所宜」〔註28〕，天理本無不宜，故以天理之所宜說義，便指義乃以天理爲內涵，如此便與單純行爲之宜有所區隔，朱子云：「以義爲見於所行，便是告子義外矣。義在內，不在外。義所以度事，亦是心度之。」（《語類》，卷51，頁1227）可見義雖是表現在行爲層面，但須以心度之，而心又必須以性理爲體，故義即是以理爲本，如此便與仁同源。朱子論《孟子》〈梁惠王〉「賊仁者謂之賊，賊義者謂之殘」云：「賊仁便是將三綱五常，天敘之典，天秩之理，一齊壞了。義隨事制宜。賊義，只是於此一事不是，更有他事在。」（《語類》，卷51，頁1227）又云：「賊義是就一事上說，賊仁是就心上說。其實賊義，便是那賊仁底，但分而言之則如此。」（《語類》，卷51，頁1228）仁所包甚廣，一切人倫道理皆爲仁所蘊涵，而義則專就事而言，也就是仁的表現，故義可爲仁，仁包得義。不過，義相較於仁，更有一種剛斷之意，「義自是箇斷制底氣象，有凜然不可犯處。」（《語類》，卷22，頁520）「義有剛決意思。」（《語類》，卷45，頁1159）相較於義的剛斷，仁則有寬厚之意，《語類》中載朱子與弟子討論《論語》〈里仁〉「我未見好仁者」章時，有云：「好仁，則於仁與禮上多些；惡不仁，則於義與智上多些。……好仁底人，是箇溫柔寬厚底資質。」（《語類》，卷26，頁652）仁能包義禮智，又似春生之氣貫穿諸德，故必須有寬容之氣象，但表現於事時，則要以「義」展現出對義理的堅持及決斷，方免於優柔寡斷。

　　至於禮的定義，《論語集注》有云：「禮者，天理之節文，人事之儀則也。」〔註29〕朱子這番說明乃貫穿禮之體用而言。天理乃禮之體，而儀則乃爲禮之用，故禮是溝通天理與人事的重要元素，也就是天理在人世間所形成的制度儀節，而制度儀節既以理爲體，那麼禮之內涵的重要性便超越外在形式之規範。朱子注〈顏淵〉「顏淵問仁」一章云：

〔註27〕　朱熹：《朱子全書·孟子集注》，卷11，頁405。
〔註28〕　朱熹：《朱子全書·論語集注》，卷2，頁96。
〔註29〕　朱熹：《朱子全書·論語集注》，卷1，頁72。

　　仁者，本心之全德。……禮者，天理之節文也。爲仁者，所以全其
　　心之德也。蓋心之全德，莫非天理，而亦不能不壞於人欲。故爲仁
　　者必有以勝私欲而復於禮，則事皆天理，而本心之德復全於我矣。
〔註30〕

此處又以「天理之節文」釋禮，而仁亦是天理之總涵，那麼禮與仁的關係就
必須從天理角度切入，以區別就儀節而言，屬於事上的禮。故朱子所說的禮
實包含有二意，一是就已發上講，禮便是禮儀，是外在形式；但外在形式的
禮儀必須有其內涵爲基礎，那就是禮之義理本質，故朱子乃云禮爲天理之節
文，亦即禮是天理的表現，故禮是兼具體與用而言。《論語集注》又云：「非
禮者，己之私也。……人心之所以爲主，而勝私復禮之機也，私勝，則動容
周旋無不中禮，而日用之間莫非天理之流行矣。」〔註31〕禮不可以私意爲主，
孔子云：「克己復禮爲仁」，當克盡己私之後，一切歸於禮，如此便是仁。然
就事上言已有義之德，但一切又要歸於禮，那麼義、禮關係又如何？《孟子
集注》引孔氏之言云：「義之所在，禮有時而變。」〔註32〕義的道德價值畢竟
高於禮，故已形式化的禮若不能符合義，則禮必須隨之改變。當然，若禮並
不違反義，那麼義的實行便必須限制在禮的範圍內，約之以禮，亦即合宜的
行爲仍須合禮。

　　智的作用在四元德之中比較特殊，仁、義、禮均可對應於事而言，智則
不然，〈答陳器之〉第二通有云：「『智』則無事可爲，但分別其爲是爲非爾。」
（《文集》，卷58，頁2827））朱子的智主要是指道德層次的知，但這種智是
用來選擇如何表現仁的作爲而存在。其注《論語》〈里仁〉「里仁爲美，擇不
處仁，焉得知？」云：「里有仁厚之俗爲美。擇里而不居於是焉，則失其是
非之本心，而不得爲知矣。」〔註33〕智並非一般權謀思慮之智，這種智只會
以私意爲重，主於利己，但性理之智則是以仁爲主，主爲利仁，朱子注〈里
仁〉「不仁者，不可以久處約」章云：「知者則利於仁而不易所守。」〔註34〕
故智是必須利仁，亦即一切以智爲本質的思慮都須以仁爲首要關懷，《語類》
有云：

〔註30〕　朱熹：《朱子全書‧論語集注》，卷12，頁167。
〔註31〕　朱熹：《朱子全書‧論語集注》，卷12，頁167。
〔註32〕　朱熹：《朱子全書‧孟子集注》，卷4，頁305。
〔註33〕　朱熹：《朱子全書‧論語集注》，卷2，頁92。
〔註34〕　朱熹：《朱子全書‧論語集注》，卷2，頁92。

> 智更是截然，更是收斂。如知得是，知得非，知得便了，更無作用，
> 不似仁義禮三者有作用。智只是知得了，便交付惻隱、羞惡、辭遜
> 三者，他那箇更收斂得快。（《語類》，卷6，頁106～107）
> 智一知便了，愈是束斂。孟子曰：「是非之心，智也。」纔知得是而
> 愛，非而惡，便交過仁義去了。（《語類》，卷17，頁374）

智是處事的首要媒介，是一種思慮的作爲，主要用來判斷是非，而處置事務
時以智所作出的決定，仍必須交給仁義作裁斷，若不合仁義，便必須予以捨
棄。因此，仁與智須相輔相成，方可成就行爲的價值，〈答陳器之〉第二通云：
「『仁』爲四端之首，而『智』則能成始，能成終。」（《文集》，卷58，頁2827）
《語類》又云：「智所以近乎仁者，便是四端循環處。若無這智，便起這仁不
得。」（《語類》，卷20，頁477）因此，仁與智必須互爲搭配。智是透過思慮
提供安頓衝突情境的解決方式，就這方面而言，智亦具有整體性的意義，「智
亦可以包四者，知之在先故也。」（《語類》，卷20，頁474）而仁、知搭配之
後，其尋得的解決方式必須是合宜之法，也就是義，《語類》云：「須是仁知
具，內外合，然後有箇『時措之宜』。」（《語類》，卷64，頁1581）麼仁義禮
智合併運用的程式便爲：以「智」思考方法，以「仁」爲準斷，再表現爲符
合時措之宜的「義」，並以「禮」出之，如此便完成仁義禮智四德在實際情境
中的運用體系。

　　「理一分殊」概念雖並非由《四書》而來，但透過朱子的註解，將「理
一分殊」的架構納入《四書》體系之中，於是「理一分殊」便成爲朱子眼中
《四書》相當重要的思想體系，並成爲解釋世界存在結構的理論，因此，分
析朱子《四書》學乃至其他學術思想，均必須切實掌握朱子「理一分殊」的
完整概念。如《中庸》第三十章云：「萬物並育而不相害，道並行而不相悖，
小德川流，大德敦化，此天地之所以爲大也。」何謂小德、大德？鄭玄以爲
乃諸侯、天子之分，其云：「小德川流，浸潤萌芽，喻諸侯也；大德敦化，厚
生萬物，喻天子也。」〔註35〕孔穎達從《春秋》的功用舉例言之：「小德川流，
大德敦化者，言孔子所作《春秋》，若以諸侯小德言之，如川水之流，侵潤萌
芽；若以天子大德言之，則仁愛敦厚，化生萬物也。」〔註36〕然朱子《中庸
章句》則從理一分殊角度闡述「小德」與「大德」之差異：

〔註35〕阮元校勘：《禮記正義》，卷53，頁13上／3546。
〔註36〕阮元校勘：《禮記正義》，卷53，頁16上／3547。

> 天覆地載，萬物並育於其間而不相害；四時日月，錯行代明而不相
> 悖。所以不害不悖者，小德之川流；所以並育並行者，大德之敦化。
> 小德者，全體之分；大德者，萬殊之本。川流者，如川之流，脈絡
> 分明而往不息也。敦化者，敦厚其化，根本盛大而出無窮也。此言
> 天地之道。〔註37〕

朱子以爲「大德」之所以大，乃因「大德」爲眾理之本，而「小德」則是分
殊之理，這是藉理一分殊重新詮釋後的說法。又如朱子解〈里仁〉「吾道一以
貫之」章時云：

> 夫子之一理渾然而泛應曲當，譬則天地之至誠無息，而萬物各得其
> 所也。……至誠無息者，道之體也，萬殊之所以一本也；萬物各得
> 其所者，道之用也，一本之所以萬殊也。〔註38〕

邢昺（932～1010）疏解此段文句時，亦是從一理萬理的關係論之：「夫子之
道，惟以忠恕一理以統天下萬事之理。」邢昺將忠恕之理視爲可應對其他眾
理者，佃本質上忠恕之理與天下之理是有差異的，而朱子則由理一分殊的角
度處理「一以貫之」的問題，指出孔子一理渾然，至誠無息，此即萬殊所本
之渾然天理；而萬物各得其所則爲一本萬殊。很明顯，朱子完全歧出於《論
語》文本之外，所謂至誠無息，萬物得所之說根本不是依據於文本文字的闡
述，而是朱子「理一分殊」思想的藉題發揮。

　　朱子理一分殊思想應用的相當廣泛，除宇宙論及倫理學的開展外，經典
的作用亦符合完整義理的分殊體系，《語類》云：

> 《論語》是每日零碎問。譬如大海也是水，一勺也是水。所說千言
> 萬語，皆是一理。須是透得，則推之其他，道理皆通。(《語類》，卷
> 19，頁428)

又朱子注〈滕文公上〉「孟子道性善，言必稱堯舜。」云：

> 愚按：孟子之言性善，始見於此，而詳具於〈告子〉之篇。然默識
> 而旁通之，則七篇之中，無非此理。其所以擴前聖之未發，而有功
> 於聖人之門。〔註39〕

依照朱子這種思維來看，理一分殊不只表現在天道之分散爲仁義禮智，亦不

〔註37〕　朱熹：《朱子全書・中庸章句》，頁56。
〔註38〕　朱熹：《朱子全書・論語集注》，卷2，頁96。
〔註39〕　朱熹：《朱子全書・孟子集注》，卷5，頁307。

只是倫理學上藉分殊反推理一，就經典的形成而言，群經代表聖人之意，而聖人本意渾然一體，故象徵理一，但經書作為聖人之意的載籍，卻被分割為《四書》、《五經》，故各經就其相對於聖人本意而言，亦為分殊之理，因此朱子建立讀書次序，由《四書》而《五經》，經過兩次詮釋迴圈之後，便可深化完善吾心之義理，那麼閱讀各經，便是逐步由分殊邁向理一的方法，而方法又寓諸實踐，故又可發展至功夫論層次，而各經便如《論語》一樣，雖說千言萬語，皆是一理；然就現實層面而言，此一理又因經書重點不同或受限於其他因素，因而就理論而言雖是一理，但實際顯示卻是分殊，每部經所包含之內容不同，所呈現的理式亦不同，亦是個別，又可指向全體，由此而言，《詩》、《書》的性質雖不同於《四書》及其他經典，但仍為閱讀工夫中達致完滿義理所不可或缺的部分。

三、心統性情

朱子所理解之性乃一種「無情意，無計度，無造作」（《語類》，卷 1，頁 3）的不自我作用之理，此理必須掛搭於氣上始得顯現其本質，但氣質卻有清明混濁之異，故表現時便有各種理式之差異。在這樣的架構下，義理之性便屬於被動性質，性理等於是被拋入世界之中，無法掌控自身，以故牟宗三直指朱子之性為「只存有而不活動，無創造妙運之實現義」〔註40〕的他律道德。朱子哲學架構中的性理確實頗有這種傾向，性理不活動確實有可能導致性理無法成為道德動力，而朱子認為能使性理產生實現動力之關鍵在於「氣之靈」的心之知覺器官，《語類》云：「心之知覺，又是那氣之虛靈底。聰明視聽，作為運用，皆是有這知覺，方運用得這道理。」（《語類》，卷 60，頁 1430）心是知覺，能運用理，故心比性更顯主體性意味，朱子於是借用張載「心統性情」作為溝通主體與性理的系統，認為心既能涵蓋性，亦能兼主情。「心統性情」雖為張載首先提出的觀念，但張載並未清楚說明其內涵，朱子亦非一開始便接受其說，而是對心性問題有過一番苦思探索。

朱子年青時從學於李侗，李侗師承羅從彥（1072～1135），乃楊時一派，史稱道南學派。此派極為推崇《中庸》哲學，尤其關注「已發未發」之說，而體驗未發即成為此派功夫主旨。朱子形容李侗之教學為「危坐終日，以驗夫喜怒哀樂未發之前氣象為如何，而求所謂『中』者。」（《文集》〈延平先生

〔註40〕 牟宗三：《心體與性體》第 1 冊（臺北：臺灣學生書局，1996 年 5 月），頁 93。

李公行狀〉，卷97，頁4753）「大抵令於靜中體認大本未發時氣象分明，即處事應物自然中節，此乃龜山門下相傳指訣。」（《文集》〈答何叔京〉第二通，卷40，頁1699）所謂體驗未發，即是要求超越一切思維情感，以達到一種特殊的心理境界，成功的體驗者往往會獲得一種與外部世界融爲一體的渾然感受。然而由於未發體驗有極大之偶發性及神祕感，難以通過口語或一般規範傳授，李侗曾努力引導朱子向體驗未發這條路發展，但朱子始終無法領悟這種神祕經驗，他自云：「當時既不領略，後來又不深思。」（《文集》〈答林擇之〉，卷43，頁1901）於是朱子不得不放棄直覺體驗領悟之路，而從哲學思維探求已發未發之旨，〈中和舊說序〉記錄朱子的心路歷程云：

> 余蚤從延平李先生學，受《中庸》之書，求喜怒哀樂未發之旨，未達，而先生沒。余竊自悼其不敏，若窮人之無歸。聞張欽夫得衡山胡氏學，則往從而問焉，欽夫告余以所聞，余亦未之省也。退而沈思，殆忘寢食，一日喟然嘆曰：人自嬰兒以至老死，雖語默動靜之不同，然其大體，莫非已發，特其未發者爲未嘗發爾。自此不復有疑，以爲《中庸》之旨，果不外乎此矣！（《文集》，卷75，頁3786）

朱子在放棄李侗教法之後，便轉向與張栻討論心性問題，並進而接受湖湘學派的說法。朱子此時認爲人自出生以至老死，心體總是流行而不間斷，隨時都處於已發狀態，而未發時則不爲心之所屬，不可指心，乃是性。只有性才是寂然不動的未發，這種思想可概括爲「心爲已發，性爲未發」。朱子領悟此說之後，隨即與張栻等人通書討論，以爲雖然與二程之說稍有砥觸，亦是少作失傳而不之信也，甚至寫下著名詩句「問渠那得清如許，爲有源頭活水來。」（《文集》〈觀書有感〉，卷2，頁73）慶幸自己的領悟。

乾道三年，朱子專程探訪張栻，進一步理解湖湘學派先察識後涵養之說，朱子雖於此時接受張栻的觀點，但對於湖湘學者「以心說心」，並將察識與操存分隔兩段的說法卻有疑慮，因此也種下朱子日後再次領悟新說的契機。乾道己丑之春，朱子與蔡元定討論之際，忽然起疑，當下立即取程氏遺書閱讀，不出幾行，便渙然冰釋，關於這段過程，〈中和舊說序〉亦有描述：

> 乾道己丑之春，爲友人蔡季通言之，問辨之際，予忽自疑斯理也，雖吾之所默識，然亦未有不可以告人者。今析之如此，其糾紛而難明也；聽之如此，其冥迷而難喻也。意者乾坤易簡之理，人心所同然者，殆不如是。而程子之言，出其門人高弟之手，亦不應一切謬

誤，以至於此。然則予之所自信者，其無乃反自誤乎？則復取程氏
書，虛心平氣而徐讀之，未及數行，凍解冰釋，然後知情性之本然，
聖賢之微旨，其平正明白乃如此。(《文集》，卷75，頁3786)

朱子此番領悟一般稱之爲「中和新悟」或「己丑之悟」，他並寫下〈已發未發
說〉一文以闡述新說大旨：

《中庸》「未發、已發」之義，前此認得此心流行之體，又因程子「凡
言心者，皆指已發」之云，遂目心爲已發，而以性爲未發之中，自
以爲安矣。比觀程子《文集》、《遺書》，見其所論多不符合，因再思
之，乃知前日之說，非惟心性之實未始有差，而「未發、已發」，命
名未當，且於日用之際，欠却本領一段工夫，蓋所失者，不但文義
之間而已。……右據此諸說，皆以思慮未萌、事物未至之時，爲喜
怒哀樂之未發。當此之時，即是心體流行，寂然不動之處，而天命
之性體段具焉，以其無過不及，不偏不倚，故謂之「中」；然已是就
心體流行處見，故直謂之「性」則不可。……未發之中，本體自然，
不須窮索，但當此之時，敬以持之，使此氣象常存而不失，則自此
而發者，其必中節矣。此日用之際，本領工夫，其曰「却於已發之
處觀之」，所以察其端倪之動，而致擴充之功也。(《文集》，卷67，
頁3375～3377)

〈與湖南諸公論中和第一書〉亦云：

按《文集》、《遺書》諸說，似皆以思慮未萌，事物未至之時，爲喜
怒哀樂之未發，當此之時，即是此心寂然不動之體，而天命之性，
當體具焉，以其無過不及，不偏不倚，故謂之「中」；及其感而遂通
天下之故，則喜怒哀樂之性發焉，而心之用可見，以其無不中節，
無所乖戾，故謂之「和」，此則人心之正，而情性之德然也。(《文集》，
卷64，頁3229)

朱子新悟的重點在於擴充了「心」的功能。原本在丙戌之悟時，朱子認爲心
只是已發的狀態，與未發無涉。己丑之悟後，朱子重新界定心、性、情的義
涵，性仍是未發時的本體，繼續沿襲以前的說法，但朱子將心爲已發改成情
爲已發，並進一步擴充心的功能，認爲心可以涵蓋性與情，兼容已發與未發，
朱子云：「心是包得這兩箇物事。性是心之體，情是心之用。」(《語類》，卷
119，頁2867) 在新說中，體用關係雖仍存在，但把體用之主體設定爲心，心

不僅可兼性情，亦可主性情，「性是體，情是用。性情皆出於心，故心能統之。統，如統兵之『統』，言有以主之也。」（《語類》，卷98，頁2513）朱子「心統性情」新說特別凸顯「心」的作用，心代表人的主體價值及作用，相較於舊說，心只能管照已發，對於未發之性並無任何導引功能，如此便有將心、性二分，從而具有切斷天理與主體連繫的危險，而中和新說則大幅提升心的功能及作用，成爲性情的主宰，也由此更提昇主體的價值。

四、格物致知

朱子奠定心性的關係之後，便將目標轉向致力於修養功夫體系的建立。依朱子所言，心是氣之靈，雖與理相對，卻能夠統攝性理，只是由於氣質的遮蔽，欲使主體之心完全朗現性理的圓滿價值，必須有一套功夫，使心能顯發其明，對此，朱子依據《大學》八條目之程序，提出「格物致知」說。朱子格物致知思想的產生肇端於二程，程顥云：「『致知在格物』。格，至也。窮理而至於物，則物理盡。」〔註41〕程頤則說：「『致知在格物』。格，至也。物，事也。事皆有理，至其理，乃格物也。然致知在所養，養知莫過於寡欲二字。」〔註42〕從二程的解釋來看，他們有把格物、致知分開的傾向。而朱子亦繼承以格爲至的解釋，〔註43〕並有所發揮，《大學章句》云：「致，推極也。知，猶識也，推極吾之知識，欲其所知無不盡也。格，至也，物猶事也，窮至事物之理，欲其極處無不到也。」〔註44〕朱子甚至認爲《大學》缺漏了解釋格物致知一段經文，故作〈格致補傳〉云：

> 所謂致知在格物者，言欲致吾之知，在即物而窮其理也。蓋人心之

〔註41〕 王孝魚點校：《二程集‧河南程氏遺書》，卷2上，頁21。

〔註42〕 王孝魚點校：《二程集‧河南程氏外書》，卷2，頁365。

〔註43〕 以格爲至曾引起後儒質疑，王陽明云：「如以『至』字爲義者，必曰窮至事物之理，而後其說始通。是其用功之要全在一『窮』字，用力之地全在一『理』字，若上去一『窮』，下去一『理』字，而直曰『致知在至物』，其可通乎？」〔明〕王守仁撰，吳光等編校：《王陽明全集》（上海：上海古籍出版社，1992年12月），卷2，頁48。以格爲至確實不夠突顯窮究道理的工夫意，陳來亦云：「按程朱說，凡物皆有理，理即在物中，故言物不必更言其理，此說雖爲牽強，尚可爲說。但窮理之『窮』意仍無著落，格、至皆無窮索之意，而極盡云者，只可言窮之達於極盡，畢竟極無窮索之意。」陳來：《朱子哲學研究》，頁286。程朱等以至訓格，哲學意涵不足，其意非以至爲至物，應爲窮至之意，此乃詁訓之未詳，仍無損於朱子格物窮理的實際內容。

〔註44〕 朱熹：《朱子全書‧大學章句》，頁17。

靈莫不有知，而天下之物莫不有理。惟於理有未窮，故其知有不盡也。是以大學始教，必使學者即凡天下之物，莫不因其已知之理而益窮之，以求至乎其極。至於用力之久，而一旦豁然貫通焉，則眾物之表裡精粗無不到，而吾心之全體大用無不明矣。此謂物格，此謂知之至也。〔註45〕

格物是就主體作用於對象的過程而言，以格為至表示心必須專意於事物之上，進而獲知其理。然獲知其理尚不足，更須進一步窮其理，使本心之知至乎其極，此則落在於致知功夫上。致知是認識過程在主體所得致的結果，本心原已有性理，但其端或微或蔽，故需以向外之格透顯出來，主體藉格物之後會獲得知識擴充的結果，此即為致知。因此，「格物」、「致知」是並行的過程，物一格知便至。然朱子之致知有兩義，一是使吾心之知窮至其極，意即擴充吾心之知識達到無所不盡；另一種意涵則是指以吾之所知向外推展，以主體之知擴及對外物之知。而格物之目的在於致知，程朱均主張透過今日格一物，明日格一物之過程，使吾心之理逐漸擴充，最然將會有一異質跳躍之過程，此時吾心之全體大用便豁然開朗。《大學或問》云：

或考之事為之著，或察之念慮之微，或求之文字之中，或索之講論之際。使於身心性情之德，人倫日用之常，以至於天地鬼神之鬼，鳥獸草木之宜，自其一物之中，莫不有以見其所當然而不容已，與其所以然而不可易者。〔註46〕

〈答姜叔權〉第一通云：

欲識其義理之精微，則固當以窮盡天下之理為期，但至於久熟而貫通焉，則不待一一窮之，而天下之理固已無一毫不盡矣。舉一而三反，聞一而知十，乃學者用功之深，窮理之熟，然後能融會貫通，以至於此。（《文集》，卷52，頁2455）

《語類》亦云：

天地中間，上是天，下是地，中間有許多日月星辰、山川草木、人物禽獸，此皆形而下之器也。然這形而下之器中，便各自有箇道理，此便是形而上之道。所謂格物，便是要就這形而下之器，窮得那形而上之道理而已。（《語類》，卷62，頁1496）

〔註45〕朱熹：《朱子全書·大學章句》，頁20。
〔註46〕〔宋〕朱熹：《大學或問》，收錄於朱傑人編《朱子全書》第6冊，頁527～528。

依朱子所說，心雖不即是理，但能夠兼攝性情，而情之發用又未必能夠中節，於是以敬持養便爲溝通內外重要之功夫。但涵養只能涵養此心之明，察識亦只是察識已發之情是否中節，心知之明雖可以見理，但理不只在心內，更散在於萬物之中，因此，必須通過一段窮理的過程，才能使此心完滿。

朱子「格物致知」說本是一相當簡明之道理，但由格物致知方法所引申而成的的「道問學」系統，卻與陸九淵「尊德性」之說發生激烈爭辯，甚至於有學者批評朱子視理爲心外之物，而非本心所有。〔註47〕但在理一分殊的系統下，萬物所稟之理是相同的，吾心有理，外物亦有理，窮究吾心之理的方法當然可以因反推本心而得。但朱子強調的是，人之本心由於受到氣質障蔽，並非一定能夠顯露出理之端緒，因此有時必須藉助於向外物窮理以透顯本心所有之義理，也就是說，格外物之理並非向外得理，而是透過外物與我相同並已顯露之理而來印證吾心亦有此理，並加以擴充，如朱子注《孟子》〈盡心上〉「盡其心者，知其性也。知其性，則知天矣。」時便云：

> 心者，人之神明，所以具眾理而應萬事者也。性則心之所具之理，而天又理之所從以出者也。人有是心，莫非全體，然不窮理，則有所蔽而無以盡乎此心之量。故能極其心之全體而無不盡者，必其能窮夫理而無不知者也。既知其理，則其所從出，亦不外是矣。以《大學》之序言之，知性則物格之謂，盡心則知至之謂也。……愚謂盡心知性而知天，所以造其理也；存心養性以事天，所以履其事也。不知其理，固不能履其事，然徒造其理而不履其事，則亦無以有諸己矣。知天而不以殀壽貳其心，智之盡也；事天而能脩身以俟死，仁之至也。智有不盡，固不知所以爲仁，然智而不仁，則亦將流蕩不法，而不足以爲智矣。〔註48〕

〔註47〕 關於朱子理與心的關係，有學者從「當具」或「本具」角度論述，如蔡仁厚《宋明理學——南宋篇》云：「理久久如此引發心氣，則心氣便可現實地、實踐地、攝具此理以爲其自身之德。德，從心說，是愛人利物之心，從行說，便是愛人利物之德行。此時，心爲仁德之心，行爲仁德之行，此便是朱子所謂『心之德』之義。此德是通過心氣之認知地與實踐地攝具此理、而由理轉成者。但無論是認知地具或實踐地具，就心氣自身而言，總是『當具』而不是『本具』。」見蔡仁厚：《宋明理學——南宋篇》（臺北：臺灣學生書局，1989年3月），頁111。又如周天令亦云：「窮理的眞正精神是從千頭萬緒的物理中，以自見得一理，而其最後目的就是把『理』從『物』植入於『心』，使吾心之全體大用無不明。」見周天令：《朱子道德哲學研究》，頁47。

〔註48〕 朱熹：《朱子全書・孟子集注》，卷13，頁425～426。

性理雖以天爲根源，但既稟賦於人心之中，便成爲主體的道德價值動力，天道只是一個共名，能盡得性理便是盡得天道，故性理並非外求而得，而是內化於主體之心。故朱子雖講格物致知，但向外所窮來的理只是用來印證並朗現早已存在於心中而被氣質蒙蔽的理，《語類》云：「人本有此理，但爲氣稟物欲所蔽。若不格物、致知，事至物來，七顚八倒。」（《語類》，卷 14，頁 280）又云：「大凡道理皆是我自有之物，非從外得。所謂知者，便是知得我底道理，非是以我之知去知彼道理也。道理固本有，用知，方發得出來。若無知，道理何從何見！所以謂之『妙衆理』，猶言能運用衆理也。」（《語類》，卷 17，頁 382）可見朱子並非視「理」外在於人心，而格物只是一種手段，目的仍在以此心本有之理爲顯露之目標，故朱子之理當爲心所本具者，只是因氣質遮蔽而必須使其朗現。

五、涵養主敬

「格物致知」展現出朱子重智的哲學思路，但向外格物過於側重已發層面，對於未發之性該如何涵養則難以顧及，故朱子繼承程頤「涵養須用敬，進學則在致知」的理論，主張以「敬」來進行涵養。〈程氏遺書後序〉云：「讀是書者，誠能主敬以立其本，窮理以進其知，使本立而知益明，知精而本益固。」（《文集》，卷 75，頁 3774～3775）《語類》亦載：「『敬』之一字，眞聖門之綱領，存養之要法。一主乎此，更無內外精粗之間。」（《語類》，卷 12，頁 210）主敬與致知分別爲朱子修養功夫的兩種主要方法，主敬要求人心必須收斂專一，隨時保持心氣的安寧平定，如此便能提供良好的心性基礎以格物，陳來云：

> 朱熹這些思想是說，就涵養與窮理之間的關係說，涵養爲窮理準備了主體方面的條件。要窮得事物之理，就要使心能夠安定集中，而要做到這一點就必須在窮理致知之前，在平時有一種修養，排除心中一切雜念干擾，使注意力集中在內心，用一種誠敬之心常切提撕。
> 〔註49〕

主敬是一種主體的精神狀態，透過主敬工夫，能讓心氣平定安閒，如此一來，便不易爲物欲所干擾，進而能夠臨事有主宰，見理透闢，故朱子稱其爲「聖門第一義」。

〔註49〕陳來：《朱子哲學研究》，頁 330。

朱子主敬工夫雖然直接繼承程頤而來，但源頭卻可溯源至濂溪之「主靜」，朱子自己便也提倡藉由靜坐之法以收歛身心，《語類》便云：

> 始學工夫，須是靜坐。靜坐則本原定，雖不免逐物，及收歸來，也有箇安頓處。（《語類》，卷 12，頁 217）

> 吳公濟云：「逐日應接事物之中，須得一時辰寧靜，以養衛精神。要使事愈繁而心愈暇，彼不足而有餘。」其言雖出於異說，然試之亦略有驗，豈周夫子所謂主靜者邪！（《語類》，卷 12，頁 220）

若只是單純強調「敬」字功夫的重要而無實際指點方法，未免有流於空虛的可能，故朱子接受周敦頤之說，主張可以透過靜坐而收歛身心。不過朱子的靜坐法與釋老之靜坐頗有差異，主要在於釋老之靜坐要求切斷思慮，進而使身、心、靈融合，以達致一種虛無之境；但朱子主敬之靜坐，則是強調要集中思慮，《語類》載：「靜坐非是要如坐禪入定，斷絕思慮。只收歛此心，莫令走作閑思慮，則此心湛然無事，自然專一。及其有事，則隨事而應；事已，則復湛然矣。」（《語類》，卷 12，頁 217）靜坐的重點在於讓此心湛然專一，有事來時則隨事而應，無事時，便復湛然，非如釋老以虛靜應事，而是藉由靜坐以訓練自己專注持敬的態度，故周天令便云：

> 朱子把靜坐法視為始學的工夫，是因為靜坐可以去除人的雜亂思慮而使心氣安定下來，以永遠保持此心的常在，然後才能進一步地集中心思用在事情的處理上。換句話說，朱子之所以主張靜坐，並不是在斷絕思慮，而是在集中思慮。〔註50〕

程子不滿於周敦頤「主靜」說有耽於虛靜的弊端，故改靜為敬，朱子亦明白此道理，故他批評禪家靜坐是死靜，強調靜坐是要提撕收歛此心。

然而靜坐涵養畢竟較傾向於未發狀態，隨時有流於釋老靜坐之弊，故朱子主張主敬立本必須是貫徹動靜，兼顧未發及已發的涵養工夫，朱子〈答林擇之〉第二十一通有云：

> 「敬」字通貫動靜，但未發時則渾然是敬之體，非是知其未發，方下敬底工夫也。既發則隨事省察，而敬之用行焉；然非其體素立，則省察之功，亦無自而施也。故敬、義非兩截事。必有事焉而勿正、心勿忘、勿助長，則此心卓然貫通動靜，敬立義行，無適而非天理之正矣。（《文集》，卷 43，頁 1902）

〔註50〕 周天令：《朱子道德哲學研究》，頁 247。

在這種意義下的「敬」便是畏，《語類》云：「敬，只是一箇「畏」字。」（《語類》，卷 12，頁 211）朱子注《論語》〈泰伯〉「曾子有疾，召門弟子曰：「啟予足，啟予手。《詩》云：『戰戰兢兢，如臨深淵，如履薄冰。』而今而後，吾知免夫，小子。」云：「戰戰，恐懼。兢兢，戒謹。臨淵，恐墜；履冰，恐陷也。」〔註 51〕恐懼、戒謹均可視為畏之意，亦即已發之敬的實質內容。畏並非是畏懼，而是以一種小心翼翼的心理狀態隨時面對處理事物之變，據錢穆〈朱子論敬〉所分析，朱子之敬共有：1. 畏；2. 收斂，心中不容一物；3. 主一；4. 隨事檢點；5. 常惺惺法等五種意涵。〔註 52〕這幾種類型包含有敬以直內及義以方外等功夫，因此日常生活中，無論此心是已發或未發，都必須保持恭敬嚴肅的態度，〈與湖南諸公論中和第一書〉云：

> 然未發之前，不可尋覓，已覺之後，不容安排，但平日莊敬涵養之功至，而無人欲之私以亂之，則其未發也鏡明水止，而其發也無不中節矣，此是日用本領工夫，至於隨事省察，即物推明，亦必以是為本，而於已發之際觀之，則其具於未發之前者，固可嘿識。故程子之答蘇季明，反復論辨，極於詳密，而卒之不過以「敬」為言。又曰：「敬而無失，即所以中。」又曰：「人道莫如敬，未有致知而不在敬者。」又曰：「涵養須是敬，進學則在致知。」蓋為此也。向來講論思索，直以心為已發，而日用工夫，亦止以察識端倪為最初下手處，以故闕卻平日涵養一段工夫，使人胸中擾擾，無深潛純一之味，而其發之言語事為之間，亦常急迫浮露，無復雍容深厚之風，蓋所見一差，其害乃至於此，不可以不審也。（《文集》，卷 64，頁 3229～3230）

敬除貫通已發未發，對於已發而言，更不僅止於心之持敬，而必須把「敬」亦發揮在儀容外表之上。朱子〈答林擇之〉第九通云：

> 比因朋友講論，深究近世學者之病，只是合下欠卻持敬工夫，所以事事滅裂。其言敬者，又只說能存此心，自然中理，至於容貌詞氣，往往全不加功。設使其能如此存得，亦與釋、老何異？又況心慮荒忽，未必真能存得耶！程子言「敬必以整齊嚴肅、正衣冠、尊瞻視

〔註 51〕 朱熹：《朱子全書·論語集注》，卷 4，頁 131。

〔註 52〕 錢穆：《朱子學提綱》（北京：生活·讀書·新知三聯書局，2002 年 8 月），頁 95～97。

為先。」又言：「未有箕踞而心不慢者。」如此，乃是至論。而先聖
說「克己復禮」，尋常講說，於「禮」字每不快意，必訓作「理」字
然後已。今乃知其精微縝密，非常情所及耳。（《文集》，卷 43，頁
1888）

主敬功夫必須由內向外延伸，內心既存在嚴謹態度，自然能外發在行為容貌
之上，而反過來說，欲使內心整齊嚴肅，便可先藉由外在收歛身心，逐步內
求。朱子曾作〈敬齋箴〉自儆，而其功夫進程便是藉由端正衣冠容貌以達致
內心之存養，而這也是對孔子「克己復禮」說的闡發，《論語或問》云：

蓋誠為己也，則脩於外者，乃所以養其內，而不患本之不立。……
蓋意誠在於為己，則容貌辭氣之間，無非持養用力之地；……故夫
子告顏淵以克己復禮之目，不過視聽言動之間，而曾子所言君子所
貴乎道者，亦在於容色辭氣四者而已。〔註53〕

因此居敬是貫通動靜的功夫，並非專指未發涵養而已。而主敬涵養又與窮理
致知相互重疊而成為一「交相發」的功夫，〈答陳師德〉第一通云：「嘗聞之
程夫子言曰：『涵養須是敬，進學則在致知。』此二言者，實學者立身進步
之要，而二者之功，蓋未嘗不交相發也。」（《文集》，卷 56，頁 2702）未發
時，須以主敬態度涵養本原；已發後，則仍舊持續進行主敬工夫，如此能使
心常處於虛靜明徹的專一狀態，故對於格物將有更深的體會與管照。而義理
格得之後，可使涵養更加自覺，更有助於以主敬態度持續涵養身心，〈答游
誠之〉第二通云：「窮理涵養，要當並進，蓋非稍有所知，無以致涵養之功；
非深有所存，無以盡義理之奧。正當交相為用，而各致其功耳。」（《文集》，
卷 45，頁 1997）此即朱子致知與涵養，格物與主敬互相關連交發的思想大旨。

六、道統之傳

　　傳統儒者均對上古社會有相當程度的嚮往，探究其因，這是由於先秦儒
家建構了一幅在聖人帶領下臻至完美的三代政治理想模型。遠古洪荒之時，
民智未開，天災頻仍，儒家便將帶領人們突破這黑暗時期的關鍵角色歸屬於
聖人，使聖人成為人們期盼能夠引領他們脫離痛苦的英雄人物。而在春秋戰
國那政治、思想混亂的時代，諸子均極度渴望聖人典範的再現。但諸派對於
聖人標準有不同的要求，道家派的聖人是指無為作，超脫於俗世之外的隱者，

〔註53〕　〔宋〕朱熹：《論語或問》，收錄於朱傑人編：《朱子全書》第 6 冊，卷 1，頁 617。

而儒家對聖人形象的闡述主要見於《孟子》，孟子指明聖人應具備救世主的特質，〈滕文公下〉有云：

> 當堯之時，水逆行，氾濫於中國，蛇龍居之，民無所定；下者爲巢，
> 上者爲營窟……使禹治之。堯舜既沒，聖人之道衰，暴君代作，……
> 及紂之身，天下又大亂。周公相武王誅紂、伐奄……天下大悅。世
> 道衰微，邪說暴行有作，臣弒其君者有之，子弒其父者有之，孔子
> 懼，作《春秋》。《春秋》者，天子之事也。

孟子曾點名的聖人共有堯、舜、禹、湯、伊尹、文王、武王、伯夷、周公、柳下惠等十一人，有別於孔子未曾直接以聖人許人。〔註54〕孟子建構龐大的聖人群體，這種聖人觀亦影響後世儒者對聖人的認可，到了唐代韓愈便在孟子的原則下確立聖人的傳承譜系，〈原道〉云：

> 堯以是傳之舜，舜以是傳之禹，禹以是傳之湯，湯以是傳之文武周
> 公，文武周公傳之孔子，孔子傳之孟軻。軻之死不得其傳。〔註55〕

自此，堯、舜、禹、湯、文、武、周公、孔子、孟子便成爲儒學聖人的基本班底，韓愈所指稱的聖人雖普遍爲宋儒接受，然宋儒更關心的重點在於該如何延續聖人之道，成爲儒家道統的接續者。

儒家所認可的聖人，在孔孟之前，均是古史中著名的帝王，他們憑藉著政治實力，或從事建設，或從事改革，均曾實行過拯民救世的實際作爲，但孔孟二聖卻未有如此功業，故就儒家聖人的傳承而言，實又可區別爲二種脈絡，劉述先云：「由古代聖王轉移到孔孟程朱，重心已自覺地由君道轉移到師道，故朱子才會說：『若吾夫子雖不得其位，而所以繼往聖、開來學，其功反有賢於堯舜者。』」〔註56〕由君道轉向師道，表示這兩種聖人群體因地位之不同，故所開展出的聖人事業亦不同。余英時亦認爲宋儒自己也注意到這種差別，故而提出有聖人之道及聖人之學的差異，並認爲朱子是有意識畫分這兩個階段：

〔註54〕《論語》〈述而〉云：「聖人，吾不得而見之矣；得見君子者，斯可矣。」〈雍也〉云：「子貢曰：『如有博施於民而能濟眾，何如？可謂仁乎？』子曰：『何事於仁，必也聖乎！堯、舜其猶病諸！』」孔子未曾直接以聖許人，僅〈雍也〉篇間接提到堯舜爲聖人。

〔註55〕馬其昶校注：《韓昌黎文集校注》，頁10。

〔註56〕劉述先：〈宋明理學的精神世界──以朱子爲中心〉，收錄於吳震主編：《宋代新儒學的精神世界──以朱子學爲中心》（上海：華東師範大學出版社，2009年6月），頁3。

朱熹有意將「道統」與「道學」劃分爲兩個歷史階段：自「上古聖
神」至周公是「道統」的時代，其最顯著的特徵是內聖與外王合而
爲一。在這個階段中，在位的「聖君賢相」既已將「道」付諸實行，
則自然不需要另有一群人出來，專門講求「道學」了。周公以後，
內聖與外王已分裂爲二，歷史進入另一階段，這便是孔子開創「道
學」的時代。宋代周、張、二程所直接延續的是孔子以下的「道學」，
而不是上古聖王代代相傳的「道統」。〔註57〕

劉述先及余英時的看法有助於我們了解儒家道統的性質，道統正是以周公、
孔子作爲分界點，前此的道統傳承者均爲掌握政治實權的帝王，〔註58〕故可
稱爲聖王；而自孔子起，道統的傳承者便面臨德、位分離的困境，朱子〈癸
未垂拱奏箚〉第一箚有云：

> 堯、舜相授，所謂「惟精惟一，允執厥中」者，此也。自是以來，
> 累聖相傳，以有天下。至於孔子，不得其位而筆之於書，以示後世
> 之爲天下國家者，其門人弟子又相與傳述而推明之，其亦可謂詳矣。
>
> （《文集》，卷13，頁409）

聖王之所以能有治世功業，這是客觀因素所造成的，亦即聖王之所以能夠救世，
是由於具有德位兼備的優勢。但孔子、孟子身處亂世，周遊列國仍無法得君行
道，政治實力遠不如三代聖王，僅能夠傳承道統之學，無法開展出道統之功，
故余英時據此認爲道統在孔子那兒已不得傳承：「孔子祇能開創『道學』，以保
存與發明上古『道統』中的精義——『道體』，卻無力全面繼承周公的『道統』
了。」〔註59〕據余英時的分析，朱子認爲孔孟之所以無法傳承道統，是因爲內
聖、外王已在孔孟之時分離，由於客觀因素限制，孔子、孟子只能延續道學，
故朱子認爲子思「憂道學之失其傳。」正是出於此種差異下的考量。

但此中仍有一問題值得商榷，若孔孟之後的道學僅爲傳遞道統之學，那
麼就實質影響而言，孔孟道學的重要性似不如三代聖王的道統，但《孟子》
中有以孔子「賢於堯舜遠矣」之說，這也是宋儒所關注的問題之一。孔子與
堯舜均爲聖人，何以孔子會賢於堯舜？朱子對此解釋云：「蓋堯、舜治天下，
夫子又推其道以垂教萬世。堯、舜之道，非得孔子，則後世亦何所據哉？」

〔註57〕 余英時：《朱熹的歷史世界》，頁42～43。
〔註58〕 周公雖非帝王，但所行之事實與帝王相當，故仍可歸爲聖王。
〔註59〕 余英時：《朱熹的歷史世界》，頁40。

〔註60〕由此來看,朱子確實體認到聖人譜系中兩種不同的性質,但如何連結孔孟與聖王的關係,這是朱子關注的焦點,甚至於他認為孔孟亦有治世之功,朱子云:

愚謂孔子作《春秋》以討亂賊,則致治之法垂於萬世,是亦一治也。
〔註61〕

孟子雖不得志於時,然楊、墨之害,自是滅息,而君臣父子之道,賴以不墜。是亦一治也。〔註62〕

孔孟雖未有權勢相應,不能成為聖王,但若因此而說孔孟無法全面繼承道統,恐怕不是朱子所同意的。他從另一角度闡述孔子作《春秋》以止亂臣賊子,孟子拒楊墨以維人倫之道,如此均與聖王治世功業相同,故孔孟的事業並不須以「位」為後盾,當儒者得君行道,自然能夠兼善天下;但窮乏之時,亦絕非隱居獨善其身而罷。孔子作《春秋》,此乃天子之事,故孔子是僭越己位,既為僭越,便是在理想上欲取得與聖王等同的「勢」藉以推行道統;孟子拒楊墨,則是以滔滔雄辯「正人心、息邪說、距詖行、放淫辭,以承三聖者」,如此一來,聖人的定位便不須受限於「位」,只要敢於面對時弊,勇於承擔,皆能負擔起救世之務,皆能由內聖而達外王。那麼,余英時所論只是就客觀實際情形劃分,實則朱子等宋儒之苦心在於積極為孔孟等聖人取得與堯舜等同地位甚至超越之功績,因此,自周公以後,道統便不在聖王處傳承,而改為在下位者的聖賢接續,故道統並未斷於孔子。而原本由內心修養再推治天下的由內及外發展階段,也因為孔孟未能達成外王事業的緣故,而被改造為即內聖即外王的合一階段。

那麼朱子所建立的道統,其實質內容究竟為何?〈中庸章句序〉云:

蓋自上古聖神,繼天立極,而道統之傳,有自來矣。其見於《經》,則「允執厥中」者,堯之所以授舜也;「人心惟危,道心惟微,惟精惟一,允執厥中」者,舜之所以授禹也。堯之一言,至矣盡矣!而舜復益之以三言者,則所以明夫堯之一言,必如是而後可庶幾也。
(《文集》,卷76,頁3828)

朱子認為道統相傳之心法見於世者首為《論語》〈堯曰〉「允執其中」,後舜擴

〔註60〕 朱熹:《朱子全書·孟子集注》,卷3,頁286。
〔註61〕 朱熹:《朱子全書·孟子集注》,卷6,頁331。
〔註62〕 朱熹:《朱子全書·孟子集注》,卷6,頁332。

大爲十六字心法:「人心惟危,道心惟微,惟精惟一,允執厥中。」只是上古聖王的心傳口訣乃王者之間的密傳,其學屬於帝王之間相傳心法,乃「口耳相傳,密相囑咐」。但由於孔孟等聖人的發揚,道統之學從此大明於天下,〈延合奏箚〉第五箚云:

> 舜之戒禹曰:「人心惟危,道心惟微;惟精惟一,允執厥中。」而必繼之曰:「無稽之言勿聽,弗詢之謀勿庸。慎乃有位,敬脩其可願;四海困窮,天祿永終。」孔子之告顏淵,既曰:「克己復禮爲仁。一日克己復禮,天下歸仁焉。爲人由己,而由人乎哉?」而又申之曰:「非禮勿視,非禮勿聽,非禮勿言,非禮勿動。」既告之以損益四代之禮樂,而又申之曰:「放鄭聲,遠佞人;鄭聲淫,佞人殆。」鳴呼!此千聖相傳心法之要,所以極夫天理之全而察乎人欲之盡者,可謂兼其本末巨細而舉之矣。(《文集》,卷14,頁443)

原本有帝王密傳之傾向的道統之傳,經過孔子的申明闡述之後,便成爲仁義之道,可大明於天下,使人人得而窺之。因此,道統之傳雖千聖相同,但孔子的特殊性是使道統之學更加顯明,並開放給一般人認知學習,如此便不僅限於帝王之間。而孔孟之後,只要能夠繼承此學以使明於世者,便夠資格接續此道統,故朱子便以周敦頤爲再度延續自秦漢之後失傳孔孟道學的先趨,〈韶州州學濂溪先生祠記〉云:「有濂溪先生者作,然後天理明而道學之傳復續。」(《文集》,卷79,頁3932)由此可見,道學乃道統之實質內容,傳得道學便是復明天理,也就躋身於聖人之列,那麼德與位的分離便不成問題。而朱子對孔子、孟子功業的肯定由此也導出宋儒對聖人譜系的第二個關懷意識。

　韓愈曾論斷孟子之後,此道便不再傳,但儒家的道統不似佛家祖統乃以師弟相傳形式維持,道統各節點的聖人彼此之間可以相隔數百年。那麼雖然孟子之後此道雖已不傳,但這只是暫時的現象,由於從「虞廷傳心」一直到孔孟仁義之道,其可傳之基礎均建立在相同的心性結構之上,劉述先云:

> 朱子的堅強的信念的真正根源是在千聖相傳之心,以及此心所把握之實理,這些是用切問而近思的方式,當下即可體驗的道理,不是時代淹遠不可追索的上古遺跡。由此可見,道統成立的真正基礎在於此心此理之體認。〔註63〕

〔註63〕 劉述先:《朱子哲學思想的發展與完成》(臺北:臺灣學生書局,1995年8月),頁421。

即使相隔千百萬世，聖人之性理與後世之人的性理內容依舊皆同，故後世之人只要能藉由澄清氣質，恢復本心義理，一樣可以上接孔孟之道統，〈讀余隱之尊孟辨‧李公常語上〉云：

> 「孔子傳之孟軻，軻之死不得其傳」，此非深知所傳者何事，則未易言也。夫孟子之所傳者何哉？曰：「仁義而已矣。」孟子之所謂仁義者何哉？曰：「仁，人心也；義，人路也。」曰：「惻隱之心，仁之端也；羞惡之心，義之端也。」如斯而已矣。然則所謂仁義者，又豈外乎此心哉！堯、舜之所以爲堯、舜，以其盡此心之體而已。禹、湯、文、武、周公、孔子傳之，以至於孟子，其間相望有或數百年者，非得口傳耳授、密相付屬也。特此心之體隱乎百姓日用之間，賢者識其大，不賢者識其小，而體其全且盡，則爲得其傳耳。雖窮天地，亙萬世，而其心之所同然，若合符節。由是而出，宰制萬物，酬酢萬變，莫非此心之妙用，而其時措之宜又不必同也。（《文集》，卷73，頁3663～3664）

堯舜禹湯等聖王由於帝位之傳承，故得以透過口耳傳授這些道統心法，然孔孟之後，地位不等，無法直接面授，但道統的內容並不因此斷絕，這是由於道統心法的性質是人人皆有的義理認知，只要能夠回歸心性義理，與聖賢之心若合符節，雖相隔千百年，亦可接續傳遞，《孟子集注》更云：

> 此言雖若不敢自謂已得其傳，而憂後世遂失其傳，然乃所以自見其有不得辭者，而又以見夫天理民彝之不可泯滅，百世之下，必將有神會而心得之者耳。故於篇終，歷敍羣聖之統，而終之以此，所以明其傳之有在，而又以俟後聖於無窮也，其指深哉！〔註64〕

由於天理民彝乃爲人所共有，不會泯滅，故百世以下，只要能神會心得，一樣可以再敍先聖之統。因此時間無法隔絕道統的傳遞，即使孟子距宋代已有千餘年，仍不影響沿續道統的可能。

關於對道統傳承的看法，現今學者多僅注意到朱子以周張二程爲接續這條道統的脈絡者，卻忽略朱子亦以道統接續者作爲對君王的崇高期許。朱子認爲周張二程的情形正如同孔子、孟子一般，並非德位兼備者，在缺乏「位」的條件下，二程的功業便反映在排擊佛老的功績上，〈中庸章句序〉云：

> 異端之說，日新月盛，以至於老佛之徒出，則彌近理而大亂眞矣。

〔註64〕 朱熹：《朱子全書‧孟子集注》，頁14，頁459。

> 然而尚幸此書之不泯，故程夫子兄弟者出，得有所考，以續夫千載
> 不傳之緒；得有所据，以斥夫二家似是之非。（《文集》，卷 76，頁
> 3829）

朱子認爲藉由二程兄弟的闡述，儒學體系價值再度大明於世，並對佛老異端
之學大加撻伐，正本清源，因此其功業與孔孟相同，故可爲道統的延續。但
前述聖人道統有兩種群體，前半部聖人多爲王者，這種思維不可能沒有影響
到朱子，加上南宋形勢特殊，朱子更有強烈願望希望南宋帝王亦能夠有此自
覺，擔負聖王救世之責。朱子多次上書帝王，均從最基本的「格物致知」講
起，強調「正君心」，希望皇帝能夠推衍《大學》條目之序，並體認《尚書》
所載帝王相傳之心法，其用意便在於期許南宋皇帝能夠擔負救世任務，北伐
滅金，如此一來便可以成爲延續道統的聖王。

　　道統的影響除在修養及政治層面的開展外，亦以一種宗教意識的型態成
爲朱子思維中必須遵從的聖人典範。而儒家建構了堯、舜、文、武、周公、
孔子、孟子這一系列聖賢代表作爲聖人典範，聖人是德性完美的典範，是人
生修養所可達致的最高境界，因此，聖人的言語行爲便成爲學者遵從的榜樣。
中國古代文明在儒家的影響之下，神話色彩盡褪，改以具歷史意義的聖人德
治思想取代。神性之天帝與聖性之人帝雖存有形式上的差異，但在信仰體系
中所代表的本質則無不同，其背後所代表的象徵意義系統，是建立起整套人
類思想價值體系的基礎。榮格（Carl Gustav Jung,1875～1961）曾說：「人類是
真的須要堅定信仰和普遍觀念，讓他的生命獲得意義，讓他在宇宙之間找到
安身立命的位置。」〔註 65〕一如榮格所言，後世儒者對聖人形象的建立正是
基於他們內心那被確認爲普遍觀念和堅定信仰的象徵。而以孔孟爲代表的儒
學雖非宗教，但仍可屬於一種信仰體系，而聖人形象正是這種信仰的中心價
值。研究聖人思想所代表的象徵意義，對於儒家學說之認識，有著不可磨滅
的重要性。

　　宋明儒者皆把古代政治型態作爲其理想的世界模型，而在他們的認知
中，建立古代文化的樞紐在於聖人，於是建構學說時便將聖人形象作爲其理
想中的典範。而朱子本身正是這種聖人思維的最忠實奉行者，雖然朱子並非
全盤接受原始儒家的觀點，但他在致力於建立自身學術體系時，總不忘引聖

〔註65〕 〔瑞士〕Carl G.Jung 著，龔卓軍譯：《人及其象徵》（臺北：立緒文化事業有
　　　　限公司，2005 年 5 月），頁 88。

人之言作爲根據，甚至對於孔孟等聖賢在立論有出入時，他也會想盡辦法爲之彌縫，使聖人之意合於自己的用心，因此美其名他是以聖人之心爲心，力圖探求聖人之意，但實際上卻是經典之中的視域與朱子自己視域的相互混合，並非某種觀點強勢指導另外一種觀點，而是建立以經典中所闡述義理爲基礎，並輔以自己想法爲修正的讀經之術。但基本上，由於受到這種崇敬聖人的思維影響，《四書》自然會成爲朱子學術的基本預設立場，《論語集注》〈堯曰〉引楊時之言云：

> 《論語》之書，皆聖人微言，而其徒傳守之，以明斯道者也。故於終篇，具載堯、舜咨命之言，湯、武誓師之意，與夫施諸政事者，以明聖學之所傳者，一於是而已。所以著明二十篇之大旨也。《孟子》於終篇，亦歷敘堯、舜、湯、文、孔子相承之次，皆此意也。〔註66〕

《論語》、《孟子》皆爲聖人微言，象徵對道統的傳承，而這也反映著朱子對孔孟等聖人的崇拜心態，冀望透過《四書》的編集而接續上古聖賢所相傳的道統。自孟子高唱孔子賢於堯舜的言論之後，孔子的聖人形象一直是儒者的最高典範，孔子的思想亦成爲學者思想的依據，而《四書》正是其徒所傳守的聖人之言，故在性質上便等同於聖賢，再由讀書次序以《四書》爲基礎的方法來看，《四書》的義理思想自然會成爲朱子一切學術的開展及切入點。

第二節　《四書》中的《詩》《書》詮釋概念

朱子《詩》、《書》義理思維的建構須接續在《四書》之後，而《四書》乃朱子讀書方法中求取義理之學的基礎階段，一切義理基礎都圍繞《四書》開展，順著這道次序下來，《四書》中的義理概念自然會延續成爲朱子解析《詩》、《書》的主要觀點。再加上《四書》本身亦存在許多引《詩》、《書》或論《詩》、《書》的資料，對於窮盡一生精力鑽研《四書》的朱子而言，《四書》中所提及的《詩》、《書》論點，對於《詩》、《書》詮釋形式及義理關懷，當有相當大的影響。不過《四書》並非同質性作品，且展示《詩》、《書》基礎概念的方式差異頗大，大體而言，《論語》、《孟子》中載有孔子、孟子對《詩》、《書》性質的認識說法，雖多片斷之論，但卻極大影響著朱子詮釋《詩》、《書》的核心策略。但《論》、《孟》所引《詩》、《書》文句又多局限在語境的限制

〔註66〕　朱熹：《朱子全書・論語集注》，卷10，頁240。

下，表現為斷章取義的模式，這些引用文句雖然亦為朱子《四書集注》再詮釋的對象，但受限於語境或使用者斷章取義的模式，難以開展出其屬於朱子自身的義理見解。至於《中庸》、《大學》則多引《詩》、《書》文句詮釋經義，作為義理之補充，方式與《論》、《孟》不同，但由於《學》、《庸》義理體系較為完備，不似《論》、《孟》乃隨文提點，而所引用《詩》、《書》文句除隨經文義理發揮，亦兼顧其本義在義理闡述上的相似性，故對朱子建構《詩》、《書》義理的詮釋則有相當影響。因此本節便著手探討朱子以《四書》學所基礎所開展出來的《詩》、《書》義理詮釋方法。

一、《四書》中的《詩經》學詮釋觀點

（一）改造「思無邪」概念以作為閱讀《詩經》之綱領

朱子論學相當強調綱領的作用，他認為無論研究任何著作，只要能抓住綱領，切實讀去，便可掌握其要義，《語類》有云：

> 且要見得大綱，且看箇大胚模是恁地，方就裡面旋旋做細。如樹，初間且先斫倒在這裡，逐旋去皮，方始出細。若難曉易曉底，一齊都要理會得，也不解恁地。但不失了大綱，理會一重了，裡面又見一重；一重了，又見一重。以事之詳略言，理會一件又一件；以理之淺深言，理會一重又一重。只管理會，須有極盡時。（《語類》，卷15，頁285～286）

基於這種讀書方法的認知，朱子要求讀《詩》時亦須掌握住其綱領。《論語》〈為政〉篇載有一段孔子歸納《詩》旨的文字：「子曰：『《詩》三者，一言以蔽之，曰：思無邪。』」孔子以「思無邪」一詞概括整部《詩經》，成為後世儒者普遍遵循的標準，但也留下可供發揮的議題，如《詩》包涵範圍如此廣泛，那麼「無邪」是指《詩》之作者無邪？抑或讀《詩》之人可以無邪？朱子正是基於對這一問題有突破性看法，遂開展出他重新改造毛鄭傳統《詩》說的重要契機。

思無邪一語出自〈魯頌·駉〉篇，其詩全文如下：

> 駉駉牡馬，在坰之野。薄言駉者，有驈有皇，有驪有黃，以車彭彭。
> 思無疆，思馬斯臧。
> 駉駉牡馬，在坰之野。薄言駉者，有騅有駓，有騂有騏，以車伾伾。
> 思無期，思馬斯才。

　　駉駉牡馬，在坰之野。薄言駉者，有驒有駱，有駵有雒。以車繹繹。
　　思無斁，思馬斯作。
　　駉駉牡馬，在坰之野。薄言駉者，有駰有騢，有驔有魚，以車祛祛。
　　思無邪，思馬斯徂。

關於〈駉〉詩「思無邪」之意，《毛傳》並未訓釋其意，而鄭玄則以僖公思伯
禽之法爲說：「思遵伯禽之法，專心無復邪意也。」〔註67〕然「思無邪」乃爲
與「思無疆」、「思無期」、「思無斁」並列的用法，意涵亦應相同，今人多以
爲這只是一種對馬群盛大的讚嘆用語，因此孔子明顯是斷章取義，將原本作
爲頌讚的語詞依其字面意思轉化成概括整部《詩經》的關鍵詞。但孔子乃儒
家聖人，且《詩經》亦經孔子整理刪編，他的贊語自然很容易成爲學者參考
的標準，甚至於會有如同神諭般的指導地位。朱子便從孔子「思無邪」贊語
思考《詩經》的本質，認爲這一句「思無邪」確實足以作爲整部《詩經》的
綱領，《論語集注》注「思無邪」云：

　　凡《詩》之言，善者可以感發人之善心，惡者可以懲創人之逸志，
　　其用歸於使人得其情性之正而已。然其言微婉，且或各因一事而發，
　　求其直指全體，則未有若此之明且盡者，故夫子言《詩》三百篇，
　　而惟此一言足以盡蓋其義，蓋其示人之意亦深切矣。〔註68〕

朱子指出《詩》以勸善懲惡爲目的，辨明善惡，便可得情性之正，如此便可
達致思無邪的理想，故孔子以此言概括整部《詩經》，《詩集傳》又云：

　　孔子曰：「《詩》三百，一言以蔽之，曰思無邪。」蓋《詩》之言美
　　惡不同，或勸或懲，皆有以使人得其情性之正。然其明白簡切，通
　　于上下，未有若此言者，故特稱之，以爲可當三百篇之義，以其要
　　爲不過乎此也。學者誠能深味其言，而審於念慮之閒，必使無所思
　　而不出於正，則日用云爲，莫非天理之流行矣。蘇氏曰：「昔之爲《詩》
　　者，未必知此也。孔子讀《詩》至此，而有合於其心焉，是以取之，
　　蓋斷章云爾。」（《詩集傳》，卷20，頁744）

《詩集傳》引蘇轍之言，亦知孔子乃斷章之法，但《詩集傳》在解說詩義時
乃完全擺脫上下文意而純粹就《論語》所載立論，可見朱子對「思無邪」一
語之重視，乃至於不顧詩歌本義，逕據聖人之言發揮。而朱子也並非毫無自

〔註67〕阮元校勘：《毛詩正義》，卷20之1，頁10下／1315。
〔註68〕朱熹：《朱子全書‧論語集注》，卷1，頁74～75。

己見解，他其實是在孔子的基礎上，以自己的想法擴增「思無邪」的意涵。

1. 「思無邪」指讀者之思無邪

所謂「思無邪」，可有兩種觀點，一是作《詩》之人無邪思，這是從作者創作的角度出發；一是讀《詩》之人無邪思，這則是就讀者接受的角度而言。《詩序》及傳統說《詩》者多採取第一種觀點，認為作《詩》之人主於美刺，是對政治、風俗有感而發，欲為諷世勸戒而作。《詩序》云：「國史明乎得失之迹，傷人倫之廢，哀刑政之苛，吟詠情性，以風其上，達於事變，而懷其舊俗者也。」〔註69〕《詩序》認為《詩經》〈國風〉的作者乃國史，創作意圖則是為諷刺時政。《詩序》的說法成為一種權威之論，在朱子之前的解《詩》者，多未能跨越這一道藩籬，即使是二程及李侗，亦受限於此框架之中；〔註70〕與朱子同時，則有呂祖謙堅持《詩序》不可廢的立場。然而朱子解《詩》則敢於突破權威，提出有別於傳統的新觀點。

現存《詩經》總數共三百零五首，跨越約自周初至春秋中葉約五百多年的時間，作者眾多，品類彙雜，朱子認為這些詩篇中有些詩歌確實是作者無邪之思的創作，多集中於二〈南〉、〈雅〉、〈頌〉及部分〈風〉詩之中；但少數變〈風〉之詩，卻有極不好者。朱子則強調這是因為作者身分的不同所造成。朱子區分《詩經》作者為兩種身分：士大夫階層及閭巷小民，並相當推崇屬知識分子階層的士大夫，但相對於士大士階層的閭巷小民，朱子便認為其品質較為複雜，心性未必端正。作者族群之不同，反映在《詩經》便是好詩與壞詩、〈雅〉詩與〈風〉詩的大致差別，「大段好詩者，大夫作；那一等不好詩，只是閭巷小人作。」（《語類》，卷23，頁546）「〈雅〉者，正也，乃王公大人所作之詩，皆有次序，而文意不苟，極可玩味。〈風〉則或出於婦人小子之口，故但可觀其大略耳。」（《語類》，卷 81，頁 2120）閭巷小人相對士大夫階層，乃指一般市井小民，亦即所謂婦人小子。《詩經》作者既包涵這一類複雜人士，便很難保持詩歌本身思想的純正性，「作之者非一人，安能『思無邪』乎？」（《語類》，卷23，頁538）故朱子認為〈國風〉中有部分篇章就內容而言，過於煽情縱欲，因此使得朱子很難相信這是國史類詩人專為美刺

〔註69〕 阮元校勘：《毛詩正義》，卷 1 之 1，頁 13 上～14 上／567。

〔註70〕 如《延平答問》載：「先生曰：詩人興刺，雖亦曲折達心之精微，然必止乎禮義。夫子刪而取之者以此爾。若不止於禮義，即邪也。故三百篇，一言足以蔽之，只是『思無邪』而已。」見朱熹：《朱子全書·延平答問》，頁316。

時俗而作，而直指這是詩歌創作者亦即閭巷小人本身真實情欲的寫照，只是由於時勢衰微，德化不行，再也不能符合士大夫階層作者「思無邪」的原則，因而產生許多淫洪放縱的詩篇。那麼就作者而言，這類詩歌是有邪思的，此即所謂「淫奔詩」〔註71〕，《論語或問》載：

> 曰：或謂《詩》三百篇，雖有美惡怨刺之不同，然皆發乎情而止乎禮義者也，此其所以為思無邪者與？曰：此《詩序》之言也，然愚嘗竊有疑焉。夫變風〈鄭〉、〈衛〉之詩，發乎情則有矣，而其不止乎禮義者，亦豈少哉！或曰：然則夫子刪《詩》，何取於此而不之去也？……曰：是亦安知其非當時賢者所作，以刺夫為此之人，故其言雖邪，而義則不害其為正乎？曰：《詩》雖或主於諷諫，然其譏是人也，亦必優游含蓄，微示所以譏之之意，然後其人有以覺悟而懲創焉。若但探其隱匿而播揚之，既無陳善閉邪之方，又無懇切諷諭之誠，則正恐未能有益於其人，而吾之言固已墮於媟慢刻薄之流，而先得罪於名教矣，夫子亦何取乎爾哉！〔註72〕

《論語或問》的這段記載，明顯表達了朱子對這個問題的思維，前人受《論語》「思無邪」之說的影響，普遍指向詩人之思無邪，故《詩經》雖有美惡怨刺的內容，卻是發自於詩人之情並止於禮義，乃詩人為美刺時政所作。但朱子不同意這樣的詮釋，他指出《詩經》確實皆是創作者情感的抒發，但部分詩篇卻無法達到止乎禮義的這項標準，反而有踰越禮義而為放縱情欲的詩作。而知識份子的詩人則由於深受禮樂文明的教化，性情純正，其言辭優游不迫，必不致於故作媟慢刻薄之語，而得罪於名教，故這些淫奔詩絕非詩人發於性情的諷諫之作，只可視為市井小民反映情欲的作品。

　　淫奔詩的作者便不具「思無邪」的資格，但這並不代表這類詩歌就沒有教化作用，《語類》云：

> 或問「思無邪」。曰：「此《詩》之立教如此，可以感發人之善心，可以懲創人之逸志。」（《語類》，卷23，頁538）

〔註71〕　後人多簡稱朱子「淫奔詩」為「淫詩」，然朱子在稱述這些〈鄭〉、〈衛〉男女言情之作時，並未以淫詩稱之，而是稱其為淫奔、淫女或淫者，著重的是作者本身情性及其行為之不當。若以淫詩稱之，則頗有涉及文本語言之污穢敘述，而奔則主要涉及動機及行為層面，詩歌文本基本上不涉及猥瑣字眼。且鑒於朱子未曾以「淫詩」稱呼這些詩篇，故本論文一律以淫奔詩稱之。

〔註72〕　朱熹：《朱子全書・論語或問》，卷2，頁638。

《詩》有善有惡，頭面最多。……上至於聖人，下至於淫奔之事，

聖人皆存之者，所以欲使讀者知所勸懲。（《語類》，卷23，頁541）

針對朱子認爲孔子「思無邪」非專指作者之思的最大質疑，便是孔子爲何要選錄這些未止於禮義的詩篇？儒者均認爲孔子刪編經典，乃爲呈現宇宙明晰之義理大道，那麼這類淫奔詩之作如何能夠擔負起這種功能？朱子繼續說明，他認爲善惡之作同時存在於《詩經》乃是聖人爲勸善懲惡所作的措施，《語類》又云：「人言夫子刪《詩》，看來只是採得許多詩，往往只是刊定。聖人當來刊定，好底詩，便吟詠，興發人之善心；不好底詩，便要起人羞惡之心。」（《語類》，卷 23，頁 542）「如〈桑中〉〈溱洧〉之類，皆是淫奔之人所作，非詩人作此以譏刺其人也。聖人存之，以見風俗如此不好。至於做出此詩來，使讀者有所愧恥而以爲戒耳。」（《語類》，卷 23，頁 539）朱子認爲孔子刪《詩》時，故意留下一些足以懲戒人心的邪思之作，目的是爲了使讀者悚然知懼，有所警惕，〈讀呂氏詩記桑中篇〉云：

《詩》體不同，固有鋪陳其事，不加一詞而意自見者，然必其事之猶可言者，若〈清人〉之詩是也。至於〈桑中〉、〈溱洧〉之篇，則雅人莊士有難言之者矣。孔子之稱「思無邪」也，以爲《詩》三百篇，勸善懲惡，雖其要歸無不出於正，然未有若此言之約而盡者耳，非以作《詩》之人所思皆無邪也。今必曰：「彼以無邪之思，鋪陳淫亂之事，而憫惜懲創之意，自見於言外」，則曷若曰：「彼雖以有邪之思作之，而我以無邪之思讀之」，則彼之自狀其醜者，乃所以爲吾警懼懲創之資耶？而況曲爲訓說，而求其無邪於彼，不若反而得之於我之易也；巧爲辨數，而歸其無邪於彼，不若反而責之於我之切也。（《文集》，卷 70，頁 3494）

《語類》亦云：

「思無邪」一句，便當得三百篇之義了。三百篇之義，大概只要使人「思無邪」。若只就事上無邪，未見得實如何。惟是「思無邪」，方得。思在人最深，思主心上。（《語類》，卷 23，頁 538）

問「思無邪」。曰：「若言作詩者『思無邪』，則其間有邪底多。蓋《詩》之功用，能使人無邪也。」（《語類》，卷 23，頁 538）

《詩經》既然有這類邪思作品，那麼讀《詩》之法便必須有對應之改變，故朱子主張面對有邪思之作，必須以無邪之思讀之。他認爲與其歸無邪於《詩》，

未若反求澄清自身的思維，勿以淫邪眼光視之，如此方可符合讀者「思無邪」之要求，並進一步達致無論有邪、無邪之思均可爲吾所用的目標，〈答廖子晦〉第四通云：「聖人之意，使人法其善，懲其惡，此則炳如日星耳。今亦不須問其篇章次序、事實是非之如何，但玩味得聖人垂示勸戒之意，則《詩》之用在我矣。」（《文集》，卷45，頁2025）以無邪之思讀《詩》，在閱讀時便須由義理角度檢視其內涵，那麼所謂《詩》之用在我，便是指藉由閱讀這類需以義理價值判斷分析的詩篇，能夠更深刻提昇本心對義理的認知及運用。朱子便是在這種思維下將「思無邪」的詮釋角度從傳統的作者創作動機論轉變爲讀者閱讀之後所產生的效果。

2.「思無邪」建立於《四書》義理基礎之上

朱子改變「思無邪」的詮釋角度後，首先面對最直接的批評來自呂祖謙，呂氏稱朱子此說是淆亂孔子正樂之舉，相當害事，其〈又詩說辨疑〉云：

> 橫渠謂：「夫子自衛反魯，樂正，〈雅〉、〈頌〉各得其所後，伶人賤工識樂之正。及魯益衰，三桓僭竊，自太師而下，皆知散之四方，聖人俄傾之助，功化如此。」若如鄭漁仲之說，是孔子反使〈雅〉、〈鄭〉淆亂，然則正樂之時，師摯之徒使合入河入海矣，可一笑也。

〔註73〕

呂祖謙搬出孔子正樂之事批評朱子，但朱子亦以孔子爲例反駁，他指出正如《春秋》亦爲孔子所筆削，同樣留下許多不好事跡以爲借鏡：「《詩》三百篇，大抵好事足以勸，惡事足以戒。如《春秋》中好事至少，惡事至多。」（《語類》，卷23，頁539）「《詩》恰如《春秋》。《春秋》皆亂世之事，而聖人一切裁之以天理。」（《語類》，卷23，頁541）正因爲孔子編修《春秋》時亦非全記錄好事，而是多以亂臣賊子之事跡爲主，故朱子認爲聖人既有此思維，那麼刪《詩》意圖亦應作如是觀。邪思作品的存在正如亂臣賊子一樣，亦可作爲反映風俗民情衰微險惡的證據。

然而朱子雖強調要以無邪之思閱讀《詩經》中的淫泆之作，但問題在於如何確保讀者會以無邪之思讀《詩》？〈答吳伯豐〉錄吳伯豐提問云：

> 「《詩》三百。」程子曰：「思無邪，誠是也。」其言簡矣。未審其意謂作《詩》以誠而作耶？抑謂讀《詩》者當誠其意以讀之耶？曰：

〔註73〕〔宋〕呂祖謙：《東萊集》，收入《景印文淵閣四庫全書》第1150冊，別集卷16，頁12上／356。

程子之說，特以訓「思無邪」之義云耳。以《詩》考之，〈雅〉、〈頌〉、二〈南〉之外，辭蕩而情肆者多矣，則誠之為言，固不可概以為作《詩》者之事也。若謂先使學者先誠其意而後讀之，則是《詩》之善惡，方賴我以決擇，而我之於《詩》反若無所資焉者，又何取於《詩》之教耶？（《文集》，卷 52，頁 2426）

吳伯豐的疑問便在於，若讀者已具備無邪之思，那麼又何必讀《詩》以斷其善惡？對此，朱子簡單回答說：「行之無邪，必其心之實也。思而無邪，則無不實矣。」（《文集》，卷 52，頁 2426）朱子的思路為：由於思之無邪，故能行之無邪。但思之無邪必須心有其實。心如何有實？此則須回歸觀照朱子閱讀經學之進程。前一章已提過，在閱讀《詩》、《書》之前，此心已經過《四書》的義理涵養，基本上已建立起良善的基礎規模，因此，讀《詩》前的條件是此心已具備由閱讀《四書》之後所獲得具體而微的義理價值，如此便是心有其實。若無其實，便為朱子所說「《詩》上說『思無邪』，自家口讀『思無邪』，心裡卻胡思亂想。」（《語類》，卷 114，頁 2759）故讀者能以「思無邪」讀《詩》便不是一種簡單自我麻醉的宣稱而已。

　　過去研究者在討論朱子「思無邪」之義時，普遍只從讀者無邪的角度論說，但卻忽略朱子「思無邪」說真正的重點應該在「思」，《語類》載：

「何以窒慾？伊川曰：『思。』此莫是言慾心一萌，當思禮義以勝之否？」曰：「然。」又問：「思與敬如何？」曰：「人於敬上未有用力處，且自思入，庶幾有箇巴攬處。『思』之一字，於學者最有力。」（《語類》，卷 97，頁 2491）

「惟思為能窒慾，如何？」曰：「思與觀同。如言『第能於怒時遽忘其怒而觀理之是非』。蓋是非既見，自然欲不能行。」（《語類》，卷97，頁 2491）

思乃指作為主體之人的思維活動，面對有邪之《詩》，要能達到無邪之閱讀，主體本身的思維是最重要的關鍵。若思維導向邪處，自然產生邪欲，若思維能持正不偏，任何外在因素皆不能引發邪欲，故惟思能窒欲。思要能正，便需具備義理認知基礎，《語類》又載：

嶔問：「『思無邪』，固要得如此，不知如何能得如此？」 曰：「但邪者自莫思，便了。」又問：「且如持敬，豈不欲純一於敬？然自有不敬之念固欲與己相反，愈制則愈甚。或謂只自持敬，雖念慮妄發，

> 莫管他，久將自定，還如此得否？」曰：「要之，邪正本不對立，
> 但恐自家胸中無箇主。若有主，且自不能入。」又問：「不敬之念非
> 出於本心。如忿懥之萌，學者固當自克，雖聖賢亦無如之何。至於
> 思慮妄發，欲制之而不能。」曰：「才覺恁地，自家便挈起了，但莫
> 先去防他。然此只是自家見理不透，做主不定，所以如此。《大學》
> 曰：『物格而後知至，知至而後意誠。』纔意誠，則自然無此病。」
> （《語類》，卷118，頁2853）

這段記錄說明要使思維理明義透，使胸中有主，重點便在於《大學》格物致
知之功，而最簡捷之途便是讀書窮理。由此回歸朱子讀書體系及其次序而言，
欲使讀《詩》者能以正思引導，則非透過《四書》先行建構義理基礎不可。
在《四書》義理的引領之下，可使思維澄清，無私欲淫念的存在，那麼在思
維純正的前提下，自能無邪觀《詩》。但欲使《四書》基礎更加穩固，必須再
透過《五經》的強化，故讀者雖已無邪，仍必須藉由落實在處理世事各種狀
況進行義理分析及判斷，以加強義理深化的內心的強度，而不是一味的只在
理論上講求涵養本心，卻無任何實際作為。由此觀《詩》，便是對吾心義理由
內在修養開始擴展到修身、齊家等各種關係的認識，是對基礎義理再予以深
化並適用於各種人倫條件以達完善，而「思無邪」由此方可導向讀者之思。

朱子自己對於《詩》旨之探索即經歷過從尊《序》到廢《序》的階段，
因此他曾認為自己枉費了許多年功夫，《語類》載：

> 又問讀《詩》。曰：「《詩》固可以興，然亦自難。先儒之說，亦多失
> 之。某枉費許多年工夫，近來於《詩》《易》略得聖人之意。今學者
> 不如且看《大學》《語》《孟》《中庸》四書，且就見成道理精心細求，
> 自應有得。待讀此四書精透，然後去讀他經，却易為力。」（《語類》，
> 卷115，頁2778）

朱子歸結枉費時間的原因，便是因為未先從《四書》入手，若能先精熟《四
書》義理後，當閱讀〈國風〉中某些言情詩篇時，便自然可以斷其善惡，以
為興發懲戒之用；相反地，若此心未經過《四書》義理之修鍊，便貿然讀「淫
奔詩」，則恐怕會如朱子枉費工夫，甚至會有流於產生邪思的可能。因此，「思
無邪」雖可指向讀者，但僅以無邪之思讀《詩》並不足以突顯《詩經》在義
理方面的深化功能，故朱子更以「勸善懲惡」補充「思無邪」之說，如此一
來，「思無邪」便成為讀《詩》者在接受《四書》義理建構後所應具備的基礎

認知，但如此讀《詩》，彰顯不出《詩經》在義理深化階段的積極性，而必須藉由分辨《詩》之正邪以興發義理善心，或懲創氣質中的惡念，檀作文即認爲朱子所賦予「思無邪」新解的主要內容便是「勸善懲惡」之說：

> 朱熹從讀者的角度來講「思無邪」，將其內涵限定爲「養心勸懲」，與其整個理學體系緊密相關。我們可以說以「養心勸懲」說爲內涵的「思無邪」新解是其理學思想的一個重要組成。〔註74〕

但朱子也注意到，單單用一句「思無邪」作爲概括之綱領，很容易會令學者誤失爲學程序及分際，以爲整本《詩經》都用這種態度觀照即可，朱子〈偶讀謾記〉便云：

> 或讀〈關雎〉，問其訓詁名物，皆不能言，便說「樂而不淫，哀而不傷」云云者。余告之曰：若如此讀《詩》，則只消此八字，更添「思無邪」三字，成十一字後，便無話可說，三百五篇，皆成查滓矣。因記得頃年汪端明說沈元用問伊和靖：「伊川先生《易傳》，何處是切要處？」尹云：「體用一源，顯微無間，此是最切要處。」後舉似李先生，先生曰：「尹說固好，然須是看得六十四卦、三百八十四爻都有下落處，方始說得此話。若學者未曾子細理會，便與他如此說，豈不悞他！」余聞之悚然，始知前日空言無實，全不濟事，自此讀書益加詳細云。（《文集》，卷71，頁3552～3553）

朱子擔心如果過度強調綱領的作用，學者很可能會不切實際，自以爲如此便掌握住要旨，正如尚未認眞研讀完《詩經》，便道《詩經》全篇重點爲「思無邪」；又如對《易經》未有通盤了解，便以「體用一源，顯微無間」爲《易經》要義，最後反而可能會流於司馬光〈論風俗箚子〉中所言：

> 讀《易》，未識卦爻，已謂《十翼》非孔子之言；讀《禮》，未知篇數，已謂《周官》爲戰國之書；讀《詩》，未盡〈周南〉、〈召南〉，已謂毛鄭爲章句之學；讀《春秋》，未知十二公，已謂《三傳》可束之高閣。〔註75〕

這些都是學者不仔細讀書的弊病，故朱子對此提出補充之論：

> 若是常人言，只道一箇「思無邪」便了，便略了那「《詩》三百」。

〔註74〕 檀作文：《朱熹詩經學研究》，頁234。

〔註75〕 〔宋〕司馬光：《傳家集》，收入《景印文淵閣四庫全書》第1094冊，卷42，頁10上～10下。

聖人須是從《詩》三百逐一篇理會了，然後理會「思無邪」，此所謂
下學而上達也。今人止務上達，自要免得下學。如說道「灑埽應對
進退」便有天道，都不去做那「灑埽應對進退」之事。到得灑埽，
則不安於灑埽；進退，則不安於進退；應對，則不安於應對。那裡
面曲折去處，都鶻突無理會了。這箇須是去做，到得熟了，自然貫
通。到這裏方是一貫。古人由之而不知，今人不由而但求知，不習
而但求察。（《語類》，卷23，頁538）

「思無邪」雖可作爲閱讀整部《詩經》所必須掌握之綱領，但仍必須落實在
逐一將三百篇理會，然後再思索「思無邪」之意涵，否則只是空口說白話。
至於如何能夠在閱讀各篇詩歌時把握住達致「思無邪」之要領，此便可轉入
朱子對孔子所言：《詩》可以「興、觀、群、怨」的解釋。

（二）接受孔子「興觀群怨」觀點作為學習《詩經》之法則

《論語》〈陽貨〉載：「子曰：『小子何莫學夫《詩》。《詩》可以興，可以
觀，可以群，可以怨。邇之事父，遠之事君，多識於鳥獸草木之名。』」孔子
「興、觀、群、怨」之說提出後便成爲後世說《詩》者相當重要的依據。朱
子亦接受孔子觀點，並以「興、觀、群、怨」爲讀《詩》之法，《論語集注》
便訓興爲「感發志氣」，觀爲「考見得失」，群爲「和而不流」，怨則是「怨而
不怒」，並云：「學《詩》之法，此章盡之。讀是經者，所宜盡心也。」〔註76〕
朱子認爲《詩經》三百篇，涵蓋各種人倫關係，所謂「人事浹於下，天道備
於上，而無一理之不具也。」（〈詩集傳序〉，《文集》，卷76，頁3802）讀《詩》
若能即其詞，玩其理，便能養其心。由於孔子曾以「興、觀、群、怨」爲《詩》
之功能，朱子便在此基礎上，將「興、觀、群、怨」改造成爲「學《詩》之
法」，並由此以達成「勸善懲惡」之「思無邪」的理想。以下試分別述之：

1. 可以興──《詩》具興發志意之效果

朱子論興有二義：一是指閱讀完整首詩歌之後所產生感發人心的效果，
這是就詩歌整體內容及風格而言，《詩傳遺說》載：

看《詩》，須是看他詩人意思好處是如何？不好處是如何？看他風
土，看他風俗，又看他人情物態。只看〈伐檀〉詩，便見他一箇清
高底意思。看〈碩鼠〉詩，便見他一箇暴斂底意思。好底意思是如

〔註76〕 朱熹：《朱子全書·論語集注》，卷9，頁222。

此，不好底是如彼。看他好底意思，令自家善意油然感動而興起；
看他不好底，自家心下如著槍相似。如此看，方得《詩》意。〔註77〕

《詩經》多爲詩性文字，本身即具有藝術特質，可以感動人心，故朱子認爲讀《詩》必須深入體會其意涵，進而感發此心，見善則油然興起，見不善亦能自我警惕。王應麟（1223～1296）《困學紀聞》便曾云：

子擊好〈晨風〉、〈黍離〉，而慈父感悟。周磐誦〈汝墳〉卒章，而爲親從仕。王裒讀〈蓼莪〉而三復流涕。裴安祖講〈鹿鳴〉而兄弟同食，可謂興於《詩》矣！〔註78〕

這些都是《詩經》能感發人之意志之例，只是此種興法著重於感受詩歌所營造出來的整體效果。而朱子所關注的「興」尚有另一種意涵，乃是就《周禮》所謂六詩之興探討《詩經》創作手法，亦即「賦、比、興」之興，這種興除牽涉到作者創作手法，亦可指引讀者如何正確閱讀《詩經》，故又牽涉到讀者感受的問題，雖與第一種興法有重疊之處，但此種「興」乃就詩篇章句分析探討，如《語類》載：

讀《詩》便長人一格。如今人讀《詩》，何緣會長一格？《詩》之興，最不緊要。然興起人處，正在興。會得詩人之興，便有一格長。「豐水有芑，武王豈不仕！」蓋曰，豐水且有芑，武王豈不有事乎！此亦興之一體，不必更注解。（《語類》，卷80，頁2084）

此種興法將《詩》以摘字尋句方式切割爲興句與被興句，與第一種「興」著重於閱讀全詩後所興發的整體感受不同。這兩種興法均是朱子《詩經》學極重要的內容。本節先處理由《論語》所延伸出來《詩》「可以興」的意涵，也就是對詩歌閱讀之後所帶來的整體效果的興法，至於涉及上下文之間先言與引起關係的興法，則於下一章討論。

「興」的解釋歷來眾說紛紜，以《論語》「可以興」爲例，孔安國解爲：「引譬連類也。」〔註79〕皇侃（487～545）《論語義疏》則據之闡釋云：「興謂譬喻也，言若能學《詩》，《詩》可令人能爲譬喻也。」〔註80〕將興釋作譬喻，是以興爲修辭方法，崔海峰便分析云：

〔註77〕　朱鑑：《詩傳遺說》，卷1，頁13下／9。

〔註78〕　〔宋〕王應麟，〔清〕翁元圻等注，欒保群等校：《困學紀聞全校本》（上海：上海古籍出版社，2008年12月），卷3，頁352。

〔註79〕　皇侃：《論語集解義疏》，卷9，頁9下／614。

〔註80〕　皇侃：《論語集解義疏》，卷9，頁10上／615。

「引譬連類」之說符合春秋時期包括孔子在內的人士賦《詩》、引
《詩》的實際。以引譬連類釋「興」，大概是指學詩可以培養人們
由此及彼、由事及理的聯想和通悟能力，切近孔子「《詩》可以興」
的本意。〔註81〕

但朱子並不滿意這種傾向於由文學譬喻之修辭手法所作的解釋，他從義理角
度提高孔子「可以興」之價值，認爲「興」是《詩經》感發人心相當重要的
作用，《語類》云：

問：「《詩》如何可以興？」曰：「讀《詩》，見其不美者，令人羞惡；
見其美者，令人興起。」（《語類》，卷47，頁1186）

所謂「《詩》可以興者」，使人興起有所感發，有所懲創。（《語類》，
卷80，頁2090）

《詩經》之興可使讀者在瀏覽美善事物時有所感發，若見不善者，亦能令人
羞惡。那麼興法的作用便與「思無邪」的意涵相同，《詩傳遺說》載：「若要
盡得『可以興』以下數句，須是『思無邪』一語包得甚闊。」〔註82〕可見「興、
觀、群、怨」均必須圍繞在「思無邪」的原則之下，方得以顯示其價值，否
則若爲淫奔詩所感發，而興起淫泆之念，便不得爲興也。故朱子注《論語》〈泰
伯〉「子曰：『興於《詩》，立於禮，成於樂。』」時，亦云：

興，起也。詩本性情，有邪有正。其爲言既易知，而吟詠之間，抑
揚反復，其感人又易入。故學者之初，所以興起其好善惡惡之心，
而不能自已者，必於此得之。〔註83〕

就文藝心理學而言，詩歌與主體之間的情感交流主要建立在讀者的閱讀接受
之上，感染力強的詩歌很容易對接受者產生強烈的吸引力，觸發其內心深刻
情感波動，龍協濤便云：

在讀解過程中，文本對象經過接受主體積極能動的參與，逐漸爲接
受主體所把握、所占有、所再造，而成爲接受主體審美個性的化身、
審美理想的負荷體；文本對象的意義和價值得到主體自身的確證、
認同，從而由潛在的意義和價值變成眞正的、現實的美學意義和價

〔註81〕 崔海峰：〈興觀群怨說——從孔子到王夫之〉，《船山學刊》2009年第4期，頁5。
〔註82〕 《語類》亦有相同說法，均爲周明作錄，但卻記爲：「須是『思無邪』一語甚闊。」語意不若《詩傳遺說》所錄顯明。
〔註83〕 朱熹：《朱子全書‧論語集注》，卷4，頁133。

值，主體的精神力量也被對象所印證和高揚。〔註84〕

朱子強調興法對學者的興起作用，其實與讀者接受論的藝術感染效果本質頗爲類似，但朱子的興卻非單純建立在情感交流的層面，他注重的是《詩》能興發人心對義理價值的感受，「感發志意」即是感發善心善意，並懲治惡心惡意，所謂「興起其好善惡惡之心」便是就義理而言，如此則與文學興法的要求不同。

　　既然朱子之興是指詩歌對人心興起義理價值的一種輔助，但該如何能夠達成這樣的目標，朱子提出兩種意見，《語類》載朱子引陸九齡（1132～1180）之言云：

> 子壽言：「《論語》所謂『興於《詩》』。又云：『《詩》，可以興。』蓋《詩》者，古人所以詠歌情性，當時人一歌咏其言，便能了其義，故善心可以興起。今人須加訓詁，方理會得，又失其歌詠之律，如何一去看著，便能興起善意？」（《語類》，卷35，頁933）

這段話的重點指出，古人之所以能得爲《詩經》所感發，因爲古人明白《詩》之本義，一讀《詩》便能理解其義，而且《詩》本有音律配合，藉由音樂感染的力量，更有助於興發本心。然而今人並不具有相同的背景，故「可以興」的義理感染力量便減弱許多，陳體仁便曾提問朱子：「《詩》本爲樂而作，故今學者必以聲求之，則知其不苟作矣。」（《文集》，卷37，頁1533）今人失去聲樂之助，欲藉由於《詩》以興發感染義理的效果確實大不如前，但朱子認爲《詩》之文字乃爲本，《樂》只是爲《詩》而作，〈答陳體仁〉云：

> 凡聖賢之言《詩》，主於聲者少，而發其義者多，仲尼所謂「思無邪」，孟子所謂「以意逆志」者，誠以《詩》之所以作，本乎其志之所存，然後《詩》可得而言也。……故愚意竊以爲《詩》出乎志者也，《樂》出乎《詩》者也，然則志者《詩》之本，而《樂》者其末也。末雖亡，不害本之存，患學者不能平心和氣，從容諷詠，以求之情性之中耳。（《文集》，卷37，頁1534）

朱子認爲考之〈虞書〉所載，《詩》早於《樂》，那麼《樂》之功效便是輔佐對《詩》之感發而已。即使後世失去聲樂之助，但《詩》之本文仍在，吾人不應捨本逐末，以聲求《詩》，以爲欠缺聲樂之助便無法再現《詩》之興發功能，只要能夠從容諷詠詩句，求其情性中正，一樣可以展現《詩》感發人心

〔註84〕龍協濤：《文學閱讀學》（北京：北京大學出版社，2005年6月），頁28。

的效果。但程頤曾指出今人閱讀《詩經》的另一項困難,《論語集注》引程子
之言曰:

> 夫古人之詩,如今之歌曲,雖閭里童稚,皆習聞之而知其說,故能
> 興起。今雖老師宿儒,尚不能曉其義,況學者乎?是不得興於詩也。
> 〔註85〕

不能理解《詩》義,自然無法受其文字感染,這是非常現實的問題。然朱子
認為雖本義不見,音調不存,但詩詞本文仍在,唯一可行方法仍是藉由反覆
吟詠,使詩歌逐漸朗現興發人心的效果,捨此之外,實無他途。

2. 可以觀——《詩》具觀察美惡之效果

學《詩》的第二方法是「觀」。何謂觀?鄭玄注云:「觀風俗之盛衰。」
〔註86〕這是陳《詩》以觀其風之說的延申。《漢書》〈藝文志〉則載:「古者,
諸侯卿大夫交接鄰國,以微言相感,當揖讓之時,必稱《詩》以喻其志,蓋
以別賢不肖而觀盛衰焉。」〔註87〕由使者引《詩》以觀其志,如此則脫離《詩》
本義所指,而進入讀者再詮釋的理解視域。比較這兩種「觀」法,可以發現,
《詩經》乃春秋以前政治、風俗之記錄,陳《詩》觀風是就當時民情在風俗
上的反映而觀其盛衰,也就是說《詩》之內容即時反映現實狀況,但後來使
者引《詩》言志,便已脫離即時性的風俗反映,而加入自己對《詩》之理解,
因此便不能與風俗立即產生關連,而必須考察所引《詩》之邪正與使者心志
之間的關係,進而判斷使者之賢不肖。因此後世儒者在脫離即時反映風俗的
現實狀況之後,逐漸由觀盛衰轉變為藉由《詩經》之反映以觀政治的得失,
在這種思維下,朱子提出若能仔細分辨《詩經》中正邪之作,便可「考見得
失」,《論語或問》云:

> 可以觀,則諸說皆未安。夫子之意,蓋謂《詩》之所言,有四方
> 之風,天下之事,今古治亂得失之變,以至人情物態之微,皆可
> 考而知也。而張子以為觀眾人之志,范氏以為觀眾人之情,呂氏
> 以為察事變,楊氏以為比物象類,有以極天下之賾,皆各得其一
> 偏。〔註88〕

〔註85〕 朱熹:《朱子全書·論語集注》,卷4,頁133。
〔註86〕 皇侃:《論語集解義疏》,卷9,頁10上/615。
〔註87〕 班固:《漢書》,卷30,頁25上/448。
〔註88〕 朱熹:《朱子全書·論語或問》,頁880。

朱子認爲眾說皆過度注重由《詩》之本義所反映的盛衰狀況，但單純觀前代風俗盛衰並無太大意義，重點在於如何使讀《詩》重點轉向讀者自己的感受。《詩》乃人倫之大備，包羅許多人情物態，因此讀《詩》可從中取得許多借鑒，此便爲觀之意涵。《語類》有云：

> 夫「《詩》可以觀」者，正謂其間有得有失，有黑有白，若都是正，卻無可觀。（《語類》，卷 117，頁 2813）

> 「可以觀」者，見一時之習俗如此，所以聖人存之不盡刪去，便盡見當時風俗美惡，非謂皆賢人所作耳。（《語類》，卷 80，頁 2090）

由盛衰論轉向美惡論，便代表朱子重視《詩》對讀者所帶來的閱讀效果。《詩》有美有惡，可以觀其盛衰，以考見得失，那麼「可以觀」之說便又回應前面所提到善者可以興發，惡者可以懲創的「可以興」之說。不過可以觀者較多指向於《詩經》中的變〈風〉而言：「若都是正，卻無可觀。」「聖人存此，亦以見上失其教，則民欲動情勝，其弊至此，故曰『《詩》可以觀』也。」（《語類》，卷 80，頁 2067）觀變〈風〉之發生乃由於政治衰弊、風俗不善，因而導致百姓欲動情勝，不復存先王之化，由此可以知古今治亂得失之變以至於人情物態之微，以期能夠通天下之理，達古今之情。那麼「可以觀」便又可與朱子觀過知仁說連結。

朱子講「觀過和仁」時便強調觀過是觀他人之過，而非觀己之過，《語類》云：

> 問：「昨與劉公度看南軒爲先生作〈韋齋記〉，其間說『觀過知仁』一段，以所觀在己。及〈洙泗言仁論〉，又以所觀在人。不知二說先生孰取。」曰：「觀人底是。《記》曰：『與仁同功，其仁未可知也；與仁同過，然後其仁可知也。』即是此意。」（《語類》，卷 26，頁 659）

> 問「觀過知仁」一章。曰：「此是就人有過失處觀之。謂如一人有過失，做錯了事，便觀其是過於厚，是過於薄。過於厚底，雖是不是，然可恕，亦是仁者之類。過於薄底，便不得，便是不仁了。」（《語類》，卷 26，頁 657）

對於「觀過知仁」，張栻認爲可以藉由觀己之過獲得反省啓發的機會，但朱子認爲若如張栻的說法，那麼便容易對自己的過錯產生藉口，因此他主張觀過乃觀他人之過，藉由觀他人之過以警示自己，避免犯下過錯。但朱子並非鄉

願的認為己身不會犯錯，只是他所採取的是更高標準，期許透過觀他人之過而期使自己得以無過。朱子〈觀過說〉云：

> 「觀過」之說，詳味《經》意，而以伊川之說推之，似非專指一人
> 而言，乃是通論人之所以有過，皆是隨其所偏，或厚或薄，或不忍
> 或忍，一有所過，無非人欲之私。若能於此看得兩下偏處，便見勿
> 忘、勿助長之間，天理流行，鳶飛魚躍，元無間斷，故曰：「觀過，
> 斯知仁矣。」蓋言因人之過而觀所偏，則亦可以知仁，非以後必如
> 此而後可以知仁也。若謂「觀己過」，竊嘗試之，尤覺未穩。蓋必俟
> 有過而後觀，則過惡已形，觀之無及，久自悔咎，乃是反為心害，
> 而非所以養心。若曰：「不俟有過，而預觀平日所偏」，則此心廓然，
> 本無一事，卻不直下栽培涵養，乃豫求偏處，而注心觀之，聖人平
> 日教人養心求仁之術，似亦不如此之支離也。（《文集》，卷 67，頁
> 3381～3382）

而從朱子學術修養進路來看，《四書》中幾乎無過可觀，那麼首先可藉由觀過而以為己惕者，便在《詩經》。《詩經》中錄有閭巷小人所作放縱情欲之詩篇，對朱子而言，這就是過，故藉由觀變〈風〉之過，進而反省己身，甚至可以預防過錯的發生，如《語類》載：

> 向見伯恭〈麗澤詩〉，有唐人女，言兄嫂不以嫁之詩，亦自鄙俚可惡。
> 後來思之，亦自是見得人之情處。為父母者能於是而察之，則必使
> 之及時矣，此所謂「《詩》可以觀」。（《語類》，卷 81，頁 2104）

朱子將《詩經》可以觀的精神更擴大及於其他詩歌，因為詩本是人情之作，聖人之情自然純正，而凡人之情未免有惡，如何去惡趨善，單純就義理上立論很難兼顧現實中的各種情況，若能透過觀《詩》以察人情世俗之善惡，進而防微杜漸，此方是「《詩》可以觀」說的真諦所在。

正由於變〈風〉仍存在可提供借鑒的性質，朱子對於時人貶低〈國風〉的作法便有所不滿，《詩集傳》引胡安國（1074～1138）之言云：

> 胡氏曰：楊時有言，《詩》載此篇（〈鶉之奔奔〉），以見衛為狄所滅
> 之因也，故在〈定之方中〉之前。因以是說考於歷代，凡淫亂者，
> 未有不至於殺身敗國而亡其家者。然後知古詩垂戒之大，而近世有
> 獻議，乞於經筵不以〈國風〉進講者，殊失聖經之旨矣。（《詩集傳》，
> 卷 3，頁 445）

變〈風〉及淫奔詩的存在，乃聖人刻意之舉，目的即在使人藉由觀風俗之變，察善惡之情，再由此致力於改善政治，澄清教化，如此一來觀風俗善惡便可與考見得失並行不悖，從這種意義來說，孔子「可以觀」之說正是朱子敢於提出「淫奔詩」的最大論證。

3. 可以群──《詩》具導正情性之效果

孔安國訓「群」爲「群居相切磋也。」〔註89〕皇侃《義疏》則引申云：「可以群者，《詩》有如切如磋，如琢如磨，是朋友之道，可以群居也。」〔註90〕兩人的說法很明顯是根據《論語》中所記兩則孔子與子夏、子貢的論《詩》而發揮。《論語》〈學而〉載孔子與子貢論貧富表現時云：

> 子貢曰：「貧而無諂，富而無驕，何如？」子曰：「可也，未若貧而樂，富而好禮者也。」子貢曰：「《詩》云：『如切如磋，如琢如磨』，其斯之謂與？」子曰：「賜也，始可與言《詩》矣，告諸往而知來者。」

《論語》〈八佾〉又載孔子與子夏論《詩》云：

> 子夏問曰：「巧笑倩兮，美目盼兮，素以爲絢兮，何謂也？」子曰：「繪事後素。」曰：「禮後乎？」子曰：「起予者商也，始可與言《詩》已矣。」

這兩則記錄被視爲《詩經》可以興發義理感受的典型範例。子貢問教於孔子，並引《詩》以回應對孔子說法的領悟，《論語集注》云：「子貢自以無諂無驕爲至矣，聞夫子之言，又知義理之無窮，雖有得焉，而未可遽自足也，故引是詩以明之。」〔註91〕朱子認爲子貢之引《詩》是因爲義理感受在深刻興發下所作出的舉動。第二則中子夏則是直接以《詩經》文句提問，並轉向於禮的發揮，是在接受孔子解說後對《詩》產生新的領悟。孔子盛讚二人，認爲有教學相長之助益，《論語集注》便引楊時之言云：「孔子曰繪事後素，而子夏曰禮後乎，可謂能繼其志矣。非得之言意之表者能之乎？商、賜可與言《詩》者以此。」〔註92〕因此，孔安國及皇侃的訓義便圍繞孔子與弟子之「群」的關係說解，認爲師弟、友朋之間藉由對《詩經》的討論、欣賞，可以相互砥礪，互相啓發，進而促進感情，達到協合群體的作用。然而若照二人之說，其實任何學問都可以擔負起這種功用，不必限於《詩》而已，況且小人亦可

〔註89〕　皇侃：《論語集解義疏》，卷9，頁10上／615。
〔註90〕　皇侃：《論語集解義疏》，卷9，頁10上／615。
〔註91〕　朱熹：《朱子全書·論語集注》，卷1，頁73。
〔註92〕　朱熹：《朱子全書·論語集注》，卷2，頁86。

以群居，何必學《詩》方可以群？因此朱子並未簡單接受這樣的解釋，而改以「和而不流」重新詮釋「可以群」之意涵。

「和而不流」一語出自《中庸》，「和」乃指已發之後情感皆中節之謂，朱子云：「發皆中節，情之正也，無所乖戾，故謂之和。」〔註93〕無所乖戾爲和，那麼情感若稍有偏移便是流，如此一來「和而不流」則可指向《詩》導正情性的功用而言。《論語精義》引張載曰：「蓋不爲邪所以可群居。」〔註94〕又引范祖禹（1041～1098）曰：「可以群者，相勉以正也。」〔註95〕《詩》有正邪之分，朋友相居討論，必須識得其差異，《詩》中之正，可以相勉以正，至於變《詩》雖有淫邪怨刺成分，但讀《詩》者須懂得戒懼節制，以免情性隨之流移，如此方可謂「和而不流」。因此，相較於傳統解釋僅著重於群字之解，朱子是在「群」的基礎上，將《詩》正情性的功用引入，那麼「可以群」便有正面功效，可以互相激盪，興發對義理的感受。

4. 可以怨——《詩》具怨而得正之效果

怨是中國文學的一大特色，人生在世，難免浮沈，當產生失意鬱結的情感時，往往會表現出一定程度的怨思，進而反映在文學作品中。因此，藉由考察文學作品怨刺內容，便可廣泛理解人情及社會現象，鍾嶸〈詩品序〉有深刻引申：

> 嘉會寄詩以親，離羣託詩以怨。至於楚臣去境，漢妾辭宮；或骨橫朔野，或魂逐飛蓬；或負戈外戍，殺氣雄邊；塞客衣單，孀閨淚盡；或士有解佩出朝，一去忘反；女有揚娥入寵，再盼傾國。凡斯種種，感蕩心靈，非陳詩何以展其意，非長歌何以騁其情？故曰：「《詩》可以羣，可以怨。」使窮賤易安，幽居靡悶，莫尚於詩矣。〔註96〕

《詩經》中的怨詩集中於變〈風〉及變〈雅〉，怨詩的產生主要是針對己身不幸遭遇所發出的哀嘆，並反映時代之衰亂，因此先儒便以此種特徵作爲區別《詩經》正、變的原則。這種怨情雖非健康情感，但若強加禁止，反而會引起更大的反彈，因此傳統儒家並不主張禁絕怨情的表現，劉美紅便云：

〔註93〕 朱熹：《朱子全書·中庸章句》，頁33。
〔註94〕 〔宋〕朱熹編：《論語精義》，收錄於朱傑人編：《朱子全書》第7冊，卷9上，頁577。
〔註95〕 朱熹：《朱子全書·論語精義》，卷9上，頁577。
〔註96〕 〔南朝·梁〕鍾嶸：《詩品》，收入〔清〕何文煥輯：《歷代詩話》（北京：中華書局，1981年4月），頁3。

在先秦儒家那裡，「怨」是一種於己、於人、於社會都十分有害的情感，因此應該努力加以克服和消解，做到「無怨」、「不怨」、「遠怨」。而另一方面，儒家又看到，「怨」作爲人的自然情感往往難以避免。……儒家在力倡「無怨」、「不怨」的同時，並不要求對「怨」的情感進行強行的壓制和圍堵。〔註97〕

正如劉美紅所言，儒家雖然主張不應有怨，但這是從根本面談起，認爲執政者必須做到讓人民無怨的理想，如《孟子》〈盡心上〉所云：「以佚道使民，雖勞不怨。以生道殺民，雖死不怨殺者。」但現實與理想差距甚大，一旦落實在現實層面中，人民之怨往往無法禁止，故儒者又主張必須加以疏導。孔子言《詩》「可以怨」，即是主張必須有適度的管道宣洩人民的怨情，不可強行壓抑。而有別於文學家重視「怨」反映人心的感情功能，傳統經學對《詩經》怨刺功能則多由政治層面解讀，《詩序》便云：「言之者無罪，聞之者足以戒」〔註98〕，孔安國註「可以怨」亦言：「怨刺上政也。」〔註99〕孔穎達《毛詩正義》則把怨與刺連結：「怨與刺皆自下怨上之辭。怨者，情所恚恨；刺者，責其愆咎，大同小異耳。」〔註100〕這些都是從《詩》的政教功能理解怨。

　　人民對於衰敗政治固然可有怨，但儒家又強調這種怨情不可流於過度，《荀子》〈大略〉有言：「爲人臣下者，有諫而無訕，有亡而無疾，有怨而無怒。」〔註101〕《詩序》亦云：「故變〈風〉，發乎情，止乎禮義。」〔註102〕朱子受到這兩種詮釋系統影響，進一步發展出「怨而不怒」之說，以作爲對孔子「可以怨」的補充解釋，如此一來，怨便成爲可以接受的情感，但亦不流於怒，《詩傳遺說》錄呂德明所錄一條語錄云：

　　又問：「可以怨，《集注》云：『怨而不怒』，怒是如何？」曰：「詩人
　　怨詞，委曲柔順，不恁地疾怨。」〔註103〕

怒便是疾怨，若情感流於怒，便偏離中和之情感，可能導致偏激失序的行爲，

〔註97〕劉美紅：《先秦儒學對「怨」的診斷與治療》（廣州：中山大學出版社，2010年3月），頁129～130。

〔註98〕阮元校勘：《毛詩正義》，卷1之1，頁11下／566。

〔註99〕皇侃：《論語集解義疏》，卷9，頁10上／615。

〔註100〕阮元校勘：《毛詩正義》，卷2之1，頁17下／630。

〔註101〕〔唐〕楊倞注，〔清〕王先謙集解：《荀子集解》，收入《新編諸子集成》第2冊，卷19，頁326。

〔註102〕阮元校勘：《毛詩正義》，卷1之1，頁14上／567。

〔註103〕朱鑑：《詩傳遺說》，卷1，頁10上～10下／7。

《語類》載：

> 然讀《詩》者須當諷味，看他詩人之意是在甚處。如〈柏舟〉，婦人
> 不得於其夫，宜其怨之深矣。而其言曰：「我思古人，實獲我心！」
> 又曰：「靜言思之，不能奮飛！」其詞氣忠厚惻怛，怨而不過如此，
> 所謂「止乎禮義」而中喜怒哀樂之節者。所以雖爲變〈風〉，而繼二
> 〈南〉之後者以此。臣之不得於其君，子之不得於其父，弟之不得
> 於其兄，朋友之不相信，處之皆當以此爲法。如屈原不忍其憤，懷
> 沙赴水，此賢者過之也。賈誼云：「歷九州而相其君兮，何必懷此都
> 也？」則又失之遠矣！讀《詩》須合如此看。所謂「《詩》可以興，
> 可以觀，可以群，可以怨」，是《詩》中一箇大義，不可不理會得也！
>
> （《語類》，卷81，頁2102）

常人在不得志的情況之下，可能會有過深之怨，如此便會失情性之中正。但《詩經》中的詩人往往能轉化深刻怨情，而以忠厚惻怛之詞氣出之，表現出寬緩不迫、優柔溫厚的情感，這是溫柔敦厚的《詩》教特色。孟子對此亦有深刻體認，〈告子下〉載：

> 公孫丑問曰：「高子曰：『〈小弁〉，小人之詩也。』」孟子曰：「何以
> 言之？」曰：「怨。」曰：「固哉，高叟之爲《詩》也！有人於此，
> 越人關弓而射之，則己談笑而道之；無他，疏之也。其兄關弓而射
> 之，則己垂涕泣而道之，無他，戚之也。〈小弁〉之怨，親親也。親
> 親，仁也。固矣夫，高叟之爲《詩》也！」曰：「〈凱風〉何以不怨？」
> 曰：「〈凱風〉，親之過小者也；〈小弁〉，親之過大者也。親之過大而
> 不怨，是愈疏也。親之過小而怨，是不可磯也。愈疏，不孝也；不
> 可磯，亦不孝也。孔子曰：『舜其至孝矣，五十而慕。』」

〈小弁〉之作，相傳爲周幽王既得褒姒，遂廢申后及太子宜臼，而宜臼之傅敘其哀痛迫切之情所作。從詩詞來看，怨情頗深，故高子批評乃小人之詩。然而孟子則認爲此屬人情之表現，因親疏而怨，未足爲愆。朱子則接受孟子的觀點，亦認爲若因父母之小過而遽怒，則爲不孝，但爲至親所疏離，若不怨，豈非木石，乃更爲不孝也，「言舜猶怨慕，〈小弁〉之怨，不爲不孝也。」〔註104〕連舜都會怨慕，那麼〈小弁〉之怨又何須怪哉！但亦不可將〈小弁〉之怨等同於舜之怨，《孟子或問》載：

〔註104〕朱熹：《朱子全書・孟子集注》，卷12，頁414。

> 或問：程子論〈小弁〉之怨，與舜不同，何也？曰：舜之怨，曰「父
> 母之不我愛，於我何哉？」蓋反諸身以求其所未至之辭。〈小弁〉之
> 怨，曰「何辜於天，我罪伊何？」則自以為無罪矣。此其所以不同
> 也歟？〔註105〕

在此，朱子將怨詩推向一更高境界，怨之產生多由於外在因素導致，故怨是
不可避免，然而在怨的當下，若能反求自身，則便可解哀怨之思，而不致流
於過激之怒。

「怨而不怒」雖是《詩經》怨詩的一大特色，但朱子卻反對過度強調《詩》
中怨的成分，《語類》載：

> 或曰：「先儒以三百篇之義皆『思無邪』。」先生笑曰：「如呂伯恭之
> 說，亦是如此。〈讀詩記序說〉一大段主張箇詩，說三百篇之詩都如
> 此。看來只是說箇『可以怨』，言詩人之情寬緩不迫，優柔溫厚而已。
> 只用他這一說，便瞎却一部詩眼矣！」（《語類》，卷23，頁539）

呂祖謙乃受謝良佐（1050〜1103）影響，以「怨而不怒」解釋「思無邪」之意，
《論語精義》錄有謝良佐之說云：

> 《詩》者，民之情性之正，出於先王之澤。……君子之於《詩》，非
> 徒誦其言，亦將以考情性，非特以考其情性；非特以考其情性，又
> 將以考先王之澤。蓋法度禮樂雖亡，於此猶能并與其深微之意而傳
> 之。故其為言率皆樂而不淫，憂而不困，怨而不怒，哀而不愁。如
> 〈綠衣〉，傷己之詩也，其言不過曰：「我思古人，俾無訧兮。」〈擊
> 鼓〉，怨上之詩也，其言不過曰：「土國城漕，我獨南行。」至軍旅
> 數起，大夫久役，止曰：「自貽伊阻。」役行無期度，思其危難以風
> 焉，不過曰：「苟無饑渴」而已。若夫言天下之事，美聖德之形容，
> 固不待言而可知也。其與愁憂思慮之作，孰能優游不迫也？孔子所
> 以有取焉。作《詩》者如此，讀《詩》者可以邪心讀之乎？〔註106〕

謝良佐主張《詩經》包含有「樂而不淫、憂而不困、怨而不怒、哀而不愁」
等特質，故所反映出來的是詩人情性之正及先王德化之澤。但朱子既認定《詩
經》中有淫奔詩的存在，自然會反對謝氏、呂氏這種以「可以怨」概括詩人
情性的說法。若依其說，則淫奔詩又將陷入詩人藉鄙俚言詞諷喻時政的不合

〔註105〕 朱熹：《朱子全書·孟子或問》，卷12，頁991。
〔註106〕 朱熹：《朱子全書·論語精義》，卷1下，頁65。

理現象。不過整體而言，朱子對《詩經》中的怨詩評價相當高，他稱讚《詩經》中許多怨詩皆能夠達到無過無不及的中節程度，表現出情性之正，「所謂『可以怨』，便是『喜怒哀樂發而皆中節』處。」(《語類》，卷80，頁2070)因此，怨詩的作者不同於淫奔詩作者，怨詩作者主要仍是士大夫階層的人物，與淫奔詩作者之爲閭巷小人不同。既爲知識分子，則其情性仍歸於正，雖然遭遇不幸，仍然能夠以禮義自持；而淫奔詩則出於不正邪思，以滿足淫欲爲前題，性情表現的差異，便是怨詩與淫奔詩最大不同處。

（三）採用孟子「以意逆志」之法作爲詮釋原則

前面論興時曾經提過，朱子認爲今人已不能盡知《詩》之本事，故詮解《詩》時往往失其旨意。朱子此說主要是批評依《詩序》解《詩》的傳統，並由此提出自己說《詩》的原則：「以《詩》說《詩》」，鄒其昌《朱熹詩經學詮釋美學研究》便將「以《詩》說《詩》」作爲朱子詮釋《詩經》的首要原則。〔註107〕但朱子這種原則僅見於語錄葉味道所記一條，且朱子所言只是一個模糊的概念，很難明確界定「以《詩》說《詩》」意涵。「以《詩》說《詩》」就字面意思來說，強調根據詩詞文本而作出詮釋，這算是以文本爲主的客觀態度，然朱子解《詩》雖主張廢棄《小序》而由文本立說，但從哲學詮釋學角度而言，任何主張排除先入爲主觀念的詮釋說法都是站不住腳的，每種詮釋必然受讀者自身前理解的影響，故所謂客觀的詮釋基本上是不存在。而且朱子雖然主張由文本立說，但這只是他自己不自覺的口號，事實上 朱子所強調的是作者之意，仔細斟酌葉賀孫此條記錄便可發現，朱子所重視的依舊是詩人本意的探求：「今人不以《詩》說《詩》，卻以《序》解《詩》，是以委曲牽合，必欲如序者之意，寧失詩人之本意不恤也。此是序者大害處！」(《語類》，卷80，頁2077) 若由「以《詩》說《詩》」的角度而言，其所突顯的是文本所承載的意涵，根據文本說文本，代表不可超出文本意義，一切說解必須局限在文本之中。但對朱子而言，文本是反映聖人之意的媒介，他實際是採取聖人之意作爲經典文本創作或刪編的意圖，因此，朱子並非單純「以《詩》說《詩》」。而前面也提到過，《詩經》作者多數是溫柔敦厚的士大夫階層，即使是閭巷小人所作之〈風〉詩，也間接蒙上孔子刪削的聖賢意圖，朱子所重視的便是探求這層義理價值。文本只是他的工具，眞正指導文本意圖的是背後崇高的聖賢本意，故實不宜過度放大「以《詩》說《詩》」之法作爲朱子詮

〔註107〕鄒其昌：《朱熹詩經學詮釋學美學研究》，頁15～61。

釋《詩經》的原則，較適合作爲朱子詮釋原則的說法，應以孟子所提出「以意逆志」說爲佳。

「以意逆志」之提出見於《孟子》〈萬章上〉，其云：

> 咸丘蒙問曰：「語云：『盛德之士，君不得而臣，父不得而子。』舜南面而立，堯帥諸侯北面而朝之，瞽瞍亦北面而朝之。舜見瞽瞍，其容有蹙。孔子曰：『於斯時也，天下殆哉，岌岌乎！』不識此語，誠然乎哉？」孟子曰：「否，此非君子之言，齊東野人之語也。堯老而舜攝也，〈堯典〉曰：『二十有八載，放勳乃徂落，百姓如喪考妣。三年，四海遏密八音。』孔子曰：『天無二日，民無二王。』舜既爲天子矣，又帥天下諸侯以爲堯三年喪，是二天子矣。」咸丘蒙曰：「舜之不臣堯，則吾既得聞命矣。《詩》云：『普天之下，莫非王土；率土之濱，莫非王臣。』而舜既爲天子矣，敢問瞽瞍之非臣如何？」曰：「是詩也，非是之謂也，勞於王事而不得養父母也。曰：『此莫非王事，我獨賢勞也。』故説詩者，不以文害辭，不以辭害志；以意逆志，是爲得之。如以辭而已矣。〈雲漢〉之詩曰：『周餘黎民，靡有孑遺。』信斯言也，是周無遺民也。孝子之至，莫大乎尊親；尊親之至，莫大乎以天下養。爲天子父，尊之至也；以天下養，養之至也。《詩》曰：『永言孝思，孝思惟則』，此之謂也。《書》曰『祗載見瞽瞍，夔夔齊慄，瞽瞍亦允若』，是爲父不得而子也。」

咸丘蒙截引〈北山〉詩句作爲討論舜與瞽瞍特殊關係的前提，但孟子強調理解詩意並須兼顧全詩意旨，而引用詩句時必須顧及詩歌作者原本的意思，否則過度採取斷章取義之法，有可能受限於詩句表面文字意涵而失卻全詩意旨。朱子對此則注云：

> 説詩之法，不可以一字而害一句之義，不可以一句而害設辭之志，當以己意迎取作者之志，乃可得之。若但以其辭而已，則如〈雲漢〉所言，是周之民眞無遺種矣。惟以意逆之，則知作詩者之志在於憂旱，而非眞無遺民也。〔註108〕

朱子之注是從孟子的角度立說，強調不可以表面字辭之意而妨害對整首詩的理解，進而錯用。但朱子的注解也突顯出他自己的態度：「以己意迎取作者之意，乃可得之。」這是什麼意思？《語類》中有諸多討論可爲註腳：

〔註108〕朱熹：《朱子全書・孟子集注》，卷9，頁373。

「以意逆志」，此句最好。逆是前去追迎之之意，蓋是將自家意思去
前面等候詩人之志來。又曰：「謂如等人來相似。今日等不來，明日
又等，須是等得來，方自然相合。不似而今人，便將意去捉志也。」
（《語類》，卷58，頁1359）

董仁叔問「以意逆志」。曰：「此是教人讀書之法：自家虛心在這裏，
看他書道理如何來，自家便迎接將來。而今人讀書，都是去捉他，
不是逆志。」（《語類》，卷58，頁1359）

問為學「遜志」、「以意逆志」之分。曰：「『遜志』是小著這心，去
順那事理，自然見得出。『逆志』是將自家底意去推迎等候他志，不
似今人硬將此意去捉那志。」（《語類》，卷79，頁2037）

朱子以生動形容描述己意與詩人之意的關係，並突顯出「己意」的重要性。
但這個「己意」卻又不是指先入為主的一己之見，朱子認為讀書時必須虛心
遜志，潛心研讀，靜待書中道理自然顯現之後，自己再去迎合此意，切不可
在初讀書時便立下先見，以自己的意思掩蓋作者之意。

那麼該如何做才能達成不以己意前去捉作者之意的理想，〈答胡伯逢〉第
三通解釋得更為清楚：

大抵讀書須是虛心平氣，優游玩味，徐觀聖賢立言本意所向如何，
然後隨其遠近、淺深、輕重、緩急而為之說，如孟子所謂「以意逆
志」者，庶乎可以得之。若便以吾先入之說橫於胸次，而驅率聖賢
之言以從己意，設使義理可通，已涉私意穿鑿，而不免於郢書燕說
之誚，況又義理窒礙，亦有所不可行者乎？（《文集》，卷46，頁2098）

孟子「以意逆志」經過朱子變化之後，「意」指讀者之意，「志」則為聖賢立
言之志，閱讀成為一種探求聖賢本意的詮釋行為。其中的己意並不代表預先
立下一個自己的意見，而是強調要空出己意，虛心平氣，再透過閱讀聖賢書
籍以期使聖人之意填補己意；若自己以先入之說橫於胸次，自然無法見得聖
賢之意，將會使義理窒礙，因此朱子一再強調「以意逆志」的重點是：「須得
退步者，不要自作意思，只虛此心將古人語言放前面，看他意思倒殺向何處
去。如此玩心，方可得古人意，有長進處。」（《語類》，卷11，頁180）「人若
能虛心下意，自莫生意見，只將聖人書玩味讀誦，少間意思自從正文中迸出
來，不待安排，不待杜撰。如此，方謂之善讀書。」（《語類》，卷137，頁3258）
如此一來，「以意逆志」中的「意」變成被動的條件，必須虛己心，勿生他意

以等候作者之志出現再予以迎合，以實現對聖賢本意的體悟。

然而如此一來問題又繞回原點，《詩經》文意在層層遮蔽下已無法令人獲知作者之意，傳統依據《詩序》解《詩》亦遭朱子否定，那麼該如何單純由文本推導出作者之意，朱子則指出必須以平易之法涵詠諷讀，勿作過度艱深的苛求，《語類》載：

> 觀《詩》之法，且虛心熟讀尋繹之，不要被舊說粘定，看得不活。伊川解《詩》，亦說得義理多了。《詩》本只是恁他說話，一章言了，次章又從而歎詠之，雖別無義，而意味深長。不可於名物上尋義理。後人往往見其言只如此平淡，只管添上義理，卻窒塞了他。如一源清水，只管將物事堆積在上，便壅隘了。某觀諸儒之說，唯上蔡云：「《詩》在識六義體面，卻諷味以得之」，深得《詩》之綱領，他人所不及。所謂「以意逆志」者，逆，如迎待之意。若未得其志，只得待之，如「需於酒食」之義。後人讀《詩》，便要去捉將志來，以至束縛之。呂氏《詩記》有一條收數說者，卻不定。云，此說非《詩》本意，然自有箇安頓用得他處，今一概存之。正如一多可的人，來底都是，如所謂「要識人情之正」。……每日看一經外，《大學》《論語》《孟子》《中庸》四書，自依次序循環看。（《語類》，卷117，頁2812～2813）

朱子一口氣批評程頤及呂祖謙，強調過分深求《詩》意會有相當多弊端。朱子認為《詩經》部分內容，文字平淡，但說《詩》者卻以為內含深意，只管不斷添上義理，如此便窒塞了詩意。又或者如呂祖謙說《詩》，有一條收數說者，即使他已確認某說非《詩》本意，但仍一律收存，那麼又該由何說以識人情？凡此皆不為朱子所取。然而朱子於最末突然發出每日看一經外，《四書》亦須依次序閱讀的看法，從朱子對讀書仔細度的要求來看，每日看一經應只是泛說，重點是指出在閱讀《五經》之時，必須回頭關照《四書》。《四書》是義理基礎，不斷循環閱讀便是不讓此義理基礎產生鬆動，並由《四書》義理以觀《五經》文理，進一步強化《五經》深化義理的功能。那麼在這樣的條件之下，觀《詩》便須以《四書》義理出發。

「以意逆志」說的另一重點在於要求勿對經典之意作過度苛察繳繞的深求，《近思錄》載：

> 古人能知《詩》者惟孟子，為其以意逆志也。夫詩人之志至平易，

不必爲艱嶮求之，今以艱嶮求《詩》，則已喪其本心，何由見詩人之
志？〔註109〕

不以艱險之意求《詩》，具體表現在詩句的閱讀上便是返回孟子所說「不以文
害辭，不以辭害意」的方法，程頤便曾云：

不以文害辭，文，文字之文，舉一字則是文，成句是辭，《詩》爲解
一字不行，卻遷就他說，如「有周不顯」，自是作文當如此。〔註110〕

不以文辭害意，便是主張勿過度解《詩》。漢人說經，有一字說至萬餘言者，
這便是過度講究字辭所產生的流弊，因此朱子強調觀《詩》須觀其上下文意，
透過整首詩所欲呈現的意涵了解詩義可能的取向，而不是捨本逐末，執著於
文句字面，過度強調訓詁，《語類》記：

凡讀書，則看他上下意是如何，不可泥著一字。如揚子言「於仁也
柔，於義也剛」；到《易》中言，剛却是仁，柔却是義。又《論語》
「學不厭，知也；教不倦，仁也」；到《中庸》又謂「成己，仁也；
成物，知也」。各隨本文意看，自不相礙。（《語類》，卷96，頁2467）

朱子這種不以文辭害意的觀念運用地相當廣泛，不僅用於解《詩》而已，如
與張栻討論「論天地以生物爲心」之說時，張栻認爲此說有病，朱子則根據
「不以文害辭」的原則回答：

某竊謂此語恐未有病，蓋天地之間，品物萬形，各有所事，惟天確
然於上；地隤然於下，一無所爲，只以生物爲事，故《易》曰：「天
地之大德曰生。」而程子亦曰：「天只是以生物爲道。」其論「復見
天地之心」又以動之端言之，其理亦已明矣。然所謂以生爲道者，
亦非謂生來做道也。凡若此類，恐當且認正意，而不以文害辭焉，
則辨詰不煩，而所論之本指得矣。〔註111〕

又如〈答何叔京〉論《易》之取象亦同樣由此詮釋原則強調不可拘泥字句：

《易》中取象，亦不可以文害辭，辭害意，若必字字拘泥，則不耕
而望獲，不菑而望畬，亦豈有此理耶？（《文集》，卷40，頁1733）

不過除文本其中的意涵之外，朱子更強調要看出言外之意，《語類》載：

〔註109〕 朱熹：《朱子全書·近思錄》，卷3，頁205。
〔註110〕 葉采注云：「『有周不顯』，言周家豈不顯乎？蓋言其顯也。苟直謂之不顯，則
是以文害辭。」見陳榮捷：《近思錄詳註集評》，卷3，頁212。
〔註111〕 〔宋〕滕珙編：《經濟文衡》，《景印文淵閣四庫全書》第704冊，卷18，頁5
下～6上／114～115。

問「樂天畏天者。」曰:「樂天是聖人氣象,畏天是賢人氣象,孟子
只是說大概聖賢氣象如此。使智者當以大事小時,也必以大事小;
使仁者當以小事大處,也必以小事大。不可將太王文王交互立說,
便失了聖賢氣象。此自是兩層事。孟子之說是前面一層,又須是看
得後面一層。所以貴乎『不以文害辭』者,正是此類。人須見得言
外意好。」(《語類》,卷51,頁1226)

嚴格說來,無論是所謂文本作者的聖賢之意,或是言外之意,這些都是經典
文本的意圖與朱子作爲讀者自身視域相結合之後所產生的詮釋視域。作者已
不存在,所謂完整的作者意圖唯一可憑藉的形式僅剩下文本,朱子自己也說:
「聖賢已死,它看你如何說,他又不會出來與你爭,只是非聖賢之意。」(《語
類》,卷137,頁3258)故所謂聖賢之意只是朱子自己由前理解所產生出來的
詮釋見解,不過這種建構於讀者視域之上的聖賢本意並非全由讀者自己產
生,就朱子而言,這是在吸收轉化《四書》義理之後已形成的視域,再憑藉
作爲閱讀《詩經》的基礎,在這種意義上,「以意逆志」並不是單純的虛空此
心以待義理,而是此心已具備義理認知,虛心所空出的位置其實已被先入爲
主劃歸爲等待聖賢義理的空缺,而這種聖賢義理是必須能夠配合《四書》所
開展的架構,否則便是朱子所謂先橫於心胸的先見。

(四)強調二〈南〉在《詩經》中的關鍵地位

朱子提出「淫奔詩」說,雖是意圖從理學角度批判這些詩作,但多數研
究者仍稱讚朱子敢於擺脫傳統,頗具慧眼。但也有學者對於朱子未能認清二
〈南〉部分詩篇亦具有這種傾向而感到遺憾,方玉潤(1811~1883)《詩經原
始》即云:

《小序》以爲后妃之德,《集傳》又謂宮人之咏太姒、文王,皆無確
證。詩中亦無一語及宮闈,況文王、太姒耶! 〔註112〕

二〈南〉中有些詩篇看起來與〈國風〉中的言情之作並無區別,如〈野有死
麕〉「舒而脫脫兮,無感我帨兮,無使尨也吠」及〈摽有梅〉「求我庶士,迨
其謂兮」今人多以爲此乃爲頗爲露骨之愛情詩,但朱子對於二〈南〉詩篇並
不從淫奔詩的角度闡述,而根據傳統說法,認爲此乃人倫之本,王化之基,
乃周文王德化天下的結果,《詩序》云:「〈關雎〉、〈麟趾〉之化,王者之風,

〔註112〕〔清〕方玉潤:《詩經原始》(臺北:藝文印書館,1981年2月,影印雲南叢
書本),卷1,頁2下~3上/166~167。

故繫之周公。南言化自北而南也。〈鵲巢〉、〈騶虞〉之德，諸侯之風也。先王之所以教，故繫之召公。」〔註113〕《詩序》的說法強調二〈南〉諸詩是聖王經理國政，德教風化天下的盛世法典。朱子一向對《詩序》不滿，但面對二〈南〉之序時卻接受其說，〈答陳體仁〉云：「二〈南〉分王者、諸侯之風，〈大序〉之說，恐未爲過。」（《文集》，卷37，頁1534）朱子是接受《詩序》以二〈南〉爲典範的原型之說，陳志信認爲這是朱子等儒者因對理想治世的嚮往而建構的政治藍圖：

> 經由本文對朱熹二〈南〉詩說建構過程的剖析，我們發現不論是《詩集傳》、抑或其原型《毛詩鄭箋》，二者均反映出注經行爲絕不是單純的釋義行爲，而是擁有一貫策略與固定模式的複雜知識活動——它通常通過牽引某古往事，且依歸於某禮法制度（如毛鄭詩說）、或某修德進程（如朱熹詩說）的固有說法，結構性地架起一套龐蕪深廣的詮釋體系，以圖再現（represnet）經典潛藏的理想世界藍圖；而就在這具特定形式的符碼組構活動的持續運作下，一部部經注方能不斷問世，又注解經典亦方成爲古來儒者呈現世界樣貌所慣用的文化形式（cultural form）。〔註114〕

陳志信從經典作爲優位語文的特質，分析朱子對於《詩經》的重視原因，無論是視被聖王教化的二〈南〉、〈雅〉、〈頌〉等詩篇可興發吾人向善之心，抑或是變〈風〉、變〈雅〉縱放情欲之詩篇亦可爲戒愼思省之教材，而這一切都歸向於朱子認爲經典是經過先聖親手裁定，而爲萬世所當共守的規範。依其說，則朱子之所以不願改變對二〈南〉的看法，原因即在於二〈南〉曾受到孔子推崇讚揚。

《論語》〈陽貨〉載：「子謂伯魚曰：『女爲〈周南〉、〈召南〉矣乎？人而不爲〈周南〉、〈召南〉，其猶正牆面而立也。』」孔子欲伯魚學習二〈南〉，並指出未學習二〈南〉的弊處，猶如人面對牆面站立，無法再向前進。朱子對此則注云：「〈周南〉、〈召南〉，《詩》首篇名。所言皆脩身齊家之事。正牆面而立，言即其至近之地，而一物無所見，一步不可行。」〔註115〕朱子認爲二〈南〉乃修身齊家之事，對照《大學》八條目，此乃內聖向外王擴展的階段。

〔註113〕阮元校勘：《毛詩正義》，卷1之1，頁17上／567。

〔註114〕陳志信：〈理想世界的形塑與經典詮釋的形式〉，頁303。

〔註115〕朱熹：《朱子全書·論語集注》，卷9，頁222。

《論語》〈八佾〉又有：「子曰：『〈關雎〉樂而不淫，哀而不傷。』」朱子注則
云：

> 〈關雎〉，〈周南〉〈國風〉，《詩》之首篇也。淫者，樂之過而失其
> 正者也。傷者，哀之過而害於和者也。〈關雎〉之詩，言后妃之德，
> 宜配君子。求之未得，則不能無寤寐反側之憂；求而得之，則宜其
> 有琴瑟鐘鼓之樂。蓋其憂雖深而不害於和，其樂雖盛而不失其正，
> 故夫子稱之如此。欲學者玩其辭，審其音，而有以識性情之正也。
> 〔註116〕

《論語》中記載頗多孔子對二〈南〉，尤其是〈關雎〉篇的稱頌之詞，如〈泰
伯〉：「子曰：『師摯之始，〈關雎〉之亂，洋洋乎盈耳哉！』」孔子的地位在後
世儒者的心目中實為聖人至尊的典範，因此儒者以經典為可以顯發天道蘊涵
的文字系統，正是出於對孔子聖人的崇仰，那麼孔子既然對二〈南〉有如此
高的評價，對於朱子而言，便成為他以二〈南〉為理想世界典範型式的根據。
〈答陳膚仲〉第一通云：

> 〈關雎〉序文之失固然，《論語》之意，亦謂樂得淑女也不過而為淫；
> 其哀夫不得也不過而為傷，正如《詩》文之謂耳。但序者不曉，乃
> 析哀、樂、淫、傷為四事，而所謂「傷善之心」者，尤為無理，是
> 則不可不察也。（《文集》，卷49，頁2234）

《小序》認為〈關雎〉一詩乃表現「后妃之德也。」〔註117〕但如此一來，詩
歌所歌頌者乃文王之后妃，但朱子認為，文王后妃之所以如此，亦是文王德
化的結果，若歌詠后妃，便弄錯對象，《詩序辨說》即云：

> 其詩雖若專美大姒，而實以深見文王之德。序者徒見其詞，而不察
> 其意，遂壹以后妃為主，而不復知有文王，是固已失之矣。至於化
> 行國中，三分天下，亦皆以為后妃之所致，則是禮樂征伐皆出於婦
> 人之手，而文王者徒擁虛器以為寄生之君也，其失甚矣。〔註118〕

朱子深感《小序》以為二〈南〉純敘后妃之德實有不妥，故極力強調文王之
德才是致治主因，《論語或問》云：

> 〈周南〉之詩，言文王后妃閨門之化；〈召南〉之詩，言諸侯之國

〔註116〕 朱熹：《朱子全書・論語集注》，卷2，頁89。
〔註117〕 阮元校勘：《毛詩正義》，卷1之1，頁3下／562。
〔註118〕 〔宋〕朱熹：《詩序辨說》，收錄於朱傑人編《朱子全書》第1冊，頁355。

> 夫人、大夫妻，被文王后妃之化而成德之事。蓋文王治岐而化行於
> 江、漢之域，自北而南，故其樂章以南名之，用之鄉人，用之邦國，
> 以教天下後世誠意、正心、脩身、齊家之道，蓋《詩》之正風也。
> 〔註119〕

〈詩集傳序〉亦云：

> 惟〈周南〉、〈召南〉親被文王之化以成德，而人皆以得其性情之正，
> 故其發於言者，樂而不過於淫，哀而不及於傷，是以二篇獨爲〈風
> 詩〉之正經。（《文集》，卷76，頁3802）

經過朱子的改造後，二〈南〉之詩成爲王者實現理想治世的典範藍圖，朱子
並且將《大學》八條目與文王修身治世的過程連結，並由此更突顯出關涉君
子修身養性的詩說之旨。

二、《四書》中的《尚書》學詮釋觀點

　　《四書》中載有孔子、孟子對《詩經》的相關詮釋概念，包括《詩》之
綱領，讀《詩》方法、詮釋原則及義理關懷重點，但相對於《尚書》而言，
這方面的論述卻極爲貧乏，在孔孟的言論中，並未總結出研讀《尚書》的系
統方法或心得，因此欲透過《四書》了解朱子由此而建立的《尚書》觀點便
相形困難，必須連結朱子有別於《四書》之外的言論，始能了解朱子由《四
書》所建立的關懷重點。

（一）確立《尚書》於《大學》條目中屬政治開展的層次

　　朱子以《尚書》爲「道政事」之作，在《大學》的開展中，政事乃「修
身、齊家」之後的功夫，屬於「治國、平天下」的層次，因此朱子便相當重
視《尚書》在這一部分的功能，《語類》載：

> 問：「『《尚書》難讀，蓋無許大心胸。』他書亦須大心胸，方讀得。
> 如何程子只說《尚書》？」曰：「他書卻有次第。且如《大學》自『格
> 物、致知』以至『平天下』，有多少節次；《尚書》只合下便大。如
> 〈堯典〉自『克明俊德，以親九族』，至『黎民於變時雍』，展開是
> 大小大！分命四時成歲，便是心中包一箇三百六十五度四分度之一
> 底天，方見得恁地。若不得一箇大底心胸，如何了得？」（《語類》，
> 卷78，頁1982）

〔註119〕 朱熹：《朱子全書·論語或問》，頁880。

　　　　或問讀《尚書》。曰：「不如且讀《大學》。若《尚書》，卻只說治國
　　　　平天下許多事較詳。如〈堯典〉『克明俊德，以親九族』，至『黎民
　　　　於變』，這展開是多少！〈舜典〉又詳。」（《語類》，卷78，頁1982）

第一則乃葉賀孫所記，他以程子讀《尚書》難讀乃無大心胸提問朱子，朱子
分析《尚書》大心胸處在於包得《大學》許多節次，如〈堯典〉云「克明俊
德，以親九族」一直到「黎民於變時雍」正是《大學》由修身到平天下的條
目開展，而修身基礎又必在於格物、致知、誠意、正心，故《尚書》所包幾
乎涵蓋《大學》全部階段，尤其著重在後半政事層面的部分，因此朱子主張
與其讀《尚書》，不若讀《大學》，但這不是否定《尚書》的價值，而是在於
突顯《尚書》所該具有的基礎及次序。

　　《尚書》所重者乃八條目的後半部，前半部義理基礎須藉由《四書》建
立，《詩經》則著重於修身乃至齊家的人際關係，然後再由《尚書》探究對治
國道理的開展，如此便是一貫的綱領程序，否則若踰越讀經次序，對義理的
探求將會錯亂。而在對《論語》的注釋中，朱子亦以這種觀念詮釋，如《論
語》〈為政〉載：「或謂孔子曰：『子奚不為政？』子曰：『《書》云：「孝乎惟
孝，友于兄弟，施於有政。」是亦為政。奚其為為政。』」孔子本是引《尚書》
之文說明為政的範圍相當廣泛，不必一定要在位方可為政，此乃純粹斷章取
義。但宋儒解說此處則多由《大學》八條目的角度詮釋，如伊川云：「《書》
之言孝，則曰惟孝友于兄弟，則能施於有政。」〔註120〕范祖禹則曰：

　　　　政者正也，正身而已，未有不正身而可以正家，不正家而可以正國
　　　　者也。故孝于父母，友于兄弟，施之於家而有政，是亦為政矣。豈
　　　　必在位乃為政哉？〔註121〕

朱子釋「孝乎惟孝，友于兄弟，施於有政」時亦由齊家到治國的角度論說，
但較顧及到孔子說此話時的語境：

　　　　《書》云孝乎者，言《書》之言孝如此也。善兄弟曰友，《書》言君
　　　　陳能孝於親，友於兄弟，又能推廣此心，以為一家之政。孔子引之，
　　　　言如此則是亦為政矣，何必居位乃為為政乎？蓋孔子之不仕，有難
　　　　以語或人者，故託此之告之，要之至理亦不外是。〔註122〕

〔註120〕朱熹：《朱子全書・論語精義》，卷1下，頁91。
〔註121〕朱熹：《朱子全書・論語精義》，卷1下，頁91。
〔註122〕朱熹：《朱子全書・論語集注》，卷1，頁80。

朱子是順著孔子原意強調若能孝於親，又能友於兄弟，這便是齊家之政。家
若齊，則國便可治，故朱子推演孔子之意強調齊一家之政，實亦等於為政了，
何必一定要居位施政方是為政。君子進學修德的目標本該由齊家再達治國，
但若受到某些原因限制，從而無法完成從政的客觀條件時，以修身、齊家為
目標，並不減損君子化及天下的理想，故朱子從孔子心理出發，論述孔子雖
不仕，但道理亦不外是。不過在《語類》中討論此則時，則脫超孔子語境的
限制，強調為政的順序正是需由孝友然後施於有政，如：

> 「惟孝友于兄弟」，謂孝然後友，友然後政，其序如此。（《語類》，
> 卷 24，頁 594）

> 問：「『惟孝友于兄弟』，可以『施於有政』。」曰：「此全在『推』字
> 上，言『舉斯心加諸彼』。今人只為不能善推其所為耳。范《唐鑑》
> 言唐明皇能友愛兄弟，而殺其三子，正以其不能推此心耳。」（《語
> 類》，卷 24，頁 594）

因此，孔子所言雖有語境上的限制，但若排除語境的問題，這句話其實正
突顯出《尚書》在《大學》八條目中應處的位置正是治國、平天下的政事
部分。

（二）確立對唐虞三代盛世的推崇心態

三代乃泛指夏商周，唐虞亦與焉。然就儒者的認知中，夏商周仍有夏桀、
殷紂等衰世，總體而言，政治尚不及唐堯虞舜時清明。目前中國可靠信史約
可推溯至夏商之時，至於唐虞之際，僅少數文獻記載，且頗有受後人增潤之
可能。《尚書》〈虞書〉中計有四篇專門記載唐虞之際君臣對話謀議的情況，
分別為〈堯典〉、〈舜典〉、〈大禹謨〉、〈皋陶謨〉，這些篇章所涉及到人物包括
堯、舜、禹及相關輔政大臣如皋陶、益、稷等人，這些人物均被後儒美化為
聖賢，唐虞治世遂構成一幅聖賢齊聚共論政事的場景，這也成為後世儒者所
嚮往的政治典範。今存朱子注解《尚書》篇章，較為詳細者乃〈堯典〉、〈舜
典〉、〈大禹謨〉、〈召誥〉、〈洛誥〉等五篇，其中便有三篇是記錄唐虞君臣的
文字，可見朱子對〈虞書〉的重視程度。而這種意識也反映在《論語》的解
釋之中。

《論語》〈泰伯〉載：「舜有臣五人，而天下治。武王曰：『予有亂臣十人。』
孔子曰：『才難，不其然乎？唐虞之際，於斯為盛，有婦人焉，九人而已。』」
朱子云：「言周室人才之多，惟唐、虞之際，乃盛於此。降自夏、商，皆不能

及，然猶但有此數人爾，是人才難得也。」〔註123〕朱子以爲唐虞之際，人才
爲盛，這便是建立在〈虞書〉所建構的政治模式而發出的讚嘆。朱子這樣的
說法完全與前儒相異，孔安國云：

> 言堯舜交會之間，比於此周，周最盛多賢才，然尚有一婦人，其餘
> 九人而已。大才難得，豈不然乎！〔註124〕

皇侃《義疏》則云：

> 唐虞二代交際，共有此五臣，若比於此周，周最爲盛，雖爲盛，尚
> 不滿十人。〔註125〕

甚至程頤亦曰：

> 舜有臣五人，而武王有亂臣十人，以唐虞之際方之，周爲盛也。然
> 又有婦人焉，惟九人耳。〔註126〕

《論語》先言舜有臣五人，再述及武王有亂臣十人，就人數而言，是逐步加
多，故傳統經注均認爲人才至周爲盛，但朱子反其次序，刻意忽略原典言舜
僅有臣五人，少於周十人的事實，把人才最盛時期推予唐虞之際，而降自夏
商周，皆不能及。這樣的說法確實違反文本，因此弟子也提出疑問：

> 魏問：「《集注》云『惟唐虞之際乃盛於此』，此恐將『舜有臣五人』
> 一句閑了。」曰：「寧可將上一句存在這裏。若從元注說，則是『亂
> 臣十人』，却多於前，於今爲盛。却是舜臣五人，不得如後來盛！」
> （《語類》，卷35，頁945）

朱子雖申明放棄依文本解釋，不過《論語精義》曾引范祖禹之言認爲舜舉此
五人，則「嘉言罔攸伏，野無遺賢」〔註127〕，故能夠於斯爲盛。朱子這樣的
轉換確實是別出心裁，他採取迴避文本中「舜臣五人」的說法，而從自己對
《尚書》唐虞治世盛況的認知出發，強調唐虞人才應盛於商周之時，這除了
意識中對唐虞盛世的崇拜外，可能亦欲透過《尚書》中唐虞君臣共同議事的
制度，爲宋代士大夫提供更能發展的政治舞臺。宋儒對從政態度的改變，有
別於漢唐士大夫爲天子臣僕的觀念，強調君王與士大夫「共治天下」，所謂共
治，代表宋儒自我價值的覺醒，受到南宋偏安的影響，他們普遍具有參與政

〔註123〕朱熹：《朱子全書・論語集注》，卷4，頁136。
〔註124〕皇侃：《論語集解義疏》，卷4，頁35上／283。
〔註125〕皇侃：《論語集解義疏》，卷4，頁35下／284。
〔註126〕朱熹：《朱子全書・論語精義》，卷4下，頁308。
〔註127〕朱熹：《朱子全書・論語精義》，卷4下，頁309。

事以改造社會的動力，而且對於自己能夠承接道統也有一定的期許，士大夫們便要求與帝王共治天下，正是自我價值的高度張揚。而回歸經典之中，堯舜禹君臣共議的制度便成爲宋儒最大的支持，故而朱子便特別強調「亂臣十人」乃周室人才之多，但周室尚非最完美型態，遂更進一步，改變《論語》論述次序以發出對唐虞人才大盛的讚揚。

不過，朱子的解讀究竟正不正確卻也見仁見智，比較奇怪的是，若照原始文本的論說次序，孔子似乎也認爲唐虞不如周初，張松輝則認爲「唐虞之際，於斯爲盛」乃倒裝句，正確讀法應作「唐虞之際，爲盛於斯」，〔註128〕這句話的意思便是指唐虞之時的人才勝於武王之時的人才，故孔子所謂「才難」之意乃指舜有亂臣五人，便可使天下治，而武王則需要扣除婦人之外的九人，始能伐滅殷商，建立周朝。那麼由五人到十人便不單純是人數的問題，而是指人才的能力，舜時五人的能力等於武王時的十人，一人可抵兩人，故謂之才難。如此一解釋，則這段意思便符合儒者的基本認知，由此也可以發現，朱子雖以聖人之意作爲解讀經典的依據，但所謂前聖後聖，若合符節，有時反而可以破除許多因文句障礙而造成的誤讀事件。

（三）提供虞廷傳心的理論依據

《四書》中對《尚書》所提出最重要的概念，乃《論語》〈堯曰〉中所提到帝王相傳之心法。《尚書》〈大禹謨〉中載有舜傳授禹「虞廷十六字」之要訣，而〈堯曰〉中則載有堯告誡舜，舜再告誡禹之言語，這使得朱子將之連結成爲堯傳舜，舜傳禹，乃至帝王相傳之心法，並成爲道統最主要的內容，《論語》〈堯曰〉云：「堯曰：『咨，爾舜。天之曆數在爾躬。允執其中，四海困窮，天祿永終。』舜亦以命禹。」朱子注云：「此堯命舜，而禪以帝位之辭。……舜後遜位於禹，亦以此辭命之。今見於〈虞書·大禹謨〉，比此加詳。」〔註129〕〈大禹謨〉中載舜告誡禹之言最著名的便是虞廷十六字心傳：「人心惟危，道心惟微，惟精惟一，允執厥中。」朱子認爲這是由〈堯曰〉中堯告舜：「允執其中」四字再開展而出的說法：

> 堯之告舜，但曰「允執厥中」，而舜之命禹，又推其本末而詳言之，
> 蓋古之聖人，將以天下與人，未嘗不以其治之法并而傳之，其可見

〔註128〕張松輝、周曉露著：《《論語》《孟子》疑義研究》（長沙：湖南大學出版社，2006年12月），頁113～114。
〔註129〕朱熹：《朱子全書·論語集注》，卷10，頁239。

> 於經者，不過如此，後之人君，其可不深畏而敬守之哉！（《文集》，
> 卷 65，頁 3284）

道統之內容在韓愈時仍僅泛指為仁義之道，而朱子則將《論語》與〈大禹謨〉連結，認為這是帝王之間相傳之心法，並且在相傳之時，逐漸擴增其內容。那麼再連接〈堯曰〉中所引〈湯誥〉及〈武成〉、〈泰誓〉之文，這條虞廷傳心的道統內容便成為由堯傳舜，舜傳禹，禹傳湯，湯傳武王的帝王之道。而最後由孔子著明於世，便形同接續了這條道統，朱子引楊時之言云：

> 楊氏曰：「《論語》之書，皆聖人微言，而其徒傳守之，以明斯道者也。故於終篇，具載堯、舜咨命之言，湯、武誓師之意，與夫施諸政事者，以明聖學之所傳者，一於是而已，所以著明二十篇之大旨也。《孟子》於終篇，亦歷敘堯、舜、湯、文、孔子相承之次，皆此意也。〔註130〕

聖學所傳即是自唐虞所傳下的道統內容，而在春秋戰國時則為孔子承接，由此，朱子為《論語》、《孟子》找到在道統中的重要地位，而這正是建立在《尚書》與《論語》所載道統傳承所開展出來的認知。

（四）透過舜之言行建立聖王標準形象

孟子的聖人意識極為強烈，他將聖人區為兩種群體，一種是聖王群體，一種是聖賢群體，〔註131〕而這兩種群體之中又分別以舜及孔子為其代表。舜是孟子論述最多之古代聖王，他藉舜闡述許多概念，如天命禪讓的政治觀念以及孝德與家庭的齊家問題，而相較於其他聖人，孟子對舜形象的建構極有可能來自於對《尚書》的詮釋理解，因此欲探討朱子接受《四書》所開展的聖人形象，當由孟子對舜的建構談起。舜在孟子的聖人觀念中是比較特別的角色，當孟子將堯和舜並舉之時，多重視其平治天下的作為，如〈告子下〉云：「欲輕之於堯舜之道者，大貉、小貉也；欲重之於堯舜之道者，大桀、小桀也。」〔註132〕〈公孫丑下〉云：「我非堯舜之道，不敢以陳於王前。」〔註133〕〈離婁上〉云：「堯舜之道，不以仁政，不能平治天下。」〔註134〕孟子對於堯

〔註130〕 朱熹：《朱子全書・論語集注》，卷 10，頁 240。
〔註131〕 見姜龍翔：〈論孟子聖人觀念的二元系統〉，《東華漢學》第 9 期，2010 年 6 月。
〔註132〕 阮元校勘：《孟子注疏》，卷 12 下，頁 8 上／6001。
〔註133〕 阮元校勘：《孟子注疏》，卷 4 上，頁 3 下／5853。
〔註134〕 阮元校勘：《孟子注疏》，卷 7 上，頁 2 上／5903。

舜治理天下的事跡統以堯舜之道稱之，是就君道及政道方面而言。但當孟子單獨以舜爲例時，則較爲重視他自身的德性修養，強調個人品行的特色，如〈萬章上〉幾乎全篇都在宣揚舜的孝悌行爲，其他如〈離婁上〉云：「舜盡事親之道，而瞽瞍底豫。」〔註135〕〈離婁下〉云：「舜明於庶物，察於人倫；由仁義行，非行仁義也。」〔註136〕〈盡心上〉云：「舜之居深山之中，與木石居，與鹿豕遊，其所以異於深山之野人者幾希。及其聞一善言，見一善行，若決江河，沛然莫之能禦也。」〔註137〕之所以會有這樣的差別發生，當是由於舜本身的經歷較其他聖王而言有其特殊性。在孟子的理解中，舜是由一介平民因修養德性而爲堯所賞視，進而成爲聖王，所以舜經歷由下而上的得位過程，是內聖外王的成功形象，也是依循《大學》八條目而完成其價值體系的最佳代表人物。

孟子標舉舜之德行最爲突出者乃孝之行爲，〈萬章上〉載萬章提問舜何爲往于田號泣之，孟子則以「大孝終身慕父母」，贊舜五十猶慕父母，可謂大孝，朱子則云：「舜不以得眾人之所欲爲己樂，而以不順乎親之心爲己憂。非聖人之盡性，其孰能之？」〔註138〕孝悌乃仁義之本，舜不僅孝父母，對其弟亦始終親愛之，故孟子亦由己身之正，推而治人，以致化行天下的角度分析舜齊家治國的行爲，〈離婁上〉有云：「舜盡事親之道而瞽瞍底豫，瞽瞍底豫而天下化，瞽瞍底豫而天下之爲父子者定，此之謂大孝。」朱子注此段則云：

> 瞽瞍至頑，嘗欲殺舜，至是而底豫焉。《書》所謂「不格姦，亦允若」是也。蓋舜至此而有以順乎親矣。是以天下之爲子者，知天下無不可事之親，顧吾之所以事之者未若舜耳。於是莫不勉而爲孝，至於其親亦底豫焉，則天下之爲父者，亦莫不慈，所謂化也。子孝父慈，各止其所，而無不安其位之意，所謂定也。爲法於天下，可傳於後世，非止一身一家之孝而已，此所以爲大孝也。〔註139〕

舜之孝行乃其得以受四岳薦舉並爲堯所接受的重要原因，孟子突出此項特質，其實隱含有欲以舜作爲儒家由內在修養進而取得外在功業的成德典範。

孟子另藉舜說明其禪讓觀念，傳統說法認爲堯禪位於舜，舜禪位於禹，

〔註135〕阮元校勘：《孟子注疏》，卷7下，頁12下／5917。
〔註136〕阮元校勘：《孟子注疏》，卷8上，頁10上／5925。
〔註137〕阮元校勘：《孟子注疏》，卷13上，頁10上／6012。
〔註138〕朱熹：《朱子全書‧孟子集注》，卷9，頁369。
〔註139〕朱熹：《朱子全書‧孟子集注》，卷7，頁351。

故戰國之時，燕王噲便欲傚效而禪位於其相子之，造成國家大亂，更引齊國乘隙伐之，幾乎亡國。孟子對此便批評云「子噲不與得人燕，子之不得受燕于子噲。」他認為只有天才能決定王位的傳承，於是孟子由此角度改變傳統說法，〈萬章上〉載：

> 萬章曰：「堯以天下與舜，有諸？」孟子曰：「否，天子不能以天下與人。」「然則舜有天下也，孰與之？」曰：「天與之。」「天與之者，諄諄然命之乎？」曰：「否，天不言，以行與事示之而已矣。」曰：「以行與事示之者，如之何？」 曰：「天子能薦人於天，不能使天與之天下；諸侯能薦人於天子，不能使天子與之諸侯；大夫能薦人於諸侯，不能使諸侯與之大夫。昔者堯薦舜於天而天受之，暴之於民而民受之。故曰：天不言，以行與事示之而已矣。」

天子並不能以天下與人，必須由天與之。在孟子的觀念中，王者並非主宰天下的至高權力，其上仍有天須畏，故他強調堯之禪舜，舜之禪禹是推薦於天的動作，帝王能推薦人選供天參考，至於能否得天下並非由推薦者所決定。但孟子並非天命論者，所謂天與之者，其實就是必須接受人民輿論的考驗，故孟子繼云：

> 昔者舜薦禹於天，十有七年；舜崩，三年之喪畢，禹避舜之子於陽城；天下之民從之，若堯崩之後不從堯之子而從舜也。禹薦益於天，七年，禹崩，三年之喪畢，益避禹子於箕山之陰；朝覲訟獄者，不之益而之啓，曰：「吾君之子也。」謳歌者不謳歌益而謳歌啓，曰：「吾君之子也。」丹朱之不肖，舜之子亦不肖；舜之相堯、禹之相舜也，歷年多，施澤於民久。啓賢，能敬承繼禹之道；益之相禹也，歷年少，施澤於民未久。舜、禹、益相去久遠，其子之賢不肖皆天也，非人之所能為也。莫之為而為者，天也；莫之致而至者，命也。匹夫而有天下者，德必若舜禹，而又有天子薦之者；故仲尼不有天下。繼世而有天下，天之所廢，必若桀紂者也；故益、伊尹、周公不有天下。伊尹相湯以王於天下，湯崩，太丁未立，外丙二年，仲壬四年。太甲顛覆湯之典刑，伊尹放之於桐三年；太甲悔過，自怨自艾，於桐處仁遷義，三年以聽伊尹之訓己也，復歸于亳。周公之不有天下，猶益之於夏、伊尹之於殷也。孔子曰：「唐虞禪，夏后、殷、周繼，其義一也。」

孟子指出堯禪舜，舜禪禹時，舜、禹皆曾有迴避動作，而人民百姓卻依舊選擇舜、禹爲君，故舜、禹得以完成禪讓之舉者，實爲百姓歸心而作出的選擇。至於禹雖然薦益，但卻不爲百姓接受，而選擇禹之子啓爲王，故孟子認爲，禪讓之得以完成並非君王之間自行協議即可，必須再透過百姓是否願意歸順作爲最後的決定，因此，從這個角度來看，夏殷之際，人民歸心於湯；殷周之際，人民歸心於文武，其意義與唐虞禪讓本質相同，皆是由人民作主的決定。故朱子注云：「此皆非人力所爲而自爲，非人力所致而自至致者。」〔註140〕孟子這種聖王有德方能使天下歸心的說法，改造了傳統禪讓說所可能帶來的弊病，突出了民心歸屬的重要性，而這也深刻影響到朱子對《尚書》中所載聖王行事的認可，朱子強調皇極爲君主建立標準以爲天下人效法對象，正是出於這種對聖王崇高形象的敬仰，期許當代帝王也能以聖王爲法，〈離婁下〉云：

> 舜生於諸馮，遷於負夏，卒於鳴條，東夷之人也。文王生於岐周，卒於畢郢，西夷之人也。地之相去也，千有餘里，世之相後也，千有餘歲，得志行乎中國，若合符節。先聖後聖，其揆一也。

聖人不因時世移轉而有變化，舜與文王相隔千餘年，但聖人之道若合符節，故朱子便透過這種聖人之道，以理解詮釋《尚書》所關聖王行事，並注重探討聖王之心。

（五）確立「盡信《書》則不如無《書》」的闕疑態度

《尚書》乃古史記事之體，理想與事實往往有相當差距，對強調三代君主多爲聖王的儒者而言，有時未免陷入事實記錄不符合理想的迷惘，如《孟子》〈盡心下〉便載孟子一段相當著名言論云：「盡信《書》，則不如無《書》。吾於〈武成〉，取二三策而已矣。仁人無敵於天下。以至仁伐至不仁，而何其血之流杵也？」〈武成〉乃記武王伐紂成功之事，兩軍交鋒，免不了一場大戰，軍民犧牲自不在話下，但儒者建立武王乃聖人之師，而紂王爲極惡形象，所謂仁者無敵於天下，殷紂之民當應望風而歸，又豈會奮死抵抗，乃至血流漂杵？於是儒者普遍不信此段記錄，孟子則更採取僅取信經典某些可值得相信的部分即可，對於超過自己理解認知的記載，則寧可捨之。而趙岐注此段則分析不必取信的部分云：

〔註140〕朱熹：《朱子全書‧孟子集注》，卷9，頁376。

經有所美言，爭（事）或過，若〈康誥〉曰：「冒聞于上帝。」〈甫刑〉曰：「皇帝清問下民。」〈梓材〉曰：「欲至于萬年。」又曰：「子子孫孫永保民。」人不能聞天，天不能問於民，萬年、永保皆不可得爲書，豈可案文而皆信之哉？〈武成〉之篇名，言武王誅紂，戰鬪殺人，血流舂杵。孟子言武王以至仁伐至不仁，殷人簞食壺漿而迎其王師，何乃至於血流漂杵乎？故吾取〈武成〉兩三簡策可用者耳，其過辭則不取之也。〔註141〕

趙岐指出《尙書》中若有形容過度誇張，如萬年、永保之辭，或於事理不符者，如人聞天，天問民之事，凡此之類，皆爲過辭，不必盡信。

　　然而趙岐的注解其實已超出孟子原意，其所謂過辭未必就不爲孟子所信。孟子的原則是以聖人思維爲準，認爲聖人之世，人民必聞風而化，故文王未伐紂便已有三分之二的天下，那麼武王又豈可能會殺滅紂之軍民乃至血流標杵，於是儒者又建構出另一套說法，認爲這是殷人陣前倒戈，自相殘殺的結果，此說首見荀子，《荀子》〈儒效〉云：

武王之誅紂也，行之日以兵忌，東面而迎太歲，至氾而氾，至懷而壞，至共頭而山隧。霍叔懼曰：「出三日而五災至，無乃不可乎？」周公曰：「刳比干而囚箕子，飛廉、惡來知政，夫又惡有不可焉！」遂選馬而進，朝食於戚，暮宿於百泉，厭旦於牧之野。鼓之而紂卒易鄉，遂乘殷人而誅紂。蓋殺者非周人，因殷人也。〔註142〕

僞〈武成〉蓋即吸收《荀子》之說，遂構造出殷人「前徒倒戈，攻于後以北，血流漂杵」之言，而朱子則採取此說解釋《孟子》之意，《孟子集注》云：

〈武成〉言武王伐紂，紂之「前徒倒戈，攻于後以北，血流漂杵。」孟子言此則不可信者。然《書》本意，乃謂商人自相殺，非謂武王殺之也。孟子之設是言，懼後世之惑，且長不仁之心也。〔註143〕

朱子對孟子之言的解釋是從義理角度立論，武王既爲聖人，絕無殺人以至血流漂杵之舉，但經文明確寫到這是紂徒倒戈的結果，何以孟子仍會有疑？當然從現代人已知《古文尙書》爲僞的結果來看，孟子所讀之〈武成〉另爲他篇，但不知情的朱子必需彌縫孟子及〈武成〉之差異，故指出此乃孟子懼後

〔註141〕阮元校勘：《孟子注疏》，卷14上，頁3上／6029。
〔註142〕王先謙集解：《荀子集解》，卷8，頁85〜86。
〔註143〕朱熹：《朱子全書‧孟子集注》，卷14，頁445。

世之惑，長不仁之心，故如此設言，〈讀余隱之尊孟辨‧李公常語下〉有更清楚說明：

> 孟子深慮戰國之君以此藉口，故曰：「盡信《書》，則不如無《書》」。
> 而謂「血流漂杵」未足爲多，豈示訓之意哉？經注之禍，正此類也。
> 反以孟子爲畔經，是亦惑矣。(《文集》，卷73，頁3673)

朱子認爲孟子乃懼戰國之君假仁者之名而行殺戮之實，遂採不信《書》之策略。而這策略實也影響到朱子對《尚書》的態度，朱子引程子之言曰：

> 載事之辭，容有重稱而過其實者，學者當識其義而已。苟執於辭，
> 則時或有害於義，不如無《書》之愈也。〔註144〕

程子認爲若執於辭，有時會害於義理之認知，若如此則必須採取不信《書》的策略。但這不必指〈武成〉之文，程頤又云：

> 聖人取書，其辭或有害義者，固有所芟除更易也。其不可易者，其
> 政其事耳，若〈武成〉書「血流漂杵」之辭似可改，然而不易者，
> 則以其非害義之辭故也。〔註145〕

對於〈武成〉之篇，仍有可彌縫之處，故於義理未爲害，但孟子之言卻也啓發朱子對《尚書》文辭有不可盡信的態度，如朱子云：

> 〈金縢〉亦有非人情者，「雨，反風，禾盡起」，也是差異。成王如
> 何又恰限去啓〈金縢〉之書？然當周公納策於匱中，豈但二公知之？
> 〈盤庚〉更沒道理。從古相傳來，如經傳所引用，皆此書之文，但
> 不知是何故說得都無頭。且如今告諭民間一二事，做得幾句如此，
> 他曉得曉不得？只說道要遷，更不說道自家如何要遷，如何不可以
> 不遷。萬民因甚不要遷？要得人遷，也須說出利害，今更不說。〈呂
> 刑〉一篇，如何穆王說得散漫，直從苗民蚩尤爲始作亂說起？(《語
> 類》，卷79，頁2052～2053)

又如論〈大誥〉云：

> 〈大誥〉一篇不可曉。據周公在當時，外則有武庚管蔡之叛，內則
> 有成王之疑，周室方且岌岌然。他作此書，決不是備禮苟且爲之，
> 必欲以此聳動天下也。而今〈大誥〉大意，不過說周家辛苦做得這

〔註144〕 朱熹：《朱子全書‧孟子集注》，卷14，頁445。
〔註145〕 〔宋〕朱熹：《孟子精義》，收錄於朱傑人編：《朱子全書》第7冊，卷14，
頁826。

> 基業在此，我後人不可不有以成就之而已。其後又却專歸在卜上，
> 其意思緩而不切，殊不可曉。（《語類》，卷79，頁2053）

朱子對《尚書》某些不符義理及事理的文句提出質疑，並吸收孟子「盡信《書》，則不如無《書》」的說法，主張對《尚書》難曉處可採闕疑方式處理，《語類》云：

> 讀《尚書》有一箇法，半截曉得，半截曉不得。曉得底看，曉不得
> 底且闕之，不可強通，強通則穿鑿。（《語類》，卷79，頁2041）
> 書中易曉者直易曉，其不可曉處，且闕之。（《語類》，卷78，頁1984）

孟子既已敢於採取不信《書》的方式，這對朱子敢於疑《書》的態度當有極大啟發，遂由此開展出對《尚書》幾乎盡疑的態度。

三、對《大學》、《中庸》引用《詩》《書》之詮釋

引《詩》、《書》乃指直接對經文的引用。《詩》、《書》經文各有其本義，《四書》引用之後，便加上《四書》編集者自身的視域，所詮釋引申的意義便已不同於作為本經的《詩》、《書》內容，也因此成為《四書》之學的內容；而朱子在對《四書》所引《詩》、《書》詮釋注解時，除將產生新的詮釋視域外，就朱子而言，《四書》又是他義理之學的基礎，那麼在由《四書》而《詩》、《書》為學途徑的指引下，《四書》中所引《詩》、《書》之詮釋模式，亦會影響到朱子對《詩》、《書》原典的詮釋。因此，本節在探討朱子對《四書》所引《詩》、《書》之詮釋理路時，除分析朱子對《四書》引用《詩》、《書》的義理關懷思維外，亦必須參照朱子對原典經文的說法有何不同，一方面可以釐清朱子《四書》學中對《詩》、《書》的義理關懷，一方面也可考察朱子受《四書》影響而開展於《詩》、《書》學的詮釋方式。

《四書》中所引《詩》、《書》甚多，重點各自不同。《論語》所引較少，多於對話中出現，且為他人所引，孔子再予論述；而《孟子》所引亦多作為言談之間的論證依據，此則屬於語用學中輔助說話內容的型態，較偏離原意而表現為斷章取義的方法，基本上深受引用者主觀意圖所左右。而朱子在詮釋時由於受到這種主觀圖意及語境的影響，往往局限在闡述所引用經文於整段話語中被引用後的意涵，從而無法開展出獨特的義理價值，因此，《論》、《孟》所引《詩》、《書》之詮釋對於建構朱子《詩》、《書》義理之學並無太大幫助。至於《大學》、《中庸》則以去除對話語境，純粹表現為道理講述的模式，引

用形式與《論》、《孟》不同，且因爲《學》、《庸》是純粹說理之作，所引用《詩》、《書》亦往往會賦予其特定義理內涵，可以說，《學》、《庸》作者並非單純斷章取義引用，而是試圖牽合《詩》、《書》文句之義理與文本所欲開展出的論述，因此朱子作爲再詮釋者，不需顧慮到如《語》、《孟》引用時語境的限制，便可以盡力突顯出《學》、《庸》引用時所賦予的義理價值，且受到由《四書》而《詩》、《書》的爲學程序的影響，《學》、《庸》義理便很自然會反映在朱子詮釋《詩》、《書》之時，由此影響到朱子對《詩》、《書》義理內容的認識，故就引用經文之義理價值而言，《學》、《庸》較《論》、《孟》高出許多。而以下便將論述主軸集中於《學》、《庸》所引《詩》、《書》作爲考察對象。

（一）朱子對《學》、《庸》引《詩》之詮釋

《大學》及《中庸》均爲自《禮記》所抽出篇章，無論成書目的、體裁及內容性質均不同於《論語》、《孟子》。《大學》、《中庸》非語錄體式記載，而是類似於經傳相附的形式，因此朱子將其依章句形式，畫分經傳，成爲《大學》經一章、傳十章，《中庸》三十三章，並指明《大學》之經乃孔子所言，曾子述之，而《中庸》三十三章皆爲子思所述，但第一章實具有經之性質，爲全篇總論。扣除《大學》、《中庸》第一章作爲全篇之體要外，其後之傳，形式多採引語以加強對第一章內容的說明，而所引範圍包括《詩》、《書》、先秦典籍、孔子及部分弟子的言論，尤以《詩》、《書》爲大宗。就性質而言，《大學》、《中庸》所引《詩》、《書》多局限於表面意涵而未顧及《詩》、《書》原本所出之資料的整體內容，因此，《大學》、《中庸》所引《詩》、《書》思想應歸屬爲《學》、《庸》之學，本質上不等於《詩》、《書》之學。但從另一角度而言，引語既採斷章取義的方法，只要是能夠相應的文字皆可納入考慮，那麼其實可就各類書籍引取所需，不必特別聚焦於《詩》、《書》，然觀《大學》、《中庸》之大量引語，主要性質均爲儒家典籍，而《詩》、《書》兩經本身更是孔門教學的主要材料，那麼就《大學》、《中庸》的編集者而言，引《詩》、《書》文字以明《學》、《庸》義理，基本上除是教材的引申及深化外，亦由於《詩》、《書》二經某些文字確實具有相當程度的義理價值可供發揮，故而可歸屬於《詩》、《書》的應用層次。而朱子作爲《學》、《庸》閱讀接受者，他所接收到的視域便包含有《學》、《庸》原本的義理結構以及《詩》、《書》對《學》、《庸》義理的引申應用，如此一來《學》、《庸》中所引《詩》、《書》

便不單單是《學》、《庸》之學而已，引語的部分是可以視爲《詩》、《書》義理的延伸。

《詩》乃感物道情之作，當此情順應義理本性而生時，自然亦爲良善之情，透過詩性文字，嗟歎詠歌，優遊厭飫，便足以感發人之善心，《大學或問》便云：

> 古人言必引《詩》，蓋取其嗟歎詠歌，優遊厭飫，有以感發人之善心，
> 非徒取彼之文，證此之義而已也。〔註146〕

朱子明確道出他心目中所認爲古人引《詩》的用意：《詩》的重點是在於啓發人心，而非直接文字義理的開導提示，因此引《詩》的目的是在於輔佐本心對於義理的感發，並不是以嚴肅的義理教條解說《詩經》。由於朱子以較爲柔性的眼光看待引《詩》，反映在他理解《四書》引《詩》的條例上，便與引《書》表現出不同特質，茲舉《大學》〈傳三章〉所引三詩爲例：

（1）〈商頌・玄鳥〉：「邦畿千里，惟民所止。」

　　《大學章句》注云：「言萬物各有所當止之處也。」

　　《詩集傳》注云：「言王畿之內，民之所止，不過千里。」

（2）〈小雅・綿蠻〉：「緡蠻黃鳥，止于丘隅。」

　　《大學章句》注云：「言人當知所當止之處也。」〔註147〕

　　《詩集傳》注云：「蓋曰緜蠻之黃鳥，自言止于丘阿而不能前，蓋道遠而勞甚矣。」〔註148〕

（3）〈大雅・文王〉：「穆穆文王，於緝熙敬止。」

　　《大學章句》注云：「引此而言聖人之止，無非至善。」

　　《詩集傳》注云：「言穆穆然文王之德，不已其敬如此。」

分析上述三例，《大學章句》與《詩集傳》的解說自是不同，《詩集傳》限制於原詩意涵，故所言必須觀照詩歌本意，如〈綿蠻〉云：「綿蠻黃鳥，止于丘隅。豈敢憚行？畏不能趨。飲之食之，教之誨之，命彼後車，謂之載之。」《詩序》認爲此詩乃微臣刺亂所作，但朱子《詩序辨說》卻批駁詩人不至如此褊狹，否則便失溫柔敦厚之意，只是自道其心之所欲，故詩人以緜蠻黃鳥

〔註146〕朱熹：《朱子全書・大學或問》，頁538～539。

〔註147〕朱子此說乃結合經文中所引〈綿蠻〉之詩及孔子釋《詩》說法：「於止，知其所止，可以人而不如鳥乎！」而成

〔註148〕朱子此注乃解第一章「緜蠻黃鳥，止於丘阿。」而《大學》所引乃第二章「緜蠻黃鳥，止於丘隅。」

自比，言黃鳥止于丘隅，不能前進，以喻己身勞苦之意。而《大學》所引，則全關注在「止」字，「止」乃《大學》相當重要的一個概念，是三綱領中最重要的境界，「大學之道，在明明德，在親民，在止於至善。」至善是道德最完美的境界，一切修養均以此爲目標，而朱子以「必至於是而不遷」〔註149〕訓止，既標舉出最終理想，又以爲這是初步工夫的內容，「知止而後有定，定而後能靜……」，止於至善便是盡夫天理之極，而爲學功夫必須一開始便以此立定志向，認清止於至善所在之處，如此才能切實朝著目標做去。而《大學》連引三《詩》，不只是對理解「止於至善」的興發，更逐漸逼顯出其步驟：首先引「邦畿千里，惟民所止」，朱子注云：「物各有所當止之處也。」〔註150〕從普遍共有的對象而言，以敘明此義理目標是適用於世間萬物；接著再引「緡蠻黃鳥，止于丘隅」，並引孔子說《詩》之辭，朱子則注云：「言人當知所當止之處也。」〔註151〕從萬物回歸於人，即是對於人之爲萬物之靈及主體價值的強調關懷；《大學》最後引「穆穆文王，於緝熙敬止」，並敘明人倫關係的至善之則：「爲人君，止於仁；爲人臣，止於敬；爲人子，止於孝；爲人父，止於慈；與國人交，止於信。」朱子注云：「引此而言聖人之止，無非至善。五者乃其目之大者也。學者於此，究其精微之蘊，而又推類以盡其餘，則於天下之事，皆有以知其所止而無疑矣。」〔註152〕朱子對此章所引三詩詮釋對象範圍逐步由萬物縮歸至人，再聚焦於所謂「其目之大者」的人倫關係，並依聖人之止的規範，分別指出至善行爲的準則，到最後又推出能夠由此而推類以盡其餘的目標，故藉由朱子的詮釋，此三詩所透顯的內容便是逐步指向具體行爲的至善境界，並由此開展出推致其極的程序。這三首詩爲《大學》所引用時便已改造出新意，而朱子更順著這新的詮釋，爲三《詩》取得內在連貫及開展脈絡。

然分析《大學》引這三首詩的方式，明顯屬於「斷章取義」。「斷章取義」乃先秦引《詩》一大特色，朱子對此亦知之甚詳，因此對於《學》、《庸》部分屬斷章取義者，在《章句》中及《詩集傳》中均能分別就各自所屬意涵解說之，並不相混淆。但「斷章取義」實則可分爲「斷章」及「取義」兩個步驟，朱子更著重在於「取義」部分，而《大學》引《詩》的取義又可分爲兩

〔註149〕 朱熹：《朱子全書・大學章句》，頁16。
〔註150〕 朱熹：《朱子全書・大學章句》，頁18。
〔註151〕 朱熹：《朱子全書・大學章句》，頁18～19。
〔註152〕 朱熹：《朱子全書・大學章句》，頁19。

種層面：一是與原詩文句或意指並無任何關連，純粹是引用者自由聯想的發揮，這是斷章，並不取義，如〈商頌・玄鳥〉「邦畿千里，惟民所止」及〈小雅・綿蠻〉：「緡蠻黃鳥，止于丘隅。」從字面上來看，〈玄鳥〉形容疆域土地之廣大，〈緜蠻〉是黃鳥停棲於枝頭的寫景，而《大學》純粹抓住「止」字便牽合二詩而開展其義理內涵，實則與原詩毫無相關，說穿了，這種引用完全是出於引用者自己的構思。但另一種斷章取義的方式則與原詩文字意涵或詩意所指會有一定程度的連結，如引〈文王〉：「穆穆文王，於緝熙敬止。」文王乃儒家聖人之一，在儒者的美化下，是集崇高道德於一身的代表形象，故此處引「穆穆文王，於緝熙敬止」便非單純的聯想，而是欲藉由文王的形象以興發對「止於至善」的義理領悟，藉由具體事物的關連思維，可以更容易使閱讀者產生一明確典範以供依循。《大學》如此引《詩》不只於此一例，如〈傳三章〉引〈衛風・淇澳〉：「瞻彼淇澳，菉竹猗猗。有斐君子，如切如磋，如琢如磨。瑟兮僴兮，赫兮喧兮，有斐君子，終不可諠兮！」及〈周頌・烈文〉：「於戲，前王不忘！」之詩句以烘托道德至善者的崇高氣象，朱子先說明引《詩》之用意：「引《詩》而釋之，以明明明德者之止於至善。……此言前王所以新民者止於至善，能使天下後世無一物不得其所，所以既沒世而人思慕之，愈久而不忘也。」〔註153〕〈淇澳〉所敘內容，本就是為歌頌衛武公的品格，而〈烈文〉也是於祭典中緬懷先王之德，詩意本身先天即存在一種具象化的形容，而藉由這種烘托式的描述可以在閱讀者心中產生一種清晰的崇高形象，再透過這種形象的引領，進一步興發讀者對《大學》義理有更深入的體認。但這不是文字解說上的互相闡釋，這兩句詩的功用並不僅在於印證《大學》義理，而是須藉由反覆吟詠，透過對具體形象的呈現以興發吾心對道德義理的深刻體認，由此以加強對吾心對義理接受度，朱子云：「此兩節詠歎淫泆，其味深長，當熟玩之。」〔註154〕其味深長，故值得再三吟詠，也必須藉由再三吟咏，才能感受其味之深長。由此也區別出與純粹說理文字的差異，說理文字固然可以直截提示人心指向義理的直求路徑，但能如何深入內心，獲得共鳴，達到孔子所云：「知之者不如好之者，好之者不如樂之者」的境界？便需要《詩》的興發作用以獲得。說理文字主要的功用在於提供本心對義理的認知，而《詩》句的興發效果能使之深入到好之，甚至樂之的境界。

〔註153〕朱熹：《朱子全書・大學章句》，頁 19～20。
〔註154〕朱熹：《朱子全書・大學章句》，頁 20。

　　無論是有義或無義的引《詩》，都必須藉由不斷的涵詠諷誦，以期讓詩句興發內心對說理文字的強烈接受，又如《大學》傳之九章連引三詩：〈周南・桃夭〉「桃之夭夭，其葉蓁蓁，之子于歸，宜其家人。」〈小雅・蓼蕭〉「宜兄宜弟。」〈曹風・鳲鳩〉「其儀不忒，正是四國。」朱子解說云：「此三引《詩》，皆以詠歎上文之事，而又結之如此。其味深長，最宜潛玩。」〔註155〕《大學》本身便說明這三首詩代表由齊家、治國到平天下的三種層次，雖是斷章取義，但朱子卻強調引《詩》之意在於詠歎，可見得對這三首《詩》的解讀並不在取義的字面上，也不在字句的訓詁中，而是透過對詩句的不斷涵詠，讓詩句所興發的形象與義理融合，得以深入體會其內涵意蘊，《大學或問》云：

> 夫以此章所論齊家治國之事，文具而意足矣，復三引《詩》，非能於
> 其所論之外，別有所發明也。然嘗試讀之，則反復吟詠之間，意味
> 深長，義理通暢，使人心融神會，有不知手舞而足蹈者，是則引《詩》
> 之助，與爲多焉。蓋不獨此，他凡引《詩》云者，皆以是而求之，
> 則引者之意可見，而《詩》之爲用亦得矣。〔註156〕

《詩》之本意與所論說義理基本上是有差距的，但既爲引《詩》以申義理，就不必太局限於《詩》之本意，否則若另有發明，勢必會偏離原文的義理內涵，因此，閱讀引《詩》文句時，不應再注意到其他無關的枝節，而只是藉由不斷的反覆吟詠，讓引語與原文融會，興發對義理的體認，如此乃善盡引《詩》之助。

　　值得注意的是，《大學》引〈鳲鳩〉篇之詩句作爲詠歎，這對朱子對詩旨的認知有一定程度的影響。〈鳲鳩〉一詩全文如下：

> 鳲鳩在桑，其子七兮。淑人君子，其儀一兮。其儀一兮，心如結兮。
> 鳲鳩在桑，其子在梅。淑人君子，其帶伊絲，其帶伊絲，其弁伊騏。
> 鳲鳩在桑，其子在棘。淑人君子，其儀不忒。其儀不忒，正是四國。
> 鳲鳩在桑，其子在榛。淑人君子，正是國人。正是國人，胡不萬年。

關於此詩主旨，《詩序》以〈鳲鳩〉爲刺詩，其云：「〈鳲鳩〉，刺不壹也。在位無君子，用心之不壹也。」〔註157〕然而從詩歌本文來看，純是正面稱頌君子的文字，若依《詩序》之說，則詩句便必須從反面諷刺的角度解讀，如孔

〔註155〕朱熹：《朱子全書・大學章句》，頁24。
〔註156〕朱熹：《朱子全書・大學或問》，頁539。
〔註157〕阮元校勘：《毛詩正義》，卷7之3，頁7上／821。

穎達《毛詩正義》釋「其儀一兮,心如結兮」便云:

> 興人君之德,養其國人,亦當平均如壹。彼善人君子在民上,其執
> 義均平,用心如壹。既如壹兮,其心堅固不變,如裹結之兮,言善
> 人君子能如此均壹,刺曹君用心不均也。〔註158〕

但朱子《詩序辨說》否定《詩序》的詮釋:「此美詩,非刺詩。」〔註159〕朱子
此說除是從詩歌本文所得出的理解外,《大學》引此詩可能也影響到他的詮
釋,如《詩集傳》釋第三章云:

> 有常度而其心一,故儀不忒。儀不忒,則足以正四國矣。《大學傳》
> 曰:「其為父子兄弟足法,而後民法之也。」(《詩集傳》,卷 7,頁
> 527)

所引傳文正是《大學》對〈鳲鳩〉一詩的詮釋引申,那麼便也表示朱子在注
解此詩時,《大學》的內容對他有相當程度的啟發。若此詩為刺詩,《大學》
引喻便為不倫,這大概也是朱子考量將〈鳲鳩〉歸為美詩的原因。

《大學》傳文的引用對朱子理解《詩》旨的影響不只於此,如《詩集傳》
注〈淇澳〉便引《大學》為說:

> 衛人美武公之德,而以綠竹始生之美盛,興其學問自脩之進益也。《大
> 學傳》曰:「如切如磋者,道學也;如琢如磨者,自脩也;瑟兮僩兮
> 者,恂慄也;赫兮喧兮者,威儀也;有斐君子終不可諠兮者,道盛
> 德至善,民之不能忘也。」(《詩集傳》,卷3,頁450)

又如《詩集傳》注〈烈文〉「前王不忘」亦引《大學》傳文內容為說:

> 先王之德所以人不能忘者,用此道也。此戒飭而勸勉之也。《中庸》
> 引「不顯惟德,百辟其刑之。」而曰:「故君子篤恭而天下平。」《大
> 學》引「於乎,前王不忘」,而曰:「君子賢其賢,而親其親。小人
> 樂其樂,而利其利。此以沒世不忘也。」(《詩集傳》,卷19,頁724)

另外還有注〈文王〉「殷之未喪師」一段亦引《大學》內容佐證:

> 又言殷未失天下之時,其德足以配乎上帝矣。今其子孫乃如此,宜
> 以為鑒而自省焉,則知天命之難保矣。《大學傳》曰:「得眾則得國,
> 失眾則失國。」此之謂也。(《詩集傳》,卷16,頁654)

由這些引用《大學》作為論述詩旨的例子來看,朱子是採取《大學》與《詩

〔註158〕 阮元校勘:《毛詩正義》,卷7之3,頁 7 下／821。
〔註159〕 朱熹:《朱子全書・詩序辨說》,頁 380。

《經》義理互證的方式詮釋這兩部經典所引文句的部分。

以上考察完朱子《大學》引《詩》所重視的興發功能後，再關注《中庸》的引用形式，其內容均如出一轍。《中庸》最重要的論點是論心性中和的問題，然而單就《中庸》而言，朱子認爲所說過高，是《四書》之中最後方研讀的典籍，因爲《中庸》所談乃形上及心性問題，遠離切身實用，較爲空泛，故朱子將《中庸》的閱讀次序排定於《大學》、《論語》、《孟子》之後。也由於《中庸》具有形而上的義理內容，因此朱子認爲所引《詩》句著重於以意象之法烘托這種崇高而玄妙的境界，如《中庸》第十二章引「鳶飛戾天，魚躍于淵」，朱子注云：

> 子思引此《詩》以明化育流行，上下昭著，莫非此理之用，所謂費也。然其所以然者，則非見聞所及，所謂隱也。故程子曰：「此一節，子思喫緊爲人處，活潑潑地。」讀者其致思焉。〔註160〕

《中庸或問》云：

> 子思之言，至此極矣，然猶以爲不足以盡其意也，故又引《詩》以明之，曰「鳶飛戾天，魚躍于淵」，所以言道之體用，上下昭著，而無所不在也。……道之流行發見於天地之間，無所不在。在上則鳶之飛而戾于天者此也。在下則魚之躍而出于淵者此也，其在人則日用之間，人倫之際，夫婦之所知所能，而聖人之所不知不能者，亦此也。此其流行發見於上下之間者，可謂著矣。〔註161〕

朱子認爲子思之言雖已達極致，爲使讀者能有更深入體會，故再引《詩》以明其義理。朱子在此點出他相當重要的一個觀念，聖人之言是淺易明白，並且是義理道德的最佳代言，但在談論某些高深義理時，僅藉由文字說理欲使人明白，仍有其局限所在。這時，若能透過某些足以興發其意象的象徵性文字，更能夠完整表述，而這部分工作非《詩經》語言不能承擔。朱子曾指出《詩經》的興法在於能夠興起心中所感，然而近世研究者過分注意於朱子感物道情的層次，以爲興之用法乃在於引發心中文學屬性的感情，但朱子所著意的興其實並不在此，他認爲的興法應該是有助於興發吾人內心對於義理感悟的接受度。

〔註160〕朱熹：《朱子全書・中庸章句》，頁38。
〔註161〕〔宋〕朱熹：《中庸或問》，收錄於朱傑人編《朱子全書》第6冊，頁570～571。

　　再如《中庸》於最末連引〈大雅・皇矣〉、〈烝民〉、〈文王〉三《詩》及孔子之言以形容大道之妙：「《詩》云：『予懷明德，不大聲以色。』子曰：『聲色之於以化民，末也。』《詩》曰：『德輶如毛』，毛猶有倫。『上天之載，無聲無臭』至矣。」為何要引這三首詩？朱子分別作了說明：

> 《詩》，〈大雅・皇矣〉之篇。引之以明上文所謂不顯之德者，正以
> 其不大聲與色也。又引孔子之言，以為聲色乃化民之末務。今但言
> 不大之而已，則猶有聲色者存，是未足以形容不顯之妙。不若〈烝
> 民〉之詩所言「德輶如毛」，則庶乎可以形容矣。而又自以為謂之毛，
> 則猶有可比者，是亦未盡其妙。不若〈文王〉之詩所言「上天之事，
> 無聲無臭」，然後乃為不顯之至耳。蓋聲臭有氣無形，在物最為微妙，
> 而猶曰無之，故唯此可以形容不顯、篤恭之妙。非此德之外，又別
> 有是三等，然後為至也。〔註162〕

這三首詩的引用基本是皆算是斷章取義，而朱子認為這三首層層遞進，將道體之妙一層更深入一層地完整形容出來。朱子雖然強調這並不是三種不同層次的境界，而只是用語形容上的到位與否，但朱子認為〈大雅・皇矣〉「予懷明德，不大聲以色」，則猶有聲色者存，仍落在具體的形下實物，故未足以形容不顯之妙；故而又引〈烝民〉「德輶如毛」形容，但「德輶如毛」猶有比喻之意，亦未盡其妙，因此仍不足以形容之。可見朱子極為讚揚「中庸」微妙至高之境界，一般言語是絕不足以形容之，但這樣勢必會陷入道家不可言詮的困境，因此將此境界歸結於最後所引〈文王〉「上天之載，無聲無臭」之形容，認為唯此可以形容不顯、篤恭之妙。可以發現，朱子認為《中庸》最後所引之三詩，其目的皆是作為一種形容用語，但以孔子之語穿插其間便相當耐人尋味，「聲色之於化民，末也。」這是對於〈皇矣〉「不大聲以色」提出一種反思，不大聲以色，但畢竟仍有聲色，雖然這種境界是體道者的作為，但若僅從這一層次討論，便不足以突顯體道之精妙，故朱子認為這三首詩，一句比一句更精準的掌握，但這樣一來何不直接引〈文王〉詩句即可？結合朱子強調這非是「三等」的描述，那麼這三種層次便不具有等級次序，然而中庸境界的顯現可以貫穿形下與形上，《中庸或問》云：

> 此章凡八引《詩》，自「衣錦尚絅」以至「不顯維德」，凡五條，始
> 學成德疏密深淺之序也；自「不大聲以色」，以至「無聲無臭」，凡

〔註162〕朱熹：《朱子全書・中庸章句》，頁 59。

三條，皆所以贊夫不顯之德也。今以「不顯惟德」，通前三義而并言之，又以後三條者，亦通爲進德工夫淺深次第，則又失其條理矣。〔註163〕

可見，這三種形容是互爲包容，朱子雖以「無聲無臭」爲至極形容，但無聲無臭必需包得前面兩種形容，也就是藉由這三種意象的闡述分別表現出中庸境界在形下及形上不同的開展，否則便會落入「游氏所謂『無藏於中，無交於物，泊然純素，獨與神明居』，所謂『離人而立於獨』者，皆非儒者之言」〔註164〕的弊病。

藉由朱子對《中庸》此章引《詩》之說明，可以了解到，朱子認爲《詩》是有助於興發吾心之義理，《中庸》、《大學》皆是純粹講義理的文章，但這樣的文字，讀來易令人生厭，而適時加入《詩經》文字，藉由詩句形象更容易帶領讀者體會作者所欲闡述的高深境界，基於此，朱子遂強調《四書》可與《詩》搭配閱讀。

（二）朱子對《大學》引《書》之詮釋

引《詩》之功用主要在於輔佐對義理文字的興發與接受度，但引《書》的效果則與引《詩》略有不同。《中庸》並無直接引《書》文字，〔註165〕這是較可怪的，而《大學》所引共七則，分別爲：〈傳首章〉引〈周書·康誥〉：「克明德。」〈傳首章〉引〈商書·太甲〉：「顧諟天之明命。」〈傳首章〉引〈虞書·堯典〉：「克明峻德。」〈傳二章〉引〈周書·康誥〉：「作新民。」〈傳九章〉引〈周書·康誥〉：「如保赤子。」〈傳十章〉引〈周書·康誥〉：「惟命不于常。」〈傳十章〉引〈周書·秦誓〉：「如有一个臣，斷斷兮無他技，其心休休焉，其如有容焉。人之有技，若己有之，人之彥聖，其心好之，不啻若自其口出，寔能容之，以能保我子孫黎民，亦曰殆哉。」從這些引用內容來看，《尚書》文字多爲簡潔而直指義理的文句，如「克明德」，《大學章句》僅針對克字作解：「克，能也。」〔註166〕而在早期〈經筵講義〉中則多「又有勝義」

〔註163〕朱熹：《朱子全書·中庸或問》，頁 604～605。

〔註164〕朱熹：《朱子全書·中庸或問》，頁 605。

〔註165〕《中庸》第十八章有云：「武王纘大王、王季、文王之緒，壹戎衣而有天下身。」《中庸章句》云：「戎衣，甲冑之屬。壹戎衣，〈武成〉文。言一著戎衣以伐紂也。」見朱熹：《朱子全書·中庸章句》，頁 42。則朱子乃視此文爲化用《尚書》文句。不過本句非直接引用，故不列入討論。

〔註166〕朱熹：《朱子全書·大學章句》，頁 18。

一句，朱子後來雖刪除此句，但朱子強調「克」之一字，實有相當強的震撼力，《語類》載：

> 問：「『克明德』，『克，能也』。《或問》中却作能『致其克之之功』，又似『克治』之『克』，如何？」曰：「此『克』字雖訓『能』字，然『克』字重於『能』字。『能』字無力，『克』字有力。便見得是他人不能，而文王獨能之。若只作『能明德』，語意便都弱了。凡字有訓義一般，而聲響頓異，便見得有力無力之分，如『克』之與『能』是也。如云『克宅厥心』，『克明俊德』之類，可見。」（《語類》，卷17，頁 385～386）

克乃入聲字，音韻表現上較「能」更為鏗鏘有力，故朱子認為若作「能明德」，將使語意減弱，可見朱子此句之注是頗不得已，單純為解釋字義，實則他應是認為作原句讀更有直指人心的效果。由此再看《大學章句》刪除了〈經筵講義〉中「言文王能明其德也」一句，朱子雖未說明刪去理由，他強調「克明德」如同宣告式標語，而〈康誥〉原意在強調文王能自明其德，將「克明德」限制於文王，便減弱讀者在接受此句時所可能產生如同當頭棒喝般的效果，因此與其依照〈康誥〉原文將「克明德」歸於文王，不若刪除文王能明德的說明，如此便使讀者閱讀此句時能夠立刻在本心之中產生一種對應於自己的義理認知。因此，《大學》其後又引「克明峻德」一句，比照《大學章句》與〈經筵講義〉，同樣刪去「言堯能明其大德也」一句，而兩文末皆以自明己德之意作注，朱子承順《大學》文意，強調要由自身彰顯本有德性，若如〈經筵講義〉中均標明此乃文王、帝堯之自明，那麼便屬於興發義理的效果，但興發義理最好是有具體形象引導，此則以《詩經》的形容為較佳，《尚書》的文句較不具備這種效果，而是傾向於直接明理的文字，並且表現的更為簡潔，故朱子在注解上才作出如是改變。

　　因此，朱子對《大學》引《書》文句便不由涵詠諷誦之途理解，引《書》之文句多具有一種直截點明的效果，在《尚書》文本中，便已具有說理的內容，可視為聖人直接對義理開示的文字，強調義理的功用。以下試比較引《書》文句在《尚書》原文中的性質：

（1）〈周書·康誥〉：「克明德。」《尚書》〈康誥〉作：「惟乃丕顯考文王，克明德慎罰，不敢侮鰥寡。」

　　〈康誥〉原意乃武王引文王能明德慎罰，不侮鰥寡之事勉勵康叔。而朱

子注《大學》引文則去除文王對象性的限制，將克明德直指爲人心修養的路徑。不過基本上並未改變原文意涵。

（2）〈商書‧太甲〉：「顧諟天之明命。」《尚書》〈太甲〉作：「先王顧諟天之明命，以承上下神祇。」

　　〈太甲〉原意爲伊尹訓告太甲殷商之先王能長存天命於心，敬奉神祇。而朱子注《大學》引文亦去除對象針對性，但將「明命」解釋爲「天之所以與我，而我之所以爲德者也。」基本上是以天命之性解釋之，與〈太甲〉原意指上帝所賦殷商帝國之命祚不同。

（3）〈虞書‧堯典〉：「克明峻德。」《尚書》〈堯典〉作「克明俊德，以親九族。」

　　〈堯典〉原意乃指稱堯能自明大德，而朱子亦去除對象而將之普遍化爲人應修養的目標。

（4）〈周書‧康誥〉：「作新民。」《尚書》〈康誥〉作：「汝惟小子，乃服惟弘王，應保殷民；亦惟助王宅天命，作新民。」

　　〈康誥〉原意乃武王告誡康叔幫助周王成就天命，並使殷民革除舊習而爲周之新民。而朱子則從德性上闡述，「能振起其自新之民」，並將動力歸屬於百姓之自新，《語類》載：

　　　　徐仁父問：「湯之〈盤銘〉曰：『日日新。』繼以『作新民』。日新是
　　　　明德事，而今屬之『作新民』之上。意者，申言新民必本於在我之
　　　　自新也。」曰：「然。」（《語類》，卷16，頁319）

朱子將原本須藉由帝王始作振起之新民意改爲民能自振之，亦是將主體價值提昇的解釋。

（5）〈周書‧康誥〉：「如保赤子。」《尚書》〈康誥〉作：「若有疾，惟民其畢棄咎。若保赤子，惟民其康乂。」

　　〈康誥〉原意乃武王訓誡康叔要愛護民眾，如同保護嬰兒一般，如此方能使百姓安定。而朱子於此文則採斷章取義方式，並採完全不同於原文的解說，將「如保赤子」引申爲「識其端而推廣之」。

（6）〈周書‧康誥〉：「惟命不于常。」《尚書》〈康誥〉作：「嗚呼！肆汝小子封。惟命不于常。」

　　〈康誥〉原意乃武王告誡康叔天命無常的道理。而朱子則截取無常之意，論述德、財之關係，強調人君有德則自有民人財富之聚。但值得注意的是，

朱子認爲此處所引《書》「惟命不于常」是在申述前引〈文王〉詩句「殷之未喪師，克配上帝，儀鑒于殷，峻命不易」之義，朱子注云：「因上文引〈文王〉詩之意而申言之，其丁寧反覆之意益深切矣。」〔註167〕朱子認爲〈文王〉之詩乃周公追述文王之德，故以代殷爲例，便有天命不常的想法在內，那麼「惟命不于常」其實仍是圍繞在天命問題的視野之下。

（7）〈周書・秦誓〉：「如有一个臣，斷斷兮無他技，其心休休焉，其如有容焉。人之有技，若己有之，人之彥聖，其心好之，不啻若自其口出，寔能容之，以能保我子孫黎民，亦曰殆哉。」《尚書》〈秦誓〉所敘大意相同。

〈秦誓〉原意爲秦穆公自我警戒之辭。朱子雖未詳細注解，但大意仍取文中自敘德性養修之內容。

從《大學》引《書》與《尚書》原文對照來看，《尚書》原意除多了對象的針對性外，兩者的內容並無改變，朱子認爲《書》以道政事，既爲道政事，則往往落實在實際事務之上，而政事之本又在德性，故文句性質便不同於《詩經》的吟詠興發，而具有實際效用。

〔註167〕朱熹：《朱子全書・大學章句》，頁26。